LEARNED HAPPINESS

习得幸福

积极家庭心理成长手册

谢 刚 / 著

POSITIVE FAMILY
HANDBOOK

北京师范大学出版集团
BEIJING NORMAL UNIVERSITY PUBLISHING GROUP
北京师范大学出版社

序　言

　　1993 年，我在北京师范大学攻读心理学硕士，当时很多人一听到"心理"就直接联想到"心理疾病"。开学第一门课，果然是"变态心理学"！

　　1996 年，我到美国攻读学校心理学博士，没想到学校心理学工作也是"善后"模式，只有当孩子的学习障碍、精神障碍、行为或社交问题等严重影响了学业时，才提供测评、诊断和干预服务。

　　我从 2000 年开始正式在美国从事学校心理学家工作。我很快发现：因孩子而来求助的家庭，其问题可能不一样，但相同的是都至少晚了 3 年，多数是当孩子的症状已经严重到不能按时上学时才来寻求干预服务。

　　我们重视养生，增强身体健康，不想等生病后再去治疗。可对于心理健康，不到病入膏肓，很少有人会去寻找帮助。这种情况下的治疗，只能事倍功半！

　　世界卫生组织对心理健康的定义是："个人能够实现自己的潜能，处理生活中的压力，有效率地工作，为社区做贡献的

---

① 英文谚语：An ounce of prevention is worth a pound of cure.

状态。"①

没有心理疾病，不等于拥有心理健康，更不等于生命丰盈。

1946 年，美国通过《退伍军人法案》，包括为第二次世界大战后出现创伤后压力症候群②的退伍军人提供治疗的内容。该法案促进了心理治疗领域的快速发展，也把心理学的主导功能转向治愈创伤和治疗精神疾患。在 20 世纪中后期，能拿到美国国家心理健康研究所③经费的课题都与心理疾病有关。④

成效是显著的：到目前为止，多种精神疾病已有成熟的治疗方法。但同时，发病率却有增无减。

20 世纪八九十年代，平均每 100 个中国人中只有 1 人被确诊为精神障碍，而这个数据到 2005 年的时候达到了 17.5 人；焦虑症的发病率在 20 世纪 80 年代是 1%～2%，现在是 13%；20 年前的抑郁症发病率是 0.05%，现在是 4.2%，而大学生抑郁症的发病率高达 23.8%。⑤

美国的情况也不乐观，21% 的 9～17 岁青少年有达到诊断标准的心理健康问题或上瘾症状，大约 10.7% 有抑郁症，发病年龄也越来越小；⑥ 5.9% 有严重焦虑症状⑦。

作为学校心理学家，我的绝大部分工作时间是花在诊断和治疗上的。问题的"善后"很重要，但比它更有效的是预防！

1998 年，积极心理学奠基人之一马丁·塞利格曼（Martin Seligman）当选为美国心理学家协会会长，他的就职演说鲜明地提出：

在一个国家或民族为饥饿和战争所困扰的时候，社会科学和心理

---

① Silvana Galderisi, Andreas Heinz, et al., "Toward a New Definition of Mental Health," https://www.ncbi.nlm.nih.gov/pmc/articles/PMC4471980/，2019-10-04.

② Post-Traumatic Stress Disorder-PTSD, https://www.nimh.nih.gov/health/topics/post-traumatic-stress-disorder-ptsd/index.shtml，2019-10-05.

③ "National Institute of Mental Health（NIMH），" https://www.nimh.nih.gov/index.shtml，2019-10-05.

④ ［美］马丁·塞利格曼：《真实的幸福》，34 页，沈阳，万卷出版公司，2010.

⑤ 徐凯文：《一位精神科医生的观察：厌学、自杀、抑郁……是什么毁掉了我们的孩子？》，https://www.mypsy365.com/article/1287，2019-10-05。

⑥ "Major Depression," http://www.nimh.nih.gov/health/statistics/major-depression.shtml，2019-10-05.

⑦ "Any Anxiety Disorder，" http://www.nimh.nih.gov/health/statistics/prevalence/any-anxiety-disorder-among-children.shtml，2019-10-05.

学的任务主要是抵御和治疗创伤；但在没有社会混乱的和平时期，致力于使人们生活得更美好则成为它们的主要使命……心理学需要强调了解并建设人性中最积极的品质，如乐观、勇气、职业操守、前瞻性、社交能力、享受愉悦的能力和社会责任感等。只有这样心理学才能回答这些问题：什么样的家庭能培养出健康的孩子？什么样的工作环境能提升员工的满意度？什么样的政策能团结民心？①

因为要赶走黑暗，最有效的工具是光明！

有安全型的亲子关系，就有自信、上进、发展潜能的力量。

有感恩的习惯，就不容易被嫉妒等困扰。

有健康的自我概念，就不容易受同伴压力的影响。

有成长的心态，就能从容地面对挫折。

在和能力相匹配的、热爱的、有意义的任务中体验"心流"，就不容易因电子游戏而分心，甚至上瘾。

心理健康的养成和身体健康如出一辙：平时锻炼、保养的功效远远大于"善后"。落实在生活中的心理保健可以大大降低出现心理健康问题的概率。

2002年，我发现了塞利格曼教授的书《真实的幸福》(*Authentic Happiness*)和《活出最乐观的自己》(*Learned Optimism*)②，如获至宝，开始在旧金山湾区的亲子讲座中科普积极心理学的理念。那时候还没有家长听说过积极心理学。我很兴奋地看到近十几年来积极心理学课越来越受欢迎，积极品质的培养在教育领域也越来越受重视。

其实从20世纪90年代开始，美国政府就在公立学校推行各种不同形式的"品格教育"(character education)。但2010年美国国家教育研究中心对在美国小学中应用最广的7种品格教程的跟踪调查显示，它们对学生的行为、学业成就、学校风气等没有持续或显著性的提高作用。③

---

① Martin E. P. Seligman, "The President's Address," https://positivepsychologynews. com/ppnd_wp/wp-content/uploads/2018/04/APA-President-AdAddre-1998. pdf, 2019-10-05.

② 这两本书的中译本由万卷出版公司于2010年出版。

③ "Efficacy of Schoolwide Programs to Promote Social and Character Development and Reduce Problem Behavior in Elementary School Children," https://ies. ed. gov/ncer/pubs/20112001/pdf/20112001. pdf, 2019-10-06.

品格积累于习惯性思维方式和习惯性行为。除了基因，最能影响这些习惯的是和父母在家里日复一日、年复一年的互动。学校课程会辅助孩子们获得对积极品质的理解，但若没有家里的一致的栽培，品格是不会真正生根结果的。

2017年开始，我很荣幸能为紫荆教育和加利福尼亚州索菲亚大学联合培养的线上工商管理硕士项目①的学生教授"积极心理学：真实的幸福"课程，有机会系统地把积极心理学传递给来自天南海北的在职精英。每期课程持续十周，三年里我有幸教过1500多位学生，他们中有很多在结业时反映：加入这个项目的目标是掌握工商管理知识，没想到却被积极心理学课改变得最多。

学了积极心理学，无论是亲密关系还是亲子关系，都让我更多地发现对方的优势，而不是老盯着对方的缺点不停地指责。因此，我跟先生的关系和跟儿子的关系都有了很大改善。先生说我温和了，儿子也说我民主了，真是一生受益。

作为三个孩子的母亲，我曾经非常惶恐且无助。每个妈妈在带孩子方面都是不知未来的新手，对很多教育理论没有经过实践也不知如何用。但积极心理学就像一把打开孩子心门的钥匙，让我更有信心。

2019年9月开始，我有机会在博雅小学堂平台上主持"积极家庭训练营"。我设计了21课时，每天有练习，每周有直播答疑，为家长们的实践保驾护航。四个月里已经有1000多位家长结业。看到他们从开课前在亲子关系中的挣扎到完成时的信心，我的欣喜溢于言表。

每天学习，每天自省，每天进步一点点！感觉自己看孩子的角度慢慢地变了，发脾气的时候少了，更能用同理心来换位思考，更能理解孩子的行为，和孩子的冲突少了。

连续四周的课程让我每天都思考如何更好地跟家人和孩子相处，结果是我们都更多地在不生气的情况下解决问题。姐姐在使用平板电脑的规则上和我们的要求越来越接近了；弟弟进步很大，之前不能完

---

① "Sofia University MBA-Chinese Language," https://www.sofia.edu/mba-chinese-language/，2019-10-06.

成作业，现在他把作业拆分成小部分，有了主动性，自己定的小目标都能完成。

············

实操练习和答疑让我有机会远程介入家长们的实践，清晰地看到积极心理学的理念可以踏实地应用在生活中，让人们调节自己的思维方式，改善婚姻质量、亲子关系、精神状态，甚至转变生活的重心和目标。而成人的提高又为孩子的成长提供了健康的环境和积极的榜样。

我感动于卫健委、教育部等12个部门在2019年年底发布的《健康中国行动——儿童青少年心理健康行动方案（2019—2022年）》。它不仅要求学校建立心理服务平台或开展学生心理健康服务，而且强调家庭教育的重要性，提出依托"寻找最美家庭"等活动，"引导家长传承良好家风，关注自身和子女心理健康，依法履行监护责任，营造良好的家庭环境，培养子女健康人格和良好行为习惯。"

在我决定整理积极心理学课程的讲义和作业，助家庭教育一臂之力时，同学们的支持让我感动。他们愿意无私分享，给更多家庭带来启发。

本书依据心理学研究发现，帮助家庭为孩子们建设更积极的成长环境，培养乐观、上进、坚韧且有爱的下一代。这些积极品质影响着未来持久的生命力和幸福感！

感谢紫荆—索菲亚线上工商管理硕士项目的同学们和博雅小学堂平台上的家长们的信任，感谢北京师范大学出版社的辛苦策划和编辑，让这个使命得以完成。

谢　刚
2021年1月1日于旧金山

目　录

四、积极投入

五、积极成就

六、积极意义

后 记

生命不是在于避免受苦，而在于创造意义。①

绪论　生命为什么需要丰盈蓬勃

　　我是一个没有优势的人。其貌不扬，也不聪明伶俐，所以从小就比较自卑。如果用一种动物来形容自己的话，我的选择是老鼠，只喜欢待在自己的洞里。我谨慎、胆小，期待这个世界的美好，却不敢走出去。我不聪明，也不灵活，即使取得了什么成就，也是一点点积攒起来的，实在没资格去批评和教育别人什么。在智力和体力都不行的情况下，我只能多看、多思考。古人云："海阔凭鱼跃，天高任鸟飞。"我既没有鱼跃的能力，也没有高飞的底气，所以只能像黄牛一样低头前行了。生活到处都有曲折、变化。真正的幸福存在吗？

　　2019 年春季，我第八次执教"积极心理学：真实的幸福"课程。课程进行到一半，我在批作业时看到这最揪心的一篇。

　　这位同学在他人眼里已经走在同辈人的前头了，有稳定的事业和家庭，有健康的身体，同时还在修读线上工商管理硕士课程——从哪个角度看都是"幸福"的脚本。他究竟经历了什么，让他正当壮年，却把自己总结成这样？

　　20 世纪初，心理学在研究方向上是基本平衡的，兼顾了"帮助人类解决痛苦，追求幸福，及识别和培养天赋"②。第二次世界大战后，大量退伍军人的心理需求带动了心理治疗领域的飞速发展。早在 1972 年，塞利格曼博士就注意到当时心理学界的趋向问题：在医学上取得重大成就的大多是

---

①　[美] 保罗·卡拉尼什：《当呼吸化为空气》，杭州，浙江文艺出版社，2016。
②　曾光、赵昱鲲等：《幸福的科学：积极心理学在教育中的应用》，北京，人民邮电出版社，2018。

疫苗等预防性措施，挽救了更多生命；与此相反，心理学在 20 世纪中期和后期的应用几乎仅限于治疗，对预防措施的关注很少。

2000 年 1 月，塞利格曼博士和克莱蒙特研究生大学心理系教授米哈里·契克森米哈赖博士（Mihaly Csikszentmihalyi）发表了《积极心理学导论》一文，标志着积极心理学作为一个新兴领域出现。[①] 其目标是：不仅关注人的弱点，还关注人的长处；不仅关注如何修复损伤，还关注如何给人力量；不仅让普通人过得充实，还获得成就。[②]心理学的英文 psychology 的词根 psyche 的本意是人的灵魂，psychology 是关于人的灵魂的科学。只有积极的力量得到培育和发挥，消极方面才能被消除或抑制。积极心理学是研究帮助个人、团体或组织达到最佳功能的条件和过程的科学，目标是使人生更加丰盈蓬勃。[③]

人，不只要活着，还要幸福地活着！

积极心理学既研究主观幸福感，包括积极情绪、生理指标等，也研究幸福特质，即相对稳定的持久积极风格和幸福的组织，如提高工作满意度的管理方法等。积极教育是我最关注的积极心理学的分领域，它以学生外显和潜在的积极力量、积极品质为出发点，以增强学生的积极体验为主要途径，最终培养学生的积极人格。

过去 20 年中，积极心理学由一种心理学运动发展为一个专业学科，形成了自己独特的系统理论建构。仅在美国就有 200 多所大学开设了积极心理学课程。2009 年，在费城召开的首届国际积极心理学大会上，塞利格曼教授提出的目标是：到 2050 年，把关注积极人生的世界人口由 2009 年的 10%～15% 提高到 50% 以上。

2012 年 11 月，塞利格曼教授首次来到中国，出席了第二届中国国际积极心理学大会，参加了中国积极心理学协会的揭牌仪式，见证了积极心理学在中国的蓬勃发展。其实，我们的传统文化蕴含着许多积极心理学思想，如孔子的孔颜乐处，老子的祸福相依，庄子的无忧之乡等。[④] 近十几

[①] Seligman M., Csikszentmihalyi M., "Positive Psychology：An Introduction," American Psychologist, 2000(1), pp. 5-14.

[②] "The New Era of Positive Psychology," https://www. ted. com/talks/martin _ seligman _ on _ the _ state _ of _ psychology? language＝en, 2019-10-07.

[③] Shelly L. Gable, Jonathan Haidt., "What（and Why）Is Positive Psychology?" https://www. researchgate. net/publication/228341568 _ What _ and _ Why _ Is _ Positive _ Psychology，2019-10-08.

[④] 《中国人的幸福感与传统文化中的幸福观》，http://blog. sciencenet. cn/blog-105978-582050. html，2019-10-08。

年来的研究更是把中国的积极心理学带到了世界的前沿。例如，清华大学积极心理学研究中心利用功能性磁共振成像(fMRI)和大数据技术开展了一系列关于基因、大脑结构与心理感受的研究，获得了大数据基础上的"幸福中国指数"，绘制了"幸福中国地图"，其目的是把积极心理学本土化，让中国人过得更幸福。

幸福感有这么重要吗？

答案是肯定的。研究发现，幸福感和身体的健康、婚姻满意度以及工作上的业绩评估、薪水等都呈显著正相关。[①]

2012年，联合国把3月20日定为"国际幸福日"，以示重视。[②] 联合国从2012年起每年发布《全球幸福指数报告》。[③]

幸福从哪里来呢？

塞利格曼教授的幸福公式是：幸福的持久度＝基因＋生活环境＋可控因素(Happiness＝Set Range＋Circumstances＋Voluntary Factors)。[④]

基因是幸福的"设定点"。无论在什么境遇下，人们都会很快回到基因设定好的水平。比如，20世纪70年代对伊利诺伊州乐透奖获得者和因车祸而残疾的一项跟踪调查发现，一年内他们的幸福感和中奖或出车祸前的水平没有显著区别。[⑤]

虽然心理遗传学是遗传学中发展最慢的分支之一，但有一点可以确定：基因是对人幸福感影响最大的因素。比如，明尼苏达大学心理学教授戴维·T. 赖肯(David T. Lykken)的研究追踪了在出生后不久就被不同家庭收养的双胞胎，发现成人后他们的幸福感和行为方式等惊人地相似。对同卵双胞胎和异卵双胞胎的数据分析显示，一个人的个性、处理压力的方式、情绪倾向等至少有50%取决于基因。[⑥]《神经科学杂志》于2012年刊登的双胞胎研究发现，5-羟色胺转运蛋白基因(5-HTTLPR基因)的长等位基

① Christine Carter, "Is Happiness Actually Important?" https://greatergood. berkeley. edu/article/item/is _ happiness _ actually _ important，2019-10-08.

② "What is the International Day of Happiness?" https://www. un. org/en/observances/ happiness-day，2019-10-08.

③ "Global Happiness and Well-Being Policy Report," http://www. happinesscouncil. org/，2019-10-08.

④ ［美］马丁·塞利格曼：《真实的幸福》，沈阳，万卷出版公司，2010。

⑤ Brickman P. , Coates D. , Janoff-Bulman R. , "Lottery Winners and Accident Victims: Is Happiness Relative?" *Journal of Personality and Social Psychology*，1978(8)，pp. 917-927.

⑥ Lykken D. , Tellegen A. , " Happiness Is a Stochastic Phenomenon," *Psychological Science*，1996(3)，pp. 186-189.

因数目较高的受试者，其自我报告的生活满意度也较高。[①] 爱丁堡大学对830 多对成年双胞胎的研究也发现，基因对自我接纳、自主感、个人成长、人际关系、追求目标及对生活的控制感这 6 个幸福感组成部分起着重要作用，但不同部分似乎受不同遗传因素影响。[②]

很多看似重要的外部环境条件并没有被证明对幸福感有关键作用。比如，在 40 个国家中进行的生活满意度调查显示：极度贫穷会显著降低人的幸福感，但一旦人均年收入超过 8000 美元，购买力和人民生活满意度间的相关就消失了。[③] 这个"幸福的收入拐点"有地域差异，比如，我所生活的硅谷消费水平较高，人均年收入达到 7.8 万美元后，金钱和幸福感的相关才消失。基本生活有保障后，人的幸福指数就不再随财富的增加而增加。

生活条件和幸福感的研究也验证了这一点。1940 年，美国有 1/2 以上的家庭没有暖气，1/3 的家庭没有自来水、冲水马桶或淋浴设施。当时的受教育程度和现在也无法相比，高中毕业率只有 25%，取得大学学历的只有 5%。但那个年代的美国人为生活满意度打分的平均数是 7.5（总分为 10 分）。60 年后，美国几乎所有的住宅都有了水电暖，高中毕业率高达90%[④]，25～64 岁的人中有专科及以上学位的占到 39.4%[⑤]，但生活满意度平均分反而降到 7.2 分（总分为 10 分）。

以财富为人生目标的态度甚至可准确预测"不幸福感"。对 1.2 万名大学一年级学生的跟踪调查发现，平均年龄为 18 岁的年轻人中，选择以赚钱为自己人生目标的，在 37 岁时对生活的满意度远低于同龄人。[⑥]

幸福公式中我们能提升的可控因素占 40% 左右。它们在家庭教育中的落实是本书的主题。

塞利格曼教授等积极心理学研究者和教育专家共同发起的国际积极教

①　Jan-Emmanuel De Neve，Nicholas A. Christakis，et al.，"Genes，Economics，and Happiness，"https://www. ncbi. nlm. nih. gov/pmc/articles/PMC3858957/，2019-10-09.

②　Stacey Kennelly，"The Genetics of Happiness，" https://greatergood. berkeley. edu/article/item/genetics _ of _ happiness，2019-10-09.

③　郭永玉：《从社会和个人层面认知幸福》，载《精神文明导刊》，2010(11)。

④　Erik Schmidt，"For the First Time，90 Percent Completed High School or More，" https://www. census. gov/library/stories/2018/07/educational-attainment. html，2019-10-09.

⑤　"Percentage of Americans with College Degrees Rises，Paying for Degrees Tops Financial Challenges，"https://www. pbs. org/newshour/education/percentage-americans-college-degrees-rises-paying-degrees-tops-financial-challenges，2019-10-09.

⑥　Nickerson C.，Schwarz N.，Diener E.，Kahneman D.，"Zeroing in on The Dark Side of the American Dream：A Closer Look at the Negative Consequences of The Goal for Financial Success，" Psychological Science，2003(6)，pp. 531-536.

育联盟(the International Positive Education Network，IPEN)于 2014 年 12 月成立，旨在发展学生的品格优势和幸福感，推动品格与学业并重的积极教育。① 美国从 20 世纪 90 年代开始小规模地在中小学开展韧性教育，以改变学生的思维模式和应对问题的方式。英国把品德和积极教育作为教学改革的国家战略目标，如英国传统精英学校威灵顿公学②于 2006 年开始为学生开设幸福课。2014 年，英国教育部在全国公立中小学推行静坐、正念和冥想练习。澳大利亚也是积极教育的倡导者，澳大利亚顶尖私立学校吉郎文法学校③是积极心理教育的典范。其他国家也对积极教育进行了推广。④

我国的积极教育也在蓬勃发展。截至 2018 年，已有近 100 所学校有效地开展了积极教育实践。比较研究发现，实验组学生的幸福感显著提升，在同伴关系、师生关系、学业成绩和自我积极体验等方面的满意度显著提高；在自我接纳度、积极主动感、目标意义感、勇气和毅力、环境把控力、人际关系能力和个人成长能力方面显著高于对照组。⑤ 例如，北京市第十九中学于 2009 年成立积极教育中心并培训教师，教师把学到的情绪调节方法运用于班级管理，把幸福课、心理课渗透在各个学科，建设温馨的校园文化。施行积极教育后，这所高中的教育质量显著提升。更重要的是，学生们在学习上更投入、更自信、更有追求。

积极教育的推广离不开家庭教育的同步进行。北京市第十九中学的进步也得益于家校合作，如为家长讲解积极心理教育，利用家长资源，在家里多鼓励、多欣赏，帮助孩子看到自己的优势，等等。

在 2018 年 12 月举办的第一届中国心理学会积极心理学专业委员会(筹)学术年会上，北京师范大学心理学院寇彧教授报告，对北京、泉州、青岛等 5 个城市中没有参与积极教育的 8 所中学的 5554 名青少年进行测查，发现，无论是基于快乐倾向还是基于意义倾向，当下青少年的幸福倾

---

① 刘昌：《樊富珉教授做主题报告：积极教育在学校教育中的应用》，http://edu. china. com. cn/2016-04/26/content_38328316. htm，2019-10-09。

② "Wellington College," https://www. wellingtoncollege. org. uk，2019-10-09.

③ "Geelong Grammar School," https://www. ggs. vic. edu. au，2019-10-09.

④ 曾光、赵昱鲲等：《幸福的科学：积极心理学在教育中的应用》，北京，人民邮电出版社，2018。

⑤ 李兆良、刘鑫逸：《积极教育促进学生发展》，http://www. cssn. cn/zx/bwyc/201803/t20180327_3888217. shtml，2019-10-10。

向呈现下降趋势。①

北京大学儿童青少年卫生研究所曾历时 3 年多，对全国 13 个省份的约 1.5 万名学生做了自杀现象调查，研究分析显示：每 5 个中学生中就有 1 个曾经考虑过自杀，6.5％的中学生曾为自杀做过计划。② 美国的相应数据与之非常类似，自杀从 2014 年开始成为青少年第二大死亡原因。③

在积极心理学应用于家庭教育、加强下一代心理健康方面，还有更广的进步空间。

幸福且丰盈蓬勃的生命是每一个孩子的权利！

2012 年，塞利格曼教授出版的《持续的幸福》提出了幸福 2.0 理论，他将幸福定义为个体在 5 个维度（PERMA）——积极情绪（positive emotion）、投入（engagement）、人际关系（relationship）、意义（meaning）、成就感（accomplishment）——上的综合自我评价。④

清华大学心理系总结了积极教育在中国本土化过程中的经验，发现中国学生在自信、自尊、自爱、自我认知、自我接纳等方面所受到的教育相对匮乏，因此将积极自我（Self）板块加入塞利格曼 5 个维度的实践模型，形成 PERMAS 这 6 个维度。⑤

我在 20 多年的工作中也观察到 PERMAS 这 6 个维度和内驱力、自控力、坚毅、心理健康等都显著正相关，和丰盈蓬勃的生命特征也如出一辙：体验的积极情绪远多于负面情绪，生活满意度高，知道自己的优势并有机会充分发挥，生活和工作中常有忘我投入的活动，与家人、朋友、同事、邻居等有亲密的关系，为社区做贡献，生活有意义和目标。

本书以 PERMAS 这 6 个维度为框架，提升在幸福公式中占比 40％的可控因素，建设积极的家庭环境，为孩子的幸福感和丰盈蓬勃的生命打好基础。

---

① 彭凯平：《中国积极心理学的前路在哪里？——来自中国积极心理学大咖的声音》，https://mp. weixin. qq. com/s/Fqg2Pgo2eA7OQtETGjm9cA，2019-10-10。

② 李新玲：《中小学生自杀数据不该成研究禁区》，载《中国青年报》，2014-05-30。

③ "Suicide in Children and Teens," http://www. aacap. org/AACAP/Families _ and _ youth/Facts _ for _ Families/FFF-Guide/Teen-Suicide-010. aspx，2019-10-11。

④ ［美］马丁·塞利格曼：《持续的幸福》，杭州，浙江人民出版社，2012。

⑤ 曾光、赵昱鲲等：《幸福的科学：积极心理学在教育中的应用》，北京，人民邮电出版社，2018。

一、积极情绪

提升认识与管理情绪的能力，掌握主动创造希望等积极情绪和有效应对消极情绪的方法。①

---

① 曾光、赵昱鲲等：《幸福的科学：积极心理学在教育中的应用》，北京，人民邮电出版社，2018。

> 喜乐的心乃是良药。

（一）积极情绪的作用

早晨一上车，我就能感到我亲爱的儿子大卫的紧张。

那天要历史期中考试，需要记的东西很多。

我一边开车，一边和大卫复习要背诵的诗篇。

我知道他拼写强，便故意问："statutes 这个词怎么拼啊？"

等他很轻松地拼完，我赶快鼓励，然后提醒道："记不记得你自上学以来拼写测验就没出过差错？"

大卫的表情开始放松。"是啊，有一次我还拼对了附加词 ambidextrous！其实我并不认识那个词，就是听到老师读，按语音规则拼的，居然对了！"

我接着回想道："二年级时我去你们班里做义工，负责数学快算题，你总是最快最准确的那个！"

大卫有了笑容："那年结束时，老师还给我一张奖状，上面写着'数学魔法师'！"

10 分钟后，大卫已经没有刚才的紧张了。

"愿你在学校有美好的一天！"妈妈能做的，只有祝福。

下午接他时，大卫一脸骄傲地说："考得很顺！"

两千多年前，古希腊哲学家柏拉图就提出"所有的学习都受情绪影响"。孩子到学校，带来的远不只是书包和文具。他们的情绪无时无刻不在影响着学习的态度、专注力和恒心。

有关情绪对学习的影响的研究已有几十年的历史。比如，在学完形状辨别任务前，把 48 位 4 岁儿童随机分配在 3 种情绪影响（正面、中立、负面）和两种状态（主动、被动）中；给儿童 30 秒去回想并品味他们被分配的记忆，包括主动又正面的喜乐（"请回想让自己开心到忍不住欢呼雀跃的事情"），以及正面但被动表达的满足感（"请回想让自己坐着微笑的事情"）。结果显示，被动和主动的正面情绪都和任务的完成呈正相关。①

20 世纪 80 年代，康奈尔大学心理系教授爱丽丝·M. 艾森（Alice M. Isen）进行了一系列研究，来调查积极情绪对认知的影响。她的团队以多种方式诱发积极情绪，如一小袋糖果，阅读漫画，听取积极反馈，观看喜剧片，阅读一组积极词汇，等等。研究发现，积极情绪使人们的思维更有创意，更包容，可以更灵活地处理材料，还可以正面影响记忆能力。② 在其中一项实验中，被引发积极情绪的被试对一项复杂的讨价还价任务理解得更到位，并且在谈判实操中达成最佳协议。

类似的实验研究无论是在小学还是在高中，无论学生有无学习障碍，结果都一致。

比如，1991 年关于积极情绪和数学学习效率的两个研究发现，无论是在公立学校就读的有学习障碍的三到五年级学生，还是在私立学校就读的有学习障碍的初中生和高中生，只要在做数学题前被引发出积极情绪，做数学题时就做得更准确。③

1995 年的一项对青少年男生的研究显示，引发积极情绪后再学习印地语词汇，学生的学习效果明显更好④。

这些实验支持同一观点：即使积极情绪很短暂，如让学生在学习或考试前回顾快乐时光 1 分钟，也能助力学习。

为什么积极情绪对知识的掌握有显著影响呢？脑成像研究为我们提供了答案。参与学习的主要脑组织可分为识别系统、战略系统和情感系统。⑤ 学生的识别系统从环境接收感知信息后，会将看到、听到或读取的内容进

---

① Masters J. C., Barden R. C., Ford M. E., "Affective States, Expressive Behavior, and Learning in Children." *Journal of Personality and Social Psychology*, 1979(3), pp. 380-390.

② Isen A. M., Daubman K. A., Nowicki G. P., "Positive Affect Facilitates Creative Problem Solving," *Journal of Personality and Social Psychology*. 1987(52), pp. 1122-1131.

③ Bryan T., Bryan J., "Positive Mood and Math Performance," *Journal of Learning Disabilities*, 1991(24), pp. 490-494.

④ Yasutake D., Bryan T., "The Influence of Induced Positive Affect on Middle School Children with and without Learning Disabilities," *Learning Disabilities Research and Practice*, 1995(10), pp. 38-45.

⑤ Rose D. H., Strangeman N., "Universal Design for Learning: Meeting the Challenge of Individual Learning Differences through a Neurocognitive Perspective," *Universal Access in the Information Society*, 2007(4), pp. 381-391.

行分类。战略系统负责规划和协调，将注意力集中在理解文本和监控进展的目标上。情感系统，如兴趣、动机和压力，则管理着继续或放弃的动力。情感系统主要由大脑边缘系统（limbic system）组成，包括杏仁核和海马体等。情感系统与参与认知加工的大脑皮层区域联系紧密，并且受认知处理经验的影响。我家大卫在上学前之所以忍不住焦虑，是因为历史一直是他的弱项，第一单元的考试他只得了C。因此，虽然他已经为这次期中考试准备了一星期，但心里还是没底。

情绪通常始于个人对某些事件意义的有意或无意评估，结果会触发不同层面的反应，包括主观体验、面部表情、认知处理和生理变化。大卫的情绪从他紧张的面部表情以及上车后的沉默（他平时话很多）中很自然地流露出来。

负面情绪带来特定的行动倾向，如恐惧会带来逃生的冲动，身体会自动加速大肌肉群的血流，从而跑得更快；愤怒会诱发攻击的冲动；厌恶感下会产生远离行为；等等。这在进化上具有适应性功用，有助于人类祖先在危险来临时帮自己的身体做好准备、生存下去。[1]

可当现代社会中威胁生命的因素不再普遍，无根据的负面情绪给个人和社会带来的问题越来越明显，如自杀背后的无助、无望感。负面情绪具有"窄化"[2]的作用，因为它会让人只关注威胁，而限制了找到资源、解决问题的能力。虽然也有负面情绪激发前进动力的案例，但研究发现，总体上看，负面情绪更多地引发逃避和社会隔离。[3] 比如，有考试焦虑的孩子告诉我，他一看到试卷，大脑就一片空白，复习的内容都想不起来了。有社交焦虑的学生则避免去任何人多的地方。2019年11月，我在丧母的极度悲哀下连续一个多月不想和周围的人多说一句话，封闭自己，而且无法做任何需要创造力的工作，如写作。

研究积极情绪的专家，北卡罗来纳大学教堂山分校心理系教授芭芭拉·弗雷德里克森（Barbara Fredrickson）及其团队综合分析了情绪研究，发现积极情绪的功能和消极情绪带来的"特定行动倾向"正好相反，提出了

---

① Tooby J., Cosmides L., "The Past Explains the Present: Emotional Adaptations and the Structure of Ancestral Environments," *Ethology and Sociobiology*, 1990, pp. 375-424.

② Barbara Fredrickson, "The Pursuit of Happiness: Bringing the Science of Happiness to Life," https://www.pursuit-of-happiness.org/history-of-happiness/barb-fredrickson/, 2019-10-11.

③ Elliot A. J., Thrash T. M., "Approach-avoidance Motivation in Personality: Approach and Avoidance Temperaments and Goals,"*Journal of Personality and Social Psychology*, 2002(5), p. 804.

"拓宽和建设模式"（Broaden and Build Model）。[1] 弗雷德里克森博士指出，看似不同的积极情绪，如喜乐、兴趣、满足和爱，都能够扩大人们瞬间的"思想—行动"连接，增强建立持久个人资源的能力，包括体力、智力、社会和心理资源。该模型提出，积极情绪使个人更容易注意周围环境的细节，拓宽个体的意识，超越当下环境，鼓励更多的探索性思维和行动，找到更有创意的解决方案。

喜乐可带来玩的欲望。自由游戏的机会对体力、智力和社交技能的开发都有持久性影响。

兴趣可满足发自内心的好奇心，会让人对新的想法、经验和行动持开放的态度，拓宽思路和知识面。

至于满足感，也许很多人担心它会让人丧失前进的动力，可实际上它可创造接纳、品味与整合近期事件和体验的冲动，最终更新自我意识和世界观。

爱对儿童发育的作用更是得到了反复验证。充分满足早期依恋需求为儿童的主动探索提供了安全基础，这同时为认知和智力发展提供了必要条件。安全型依恋的儿童被证明比同龄人能更持久、更有热情且更有效地解决问题；[2] 他们好奇心更强，更有韧性[3]。

对293名七到十年级学生的研究发现，教室里积极情绪的高低和学生专注力的强弱成正比。[4]

脑科学研究发现，带来积极情绪的教学方式与更有效的认知加工显著相关。[5]

2015年，哈佛大学教育学院克里斯蒂娜·亨顿（Christina Hinton）博

---

[1] Fredrickson B. L., "The Role of Positive Emotions in Positive Psychology: The Broaden-and-build Theory of Positive Emotions," *American Psychologist*, 2001(3), pp. 218-226.

[2] Matas L., Arend R. A., Sroufe L. A., "Continuity of Adaptation in the Second Year: The Relationship between Quality of Attachment and Later Competence," *Child Development*, 1978(49), pp. 547-556.

[3] Arend R., Gove F. L., Sroufe L. A., "Continuity of Individual Adaptation from Infancy to Kindergarten: A Predictive Study of Ego-Resiliency and Curiosity in Preschoolers," Child Development. 1979(50), pp. 950-959.

[4] Reschly A. L., Huebner E. S., Appleton J. J., Antaramian S., "Engagement as Flourishing: The Contribution of Positive Emotions and Copingto Adolescents' Engagement at School and with Learning," *Psychology in the Schools*, 2008(5), pp. 419-431.

[5] Hinton C., Miyamoto K., Della-Chiesa B., "Brain Research, Learning and Emotions: Implicationsfor Education Research, Policy And Practice," *European Journal of Education*, 2008(1), pp. 87-103.

士对从小学到高中的学生的调查发现，幸福感或积极的情绪，如兴趣或开心，让参与调查的学生学习更带劲。一位学生总结道："在快乐的时候，我的功课做得特别好。"

亨顿博士研究团队的结论是：有些学生可能幸福感不高但学业不错，但总体上来说，如果幸福，成绩好的可能性更大。[1]

国内也有很多类似的发现。例如，2012年对湖南364名初中生的调查显示，学业情绪在成就归因与学业成绩间具有中介作用。[2]

可惜这些发现鲜为大众所知。每当看到微信群里充斥着"一做作业就鸡飞狗跳"的分享，我总深感遗憾。因为在负面情绪下，学习效率是最低的。

成长练习

如果感兴趣，请做一做福代斯情绪问卷，了解自己目前积极情绪的比例。在阅读完本书后，请重新做一次，看看自己的变化。

---

[1] "It's True：Happier Students Get Higher Grades," http://theconversation.com/its-true-happier-students-get-higher-grades-41488，2019-10-11.

[2] 陈京军、李三福：《初中生成就归因、学业情绪预测学业成绩的路径》，载《中国临床心理学杂志》，2012(3)。

愉快的笑声是精神健康的可靠标志。

（二）今天笑过了吗

我在初中时，有次运动会增加了跳高项目。当时体育委员看中了我的身高，给我报了名。到比赛那一天我才知道自己要参赛，任何准备都没有，非常胆怯，因为根本不知道要怎么跳。每个高度都有三次机会，因为没学过正确起跳姿势，我每次都是第三次才能过，但内心还是满足的，至少第一次上场没有马上被淘汰。我每次失败、回到起点的时候都保持满脸笑容，下意识地给自己打气。刚开始没人注意，后来因为失败次数太多，上场次数也多，便引起了旁边校友和裁判的注意。我听到他们念叨："虽然失败了，但回到赛场时的那个笑容非常'治愈'。""虽然不是自己的同学，但每一次起跳都捏一把汗。"简单地说，就是喜欢那个笑容。当时露出笑容只是为了平复自己紧张的心情，没想到同时给了别人不一样的心情。

这一场比赛后，我开始在遇到各类事情时习惯性地用微笑去面对，这对我后来的生活、学习、工作起到了非常大的作用。每次考试，特别是月考、期中考试、期末考试，都是一轮接着一轮，上午考完的或许下午就出成绩，或者昨天考完的今天就出。每次出成绩，大家都想去看看自己到底得多少分，然后一直纠结于上一科考试的成绩，就无心准备下一场，反而影响成绩。这次运动会后，我改变了这种态度，不过度关心已经发生的事情，微笑着面对后续的事情。全考完后再慢慢回顾、找原因。上班后，我每天的工作就是与客户打交道，每天至少几十个。有时我手上事情太多，客户等急了，开始抱怨，我总是微笑着和他们解释，与他们闲聊一二，缓解一下着急的心情。离开那个工作岗位后，许多客户每每遇到我还夸我服务好、笑容美，说有时候来办业务等久点儿也没关系。我深深体会到，自己真诚的笑容不仅会改善自己的心态，还会在不经意间照亮别人的心房。①

积极情绪包括很多种：感兴趣、希望、自豪、喜乐、感恩、敬佩、激励、爱、宁静等。② 确实，有时积极情绪不易被人觉察，比如，沉浸在一本好书中的宁静；但大部分积极情绪能从面部表情和身体语言体现出来，比如真心的微笑。

我们智慧的古人早就发现真心微笑的作用，如"笑一笑，十年少"。现代心理学研究则确认：即便是人为的微笑，也可以减轻压力。心理学家塔拉·卡夫(Tara Kraft)和莎拉·普雷斯曼(Sarah Pressman)的研究让一半被试做杜乡式(Duchenne)微笑(真心的笑容，嘴角上扬，眼角出现鱼尾纹)，另一半被试保持中性表情，或仅嘴角微扬的半微笑状态；然后要求他们进行一系列带来压力的活动，如用非优势手通过镜子中的影像连出形状。结果显示，被指示笑的被试的心率水平较低且压力较小，特别是那些带有杜乡式微笑的人；即使没有被要求微笑，嘴咬筷子而被动做出微笑表情的人，也比中性表情被试的满意度更高、压力更小。③ 另外一项研究要求被试反复做出与幸福、悲伤或愤怒相关的面部表情和姿势。结果发现，即使他们停止做这些表情和姿势，他们对周围事物的反应也会重复练习过的情感，而且对过往经验的回忆更多地倾向于和练习过的情感相关的生活事件。④ 换句话说，常微笑的人能更积极地诠释当下的经历，对过去的回忆也更积极。

近年来，也有关于微笑下的抑郁情绪的探讨，但更多研究表明微笑的积极作用，如微笑的人被认为更友好；⑤ 而且积极情绪会传染，使周围的

---

① 来自积极心理学课同学的分享。

② ［美］芭芭拉·弗雷德里克森：《积极情绪的力量》，北京，中国人民大学出版社，2010。

③ Kraft T. L., Pressman S. D., "Grin and Bear It: The Influence of Manipulated Facial Expression on the Stress Response," *Psychological Science*, 2012(23), pp. 1372-1378.

④ Schnall S., Laird J. D., "Keep Smiling: Enduring Effects of Facial Expressions and Postures on Emotional Experience and Memory," *Cognition and Emotion*, 2003(17), pp. 787-797.

⑤ Alicia A. Grandey, Glenda M. Fisk, et al., "Is Service with A Smile' Enough? Authenticity of Positive Displays during Service Encounters," https://www.sciencedirect.com/science/article/abs/pii/S0749597804000743，2019-10-12.

人也变得更快乐。①

想要调节孩子的情绪，使他们更积极地面对学业和生活，父母就需要先调整自己的情绪。哈佛大学爱德华·特罗尼克（Edward Tronick）博士于1975年完成的"静止面孔实验"②清晰地显示：婴儿与面无表情的母亲相处时能迅速发现母亲对他不再做出反应，并立即反复尝试得到母亲的关注；当这些尝试失败时，婴儿开始紧张、哭，甚至转脸不看母亲。至今它仍然是发展心理学界重复准确率最高的实验之一，充分显示了父母的面部表情等情绪的流露会影响孩子的情绪。

情绪传染性的神经机制于20世纪90年代中期被意大利帕尔马大学的科学家发现。在猴子抓紧食物时，运动前皮质的活动会被激活；而在实验室里让猴子只是看着研究人员进食，猴子该区域的神经元也被激活。③ 这项研究发现了镜像神经元，这个微小的神经结构在我们看到或采取行动时都会被触发，揭示了大脑的社会性本质。它解释了为什么我们在看到亲人哭泣时自己也会流下眼泪，在看到别人恐惧时自己也会害怕。同样，父母的情绪会渗透在和周围人的互动中，会通过镜像神经元传递给孩子。上大学时，经好心室友的提醒我才发现，自己常常有事没事就皱起眉头，虽然我的个性是开朗的——这是我人生前16年的印记，因为父亲在家里总是愁眉紧锁，我将其无意识地复制在自己脸上。虽然这30年我都在尽力消除，但眉间还是有明显的"八"字。如果希望提升孩子积极情绪的比例，家长首先就要让自己的情绪更积极。

积极情绪既受生理因素的影响，又受心理因素的影响，成人和孩子都不例外。

生理上，我们需要保证充足的睡眠。睡眠不足会影响掌管情绪的边缘系统，引发愤怒。2018年的一项研究发现：与每晚保证至少7小时睡眠的被试相比，每晚只睡4.5小时的被试更容易发怒，尤其是在令人厌烦的实验情境下。④

体育锻炼也能在生理层面上提升积极情绪，因为体育活动能增加诸如

---

① "The Mirror Neuron Revolution：Explaining What Makes Humans Social，" https://www. scientificamerican. com/article/the-mirror-neuron-revolut/，2019-10-12.

② "Ed Tronick and the 'Still Face Experiment，" https://scienceblogs. com/thoughtful-animal/2010/10/18/ed-tronick-and-the-still-face，2019-10-12.

③ Eric Jaffe, "Mirror Neurons：How We Reflect on Behavior，" https://www. psycho-logicalscience. org/observer/mirror-neurons-how-we-reflect-on-behavior，2019-10-13.

④ "Lack of Sleep Intensifies Anger，Impairs Adaptation to Frustrating Circumstances，" https://www. sciencedaily. com/releases/2018/11/181127111101. htm，2019-10-15.

内啡肽和血清素等神经化学递质的浓度。① 运动还与脑电波活动的变化显著相关，使人的心理和情绪状态更加平静。2019 年年底发布的《健康中国行动——儿童青少年心理健康行动方案（2019—2022 年）》要求各级各类学校实施"两个一"行动，其中就包括运动一小时，引导学生每天至少参加一小时体育运动。这可以在生理上为积极情绪提供条件。

除了充足的睡眠和定期锻炼，还有很多自然的心理学方法能提升积极情绪，这里会一一介绍。毕竟家里的微笑不需要像心理学实验那样把筷子咬在嘴里"制造"出来。

过去三年的积极心理学课中，我很高兴地看到同学们学以致用，把提升积极情绪落实在育儿实践中。下面是两个典型的例子。

我是一个三岁男孩的母亲，这个年龄的孩子处于自我意识觉醒的时期，一件事情不符合他的心意，如喝水时他要自己拿杯子而你帮他拿了，就会导致他大哭大闹。作为一个平时工作繁忙的职业女性，每天工作结束后还要应对孩子看似无理取闹的脾气，我自己也常处于崩溃的边缘，经常大吼大叫，甚至偶尔忍不住体罚孩子。情况并没有好转，仿佛进入了一个恶性循环，他一发脾气，我就没耐心，也会发脾气，最后孩子因为害怕而停止吵闹，不过不久后还会发生同样的事情。我能够感到孩子在哭闹时的无助，也后悔采用这样的方式对待他，但在事情发生时我也控制不住自己的情绪。通过积极心理学课的学习，我深刻地认识到安全温暖的家庭氛围可以提高孩子获得幸福的能力，直接影响孩子未来面对挑战、克服困难的韧性。我按照课程所讲的内容，努力寻找引发孩子积极情绪的方法。如在孩子睡觉前一起回顾在幼儿园一天的生活，让他觉得美好的事情有很多。刚开始的时候，孩子并不习惯讲述，回答了一两个问题就没有耐心了。但两周下来，孩子就很喜欢睡前和我聊一聊他在幼儿园发生的事了：今天做了什么手工，幼儿园买了什么新玩具，体育课上做了什么游戏，当然也有因不遵守纪律而被老师批评的情况。他讲述完，我会总体地说一下今天快乐的事情有很多。通过这样的交流，我们的关系亲密了很多。此外，我改变了和孩子沟通的方法，尽量不使用"不"，而选用积极的词。这个年龄的孩子有很强的自我意识，同时想法也很多，经常超出

① "More Evidence that Exercise Can Boost Mood，" https://www.health.harvard.edu/mind-and-mood/more-evidence-that-exercise-can-boost-mood，2019-10-15.

大人常规意识许可的范围。比如，有的时候他晚上睡觉前想要吃糖，以前我直接说"不行"，这就免不了孩子大哭大闹一场，大人也气得不行，在睡觉前上演一场"战争"，弄得大家都很不愉快。现在我会和他说："妈妈知道你喜欢吃糖，但我们已经刷完牙了，睡前吃糖对牙齿非常不好，我们明天早饭后可以吃一块。"孩子虽然仍然不满，但我能感到他的情绪不像以前那么激动，这个办法确实是有效果的。还有一个例子是，孩子喜欢小汽车，虽然家里有好多类似的车，但每次去超市他还要买。以前我会说："不行，不能总是买车，不能你喜欢就买。"经常连续说几个"不"，然后孩子就躺在地上打滚儿，引来好多人围观。我自己也非常生气，有时把他拉到一边打几下，大家都很不开心。现在我会尝试用书中的方法，说："我知道你很喜欢这个车，等你生日的时候，如果你还喜欢，妈妈就给你买；如果到时候你改变主意，想买别的了，妈妈也尊重你的意见。"孩子虽然恋恋不舍，但可以接受。虽然刚刚开始尝试改变，但我已经能够努力控制自己的情绪，努力改进和孩子交流的模式，努力和孩子建立亲密关系。积极情绪对改善我们的家庭氛围、对孩子未来的发展都有着非常重要的意义。

青春期的孩子一样能受益于积极情绪的提升。

我的大女儿去年终于考上了一所重点中学，但没想到的是，这只是个开始。到了中学，她开始沉迷于手机，成绩下降。我开始吼她，她就关起门来不跟我说话。我也开始用冷暴力，不跟她说话。如此恶性循环，每天家里都鸡飞狗跳。很幸运，在这个节骨眼儿上我修读了积极心理学课，了解到积极情绪是培养出来的，它帮我们拓宽思路、获得成长。塞利格曼教授在《真实的幸福》中提出，对待孩子的积极情绪要和对待消极情绪一样严肃，对待孩子的优势要和对待孩子的不足一样上心。鼓励孩子的积极情绪可以启动向上的螺旋，获得更多的积极情绪。我开始告诉自己，只有让大女儿保持积极的情绪，她才有可能学习好。我和大女儿商量："每天回到家，让妈妈拥抱你一下，好吗？"虽然她现在长得比我还高，不知道是她拥抱我还是我拥抱她，但她非常开心地接受了。而我在拥抱她的时候，心态也平和起来。我会想起她小时候的可爱，也想起她有时像小棉袄一样贴心。我还提议她的年龄够了，我们可以一起去健身房运动。每周末两小时，我们一起用跑步机，一起做瑜伽。学舞蹈的她鼓励我坚持做好健身动作，从而保持更好的身材，并且不会让身体受伤。她还会和我交流一些学校里发生的事情。我在工作中遇到不能处理的文件时，也谦虚地请教她，有礼貌地请她帮忙。有次考试，她的成绩不理想，我没像往常一样责备她，而是耐心地坐下来，和她一起分析每一科遇到的问题是什么，并一起想办法解决。通过这些，我感觉自己对大女儿的担心减少了很多，积极情绪多了，家里的气氛也轻松了。我要做个智慧的妈妈，通过努力让孩子和我都更有幸福感。

成长练习

　　结合本节内容，回顾今天发生的事，分别记录自己和孩子三次积极情绪发生的情境，总结是什么最容易引发自己和孩子的积极情绪。

　　自己的积极情绪

　　① _____。

　　② _____。

　　③ _____。

　　孩子的积极情绪

　　① _____。

　　② _____。

　　③ _____。

凡事谢恩。

（三）积极情绪的捷径

亲爱的儿子：

转眼之间，从你来到人世间，爸爸和你已经在我们这个小家庭中度过了九年。爸爸还没来得及好好回忆一下初为人父的感受，你就已经开始独立学习，不再是依偎在爸爸怀里的婴儿了。其实爸爸心里有许多话想对你说，但一直没有找到合适的机会。感谢积极心理学课布置的作业，让爸爸终于有机会感谢我们在一起的这九年。

2010年11月，一个初冬的早上，随着产房中一声清脆的啼哭声，你来到了这个世界。爸爸妈妈感谢上天给我们带来了你这个珍贵的礼物。首先，随着你的降临，我们的家庭发生了巨大的变化。爸爸妈妈从不规律的作息变为早睡早起，从以前外卖应付一日三餐变为在家研究食材的来源和烹饪方法。为了让你少生病，我们开始关注天气和居住环境。在你出生到四岁的这段时间，我们从北方到南方，一共搬了四次家，最后在深圳的大梅沙海边落了脚。"旱鸭子"爸爸不得不"赶鸭子上架"，陪着你冲浪和游泳。一次又一次，爸爸挑战着自己的不可能。爸爸要感谢你，正是因为你的到来，爸爸才从生活的舒适区中走了出来，继续追求梦想。那四年是爸爸前半生改变最大的四年，无论是工作上的晋升，还是生活上的进步，都是和你以及咱们这个家庭息息相关的。可以说，你长大的同时，爸爸也陪着你一起长大了。

其次，与你的交流和沟通也让我找到了和自己内心交流的机会。爸爸感觉自己的心里也住着一个小孩。一直以来，爸爸的内心被生长环境和教育捆绑着，认为人的所学所做都要顺应社会发展，随大流的思想一直默默地影响爸爸的生活。但是，你初生牛犊不怕虎的生活态度让爸爸开始学习遵从自己的内心做事。这样做让爸爸少了许多世俗的应酬，多了许多与你相伴的时间，也让爸爸有了做自己喜欢的事情的精力。因此，爸爸要感谢你勇敢面对生活的态度，它影响了爸爸的人生。

再次，与你在日常生活中的互动提高了爸爸的决策力和谈判技巧。你出生以前，爸爸从事电气工程师工作，每天都是和电子元器件打交道，偶尔需要与同事或领导交流，也仅是简单的事件汇报。你出生后，爸爸走上了管理岗位，发现自己在事件决策和与人沟通上有诸多不适应。在与你互动的过程中，你每次对我的要求总让我难以拒绝，因为你想要东西时都会想方设法地让我了解和接受。刚开始，我还顺着惯性一味地接受你的要求，但出于对你健康成长的考虑，我慢慢地认识到，与你的沟通不能只是一味地给予。我开始有意识地引导你决策，与你谈生活中的取舍。经过一段时间，我发现我们父子之间的关系比以前更融洽了，这也让爸爸开始反思自己的工作，将和你一起生活的一些发现运用到工作中，并且取得了不小的进步。

最后，爸爸想对你说的是：你的爱，给予了爸爸生活的动力和积极的情绪。爸爸因能持续地拥有你的爱而一直充满对生活的感恩和希望。可以说，你是爸爸生命的延续。爸爸也决心继续陪你一起成长，一起进步。我们永远做一对快乐的父子。

爱你的爸爸
2019 年 7 月 24 日于家中①

积极心理学课的感恩作业是我每学期最盼望批阅的作业。给曾经对自己有积极影响但还未有机会好好感谢的人写一封感谢信，并找机会当面念给他，这是积极心理学研究发现的提升幸福感的捷径。大部分同学把信写给了父母、伴侣、孩子、老师、朋友、老板等，还有人写给了有一面之缘的热心出租车司机，甚至有人写给了曾经伤害过自己的人，感谢他让自己更坚强。

感谢每一封信，它们让我重温感恩的积极力量。很多同学在完成后感谢这个作业给他们机会表达自己。有半数同学报告自己的父母或伴侣在收到并听到这封信时落泪。完全可以想象这有多么令人感动，就连我这个局外人都忍不住落泪。

---

① 来自积极心理学课同学的分享。

很多同学真实地反馈，在这个"快时代"，有好多年没给家人写过信了；虽然信的内容不多，也不长，但自己写的时候内心是满满的回忆，回忆的内容都是共同经历的美好事件；虽然自己的文笔很差，但写的每一段都会感动自己，并且自己长时间地沉浸在这种感受中；在读给家人听的时候，刚开始时会感觉非常不好意思，中国人很难把情感表露在外，但一旦表达出来，就确实增加了我们对生活的满意度；在这之后，自己做任何事都感觉比以前更加心甘情愿，更愿意付出，且不会去争论谁对谁错，谁付出多、谁付出少，还会主动遗忘那些困扰自己的烦恼，感觉面临的困难也好像没有之前想象的那么难了，这个体验确实很难忘；自己会每天记录一些感恩的事件，留住或延长快乐的因子，让整个人更积极。

最近十多年对感恩的研究反复表明，经常对他人表示感谢已经远不只是简单的礼貌，常常心存感激的成人比条件相似但很少感恩的同龄人精力更充沛，遇事更乐观，更喜欢与人交往，幸福感更强；他们更不容易抑郁、妒忌或酗酒，更经常锻炼身体，睡眠质量更高，免疫力更强。类似的结果在对儿童和青少年的研究中也得到证实。[1] 比如，对 1035 名高中生的调查发现，经常感恩的学生朋友更多，成绩普遍更好；相反，很少感恩的学生嫉妒心更强，对生活的满意度更低，更偏向物质主义。类似的实验结果在中小学生、长期有健康问题的中老年人和抑郁症患者身上被多次发现。比如，2014 年的一项针对 706 名中国四至六年级小学生（男生 375 名，女生 331 名）的研究发现，孩子们的感恩问卷得分和在校主观幸福感（subjective well-being，SWB）量表的结果显著正相关，特别是男生。[2]

塞利格曼教授曾让有严重抑郁症状，连床都不想下的病人做一个简单的练习：登录积极心理学网站，每天写下 3 件值得感恩的事，如今天某某打来电话问候；15 天后，他们的抑郁症状从严重降到了低度或中度，94% 的被试报告这对自己的病情有缓解作用。[3]

通过书信、电话或当面对帮助过自己的人表达感谢，可以明显提升人

① Froh J., Miller D., & Snyder S., "Gratitude in Children and Adolescents: Development, Assessment, and School-Based Intervention," *School Psychology Forum: Research in Practice* 2, 2007(1), pp. 1-13.

② "The Effect of Gratitude on Elementary School Students' Subjective Well-Being in Schools: The Mediating Role of Prosocial Behavior," https://link.springer.com/article/10.1007/s11205-014-0712-9, 2019-10-19.

③ Seligman M., Rashid T., Parks A.C., "Positive Psychotherapy," *American Psychologist*, 2006(61) pp. 774-788.

的积极情绪。① 就算个性等限制自己公开向他人表达感恩，只把感谢记录下来也可以明显提升幸福感。研究发现，较多表达感恩的被试下丘脑的活动水平较高，而下丘脑控制进食、饮水和睡眠等各种身体机能，同时影响新陈代谢和压力水平。这也解释了为什么常感恩能改善睡眠，减轻抑郁症状和痛苦等。② 研究还发现，感恩可直接激活与神经递质多巴胺相关的大脑区域，而多巴胺让人感觉良好，是大脑的"奖励机制"，所以多巴胺的启动让人更有可能重复感恩。

感恩的态度让我们重温生活中积极的体验，能从中享受最大程度的喜乐。表达感恩还能增强自我价值感和自尊，因为他人帮了自己这一事实从侧面显示出自己值得别人的重视和帮助。感恩自己的成就会让人感到更自信。感恩是一种社交情绪，可以加强人际联结，而人际关系又是预测幸福感的最强因素之一。还有，感恩让人感到自我的渺小和对外界的依赖，这样就不容易产生嫉妒或憎恨等负面情绪。

向他人表达感恩，最受益的其实是我们自己。一位同学总结道："如果不能从内心深处去感恩，就无法真正做到接纳，无法真正地看见、懂和理解这个生命。感恩看似是在感谢别人，而实际上是看到外界带给自己的恩泽。我特别感恩这份作业，它让我看到感恩这件事是由内而外的，是由心而发的，是随时随地的。它让我们更珍惜自己拥有的，特别是身边的亲人朋友，让家庭关系或友谊更亲密，而积极的关系会产生更多积极的情绪。"

感恩是幸福感的必经之路。值得庆幸的是，许多研究都证明感恩的态度和习惯是可以培养的。2008 年的研究发现，221 位六年级和七年级学生连续两周每天列出 5 个他们感谢的人或事，结果显示他们对学校和生活的看法都更积极。③ 感恩还会让我们更愿意助人。④ 针对大学生的实验发现，让大学生每周记录 5 件自己感恩的事，连续 10 周，结束时大学生对自己生活的满意度和幸福感有高达 25％的提升，对未来也更乐观。⑤

我们可以从小提醒孩子多观察、体验和记录生活中值得感恩的人和

① ［美］马丁·塞利格曼：《真实的幸福》，沈阳，万卷出版公司，2010。

② Alex Korb, "The Grateful Brain：The Neuroscience Of Giving Thanks," https://www.psychologytoday.com/us/blog/prefrontal-nudity/201211/the-grateful-brain, 2019-10-11.

③ Froh J., Sefnick W., & Emmons R., "Counting Blessings in Early Adolescents：An Experimental Study of Gratitude and Subjective Well-Being," *Journal of School Psychology*, 2008(46), pp. 213-233.

④ ［美］索尼娅·柳博米尔斯基：《幸福有方法》，北京，中信出版社，2014。

⑤ Emmons R.A., *THANKS! How the New Science of Gratitude Can Make You Happier*, Boston, Houghton-Mifflin, 2007.

事。比如，学前期的孩子可以在每晚临睡时数一数一天中让自己快乐的事及明天期待的事；孩子会写句子后可以记"感恩日记"，每天至少写一件，越详细越好。养成这样的习惯，孩子自然会多注意生活中的美好，相当于给他们注入积极基因。家人还可以一起做一面"感恩墙"，把自己心存感激的事随时记录在小卡片上，或者拍张照片，将它们贴在墙上，在心情低落时回顾值得感恩的点滴，这无疑是最好的兴奋剂。

博雅小学堂"积极家庭训练营"的一位家长反馈道：

> 昨天我一边跟孩子制作感恩墙，一边对她说："有你真好！你的聪慧解决了我的很多难题，让我每天都很快乐！"稍后，孩子写下感恩条：感恩生活，让我充满爱！感恩爱，是生活最好的提神剂。感恩墙的设立，让我们记录了更多美好，更容易看到和亲人朋友的情感互动和付出；而我和孩子之间除了多了聊天的机会，还收获了更多快乐。用孩子在感恩墙上的一句话来总结就是：有爱陪伴真好！

感恩还能帮我们更有效地处理创伤。例如，"9·11"恐怖袭击事件后，美国人除同理心外，最常体验的情绪就是感恩。两位同学也记录了用感恩来修复与父母关系的经历。

> 一段让我深受打击的婚姻结束后，我学习了一年"得到"平台上的心理学课。300多讲下来，我确实更加了解自己的心理状态，但也陷入了很多无法自拔的旋涡，尤其是原生家庭对我婚姻观的影响。当我了解到我的这些情感思维习惯都来自父母关系不和以及童年时父母对我的关爱过少，我竟然心生怨恨，不断在脑海里回忆以前父母如何吵架、小时候他们对我的感受何等忽视，好几次我都没忍住去找父母理论，结果关系变得更紧张。我当初学习心理学的本意是让自己摆脱负面情绪，学会如何与人相处，结果却引发了更多矛盾。我时常想，是不是人不能活得太明白，否则就会看透人性，让自己更加悲观，缩手缩脚，对感情充满悲观。
>
> 惊喜的是，积极心理学第三周课程的感恩练习彻底拯救了我。我不再只看到父母对我的婚姻观产生的负面影响，而更多地看到爱与恩情：小时候虽然物质不丰富，但他们把最好的都留给了我，把大部分钱花在我身上；他们虽然言语严厉，但这不能掩盖爱的付出；产生矛盾之后，他们总是体谅和妥协；他们给我越来越多的尊重和自由。我

在给父母写感谢信的过程中，开始真正关注父母给我的爱。这是一种被忽略 20 多年的爱，它一幕幕地重新浮现在我眼前。我落泪了，越写越觉得应该感谢他们的太多了！再回想起不久之前我还因为原生家庭的影响和父母生气，那时和现在的我在思想上真的是判若两人。只盯着坏的方面看，满眼也都是问题；虽然认识了真实的自己，但并没有真正接纳这一切。现在的我对父母更多的是感恩，我和父母的关系好了很多。妈妈最近经常感慨，说我的知识没白学，还要我把好的知识教给他们。父母不是爱学习的人，思想也比较顽固，却因为我的变化提升了学习的积极性，这种正向循环让我看到强烈的希望之光，让我坚信我的家庭氛围会越来越好。

这十周我时常练习感恩，这让我发现了生活中很多被我忽略的美好，我的心慢慢地充满了爱，幸福感明显提升了好几个层次。以前，父母唠叨我的时候我总很烦，觉得他们那一套知识早已过时，毫无理论依据。而且我又不是小孩子，我在外打拼这么多年，他们对我还是各种不放心，这简直就是不相信我嘛！因为这样的心态，每次他们一张嘴我就满脑子的情绪，不用说多了，说两句我就开始烦，然后就强制他们不要再和我说这些，有时候还演变成吵架。现在我看待问题的方式不再只有负面，最明显的改变是我可以从唠叨中感受到深深的爱。我承认，之前的自己太自我，只关心谈话中自己是否舒服，从未想过父母的感受。我不觉得自己是不孝顺的人，但以前我做得真的不好。现在我发现，只要我肯听，他们就会非常开心；而且当他们开心时，我则会更开心！

感恩的方式有很多。积极心理学家索尼娅·柳博米尔斯基（Sonja Lyubomirsky）教授的实验发现，幸福感提升程度最高的是被要求连续 6 周每周记录 5 件值得感恩的事的被试。她还推荐变换不同的方式以保持新鲜感，从而让感恩的习惯更持久。比如，不定期地当面、写信或写邮件直接表达感谢，对方的反应会强化我们的积极情绪。[①] 培养感恩的习惯需要重复练习，直到感恩变成我们性格的一部分。

课程中坚持写"感恩日记"的同学，其提升积极情绪的效果也最明显，正如下面两位坚持感恩练习的同学的反馈。

---

① ［美］索尼娅·柳博米尔斯基：《幸福有方法》，北京，中信出版社，2014。

这段时间练习感恩，基本上每天早上起来都感恩着迎来美好的一天，感恩遇到的每一个人、每一件事。我感到心里明显沉静了。以前早上上班堵车时会很烦躁，遇到超车的则更烦躁了，心里会说："没素质，抢什么抢！"现在基本上不烦躁了，遇到超车的我会轻踩刹车让他超过去，也许他有事更着急吧。感恩练习我会一直坚持，积极正向地通过言语及行为把这种感恩带到家庭里，带到工作团队中。

自从我用感恩的眼光看待这个世界，我总感到自己是多么幸运。明显的变化是笑容变多了，不会吝啬让别人快乐，整个人的性格都变温柔了。而前几年我一直处于冷漠、孤僻、悲观和敏感的状态。认知改变了，我的生活也改变了，感恩遇见积极心理学。

每次在课程中介绍感恩的概念时，总有同学提出疑惑：为什么身边有完全不感恩的人？

感恩是一种能力，并不是所有人都拥有。做不到感恩的人往往在成长过程中极少有被爱的体验。如果我们能在日常生活中多向他们表达感恩，让他们感受到被感谢时的温暖，则可以开启榜样的力量，帮助他们学会感恩。

成长练习

生活中很多大事或小事让我们感恩，但忙碌让我们没有机会去体会、品味或表达。从今天开始，连续 6 周，每周末拿出 30 分钟的时间，和孩子一起回顾这周的经历，找出 5 件感恩的事情并记录下来，观察开展练习后自己和孩子的情绪反应。

_____年_____月_____日到_____年_____月_____日，这周我最感恩的是：

① _____

_____ ；

② _____

_____ ；

③ _____

_____ ；

④ _____

_____ ；

⑤ _____

_____ 。

> 人不是被事物本身困扰，而是被他们关于事物的意见困扰。

（四）情绪的"ABCDE"

我曾几次被邀请在旧金山湾区的高中做讲座，校方选的主题都是"青少年焦虑"，说现在焦虑的高中生太多了。

可每次我在讲座前问孩子们在过去一个月中是否出现三种以上焦虑症状时，举手的比例都远小于我问家长这个问题时家长举手的比例。有一次，几乎所有在座家长都举手了，表示自己常有焦虑症状。

在以高科技著称的硅谷，要找个没有硕士或博士学位的家长可能都很难。一方面，家长给孩子们提供了高智商的基因和良好的学习环境；另一方面，家长在无形中设好了高期待。万一孩子的爱好、能力特点、学习方式等和"学霸"家长们不一样呢？

国内的家长也在同一条船上。约87％的家长承认自己有过焦虑情绪，其中近20％有中度焦虑。[①] 就像积极心理学课上一位同学所描述的。

现在的社会是一个社群社会，哪怕学习读书也有一个个小团体。我是一个自负且自尊心极强的人。我把这个信念带到了育儿过程中，为孩子制订了一系列学习计划，具体到每天每小时，就怕时间不够用。万一孩子在升学的时候还没有学完，她就无法考入心仪的学校。对于孩子出现的每一个学习上的错误，我首先想到的是她一定没有好好复习，上课一定没有好好听讲，一定没有认真；习惯性地通过责骂来解决，而不是想到孩子付出的努力。我完全没有考虑到孩子的年龄

---

① 《中国亲子教育现状调查报告：87％左右家长有焦虑情绪》，http://world. peo-ple. com. cn/n1/2016/0616/c1002-28451054. html，2019-10-15。

和天性；也没考虑到家庭中其他成员因为我对孩子的严苛要求而努力配合我，但进度总不如意，结果家中争吵不断。孩子看到我时非常害怕，抗拒心理一天比一天厉害。我也充满了焦虑、无助、担心，又把这些在孩子身上发泄出来，形成恶性循环。

情绪的力量很大，就像水可载舟亦可覆舟。英文中 emotion 这个词的词根是"动"，情绪左右着我们的行动。比如害怕的情绪，遇到危险时，它可以让我们的身体爆发出超常的力量和速度，从而逃生。在积极的情绪下，我们的学习和工作效率高，而无根据的消极情绪则会让我们心烦意乱，不能集中精力，犯不该犯的错，甚至使我们成为情绪的奴隶。在初高中做心理测评和诊断工作时，我每年都会遇到智力超常但受情绪困扰的孩子，他们往往长期旷课，严重的甚至辍学，令人扼腕叹息。

著名精神科医生斯科特·派克（Scott Peck）指出，一个人的成熟度反映在他对事件和反应进行平衡的方式上。[①] 换句话说，用 0～10 分来描述令人不高兴的事件的严重性，如果被归类为 4 分的事件激发了 8 分的愤怒或焦虑反应，就过度了。成熟的人会针对事件本身给予适当的反应。焦虑情绪的形成机制，如孩子常见的考试焦虑，就是把原本中性的事物（4 分或 5 分）看作危险，夸大了它的威胁性（做出 9 分或 10 分的反应）。

斯坦福大学心理学家凯利·麦格尼加尔（Kelly McGonigal）博士介绍了一个有 3 万多名美国成年人参与的 8 年跟踪调查，研究发现，承受高压力的人群中相信压力有害健康的人，其死亡风险提高了 43%；而同样承受高压力但并不认为压力有害健康的被试，其死亡率没有提高。[②] 换句话说，有害的不是压力，而是"压力有害健康"的观点。

2014 年 9 月，旧金山湾区有一位高中毕业生不幸自杀。他学业优异，SAT（学术能力评估测试）满分，却没能进入自己理想中的名校，只被加利福尼亚大学录取。同样是这所大学的录取通知书，给绝大多数学生带来的会是兴奋和期待，而被这位学生认为是对个人价值的否定，带来了绝望和无助。

为什么同样的事件会引发截然不同的情绪和行为反应？关键就是个人怎么理解、看待、诠释发生的事情，也就是我们的归因风格。

早在 20 世纪 70 年代，认知疗法的创始人亚伦·贝克（Aaron Beck）博

---

① ［美］M. 斯科特·派克：《少有人走的路》，长春，吉林文史出版社，2007。

② Kelly McGonigal, *The Upside of Stress：Why Stress Is Good for You，and How to Get Good at It*, Avery Publisher, 2016.

士就提出情绪是由认知激发的。情绪大多因事而发，所以我们一般很容易看到那些外在的事。比如，我曾多次听到家长叹息："我的情绪直接被孩子的成绩控制。他这学期成绩好了，我做什么都开心，喝口凉水都是甜的；下学期他成绩下降了，我就天天如坐针毡，失眠，吃什么都没胃口。"乍一看，这"不好的事"（adversity）和"后果"（consequence）好像是息息相关的，但人们很少注意到，隐形的"理念"（belief）在其中起决定性作用，这就是"ABC 理论"。[①]

这个理念在认知疗法中也被称作"自动负向思维"，指自动出现的负向思维。[②] 不同的理念决定了同样情况下人会有不同的态度和应对方式。

比如，旧金山湾区亚裔父母的焦虑比例较高，究其原因，无非是把成功窄化。有高中生戏言："亚裔父母把世界上成千上万的职业过滤掉，只剩下医生、律师、工程师三样。"可孩子是多样化的，不符合这个规划的占大多数。如果父母坚信做不成医生、律师或工程师就是失败，那么必然会焦虑。

有些孩子天生有乐观倾向，遇事时更易把问题看作暂时性的、具体化的，归因在积极的一面，看到变好的希望。但有些孩子天生更倾向于把负面经历归结为持久化、扩大化或个人化的因素。我曾经测评过的一位八年级数学奇才是个典型的例子。

我在和中小学生互动之前，一定会先调动他们的积极情绪，以确保结果来自孩子的最佳状态。所以见到这个数学奇才时，我先道贺：不久前他获得加利福尼亚州数学竞赛第三名。

没想到这位学生面无表情地回答："第一名比我强太多了。"

第一名和第二名是别的校的。我补充道："你是我们学校数学最棒的啊！"

他的反应是："第四名（我们学校的学生）几何部分比我好。"

这不是谦虚，他真心在拿别人的长处和自己的不足比。

接着这个孩子告诉我："我哥哥什么都棒！"

我对无法调动他的积极情绪感到不甘心，就把他的成绩亮出来，说："看，你也每门课都是 A 啊！"

---

① "ABC 理论"来自认知行为疗法（cognitive behavioral therapy，CBT）的创始人之一——美国心理学家阿尔伯特·艾利斯（Albert Ellis）博士开发的理性情绪行为疗法（rational emotive behavior therapy，REBT）。

② 自动负向思维的英文是 automatic negative thoughts，缩写为 ANT，即英文"蚂蚁"一词的拼写。

但他很真诚地望着我说："我妈说我英文不好。"

"怎么可能？是 A＋啊！"

他解释道："我妈说这是因为那位老师人好，很容易给高分。"

我败下阵来。半小时的工作，无法和 13 年日积月累的悲观归因方式抗衡。对好的事情（英文成绩为 A＋），他自然而然地归结为外在原因（"老师人好"）；而对不好的事情（竞赛得第三名而不是第一名），却自然而然地归结为持久化、扩大化和个人化的因素（"第一名比我强太多了"）。因此，即使有这样的数学天分和成就，他也感受不到一丝自豪。

奥地利心理学家弗里茨·海德（Fritz Heider）在 20 世纪初期就发现，我们对因果关系的看法往往因自己的需要和某些认识上的偏见而扭曲。[1]理念的形成，基因的作用不可被否认，因为天生气质确实有乐观倾向和悲观倾向之分。但除了基因，孩子的归因风格更受父母归因风格的影响，特别是父母对日常生活事件的因果分析。[2] 换句话说，如果父母对好事的归因是持久化、扩大化和个人化的，如"爸爸工作非常努力，所以这次有升迁的机会"，孩子慢慢就会有掌控感，形成乐观的解释方式。如果父母习惯性地把失误归结为持久化、扩大化和个人化的因素，如"女孩子数学都不好"，孩子慢慢就会形成悲观的解释方式，就像有学生常常疑惑："为什么我妈妈在责怪我时，不管她说什么，我都能听着；但一听到她说'吊儿郎当'，我就很生气？"

指正孩子时，把问题暂时化、具体化，就事论事，孩子就更容易有掌控感，看到变好的希望。但如果把孩子需要纠正的地方扩大化，就变成了对个人的攻击，不但伤害孩子的自尊心，长此以往，还会使孩子形成悲观的归因方式。比如，"这一章的概念比较抽象，爸爸当年也花了两倍的时间才真正理解。能允许爸爸把自己的经验和你分享一下吗？"这种表达与"你总是这么吊儿郎当，怪不得这一章的习题错了一半多"相比，孩子的接受程度会大大提高。

积极心理学的"ABCDE 反驳法"是在"ABC 理论"的基础上，通过寻找理性证据来辩驳（disputation）对负面事件持久化、扩大化和个人化的理念，从而激发（energization）积极情绪和行为。以下是"ABCDE 反驳法"调节情绪、转变思维的例子。

---

[1]　Heider F.，"Social Perception and Phenomenal Causality，"*Psychological Review* 1944(51)，pp. 358-374.

[2]　［美］马丁·塞利格曼：《活出最乐观的自己》，沈阳，万卷出版公司，2010。

不好的事（A）：参加儿子的培训班，看到很多小朋友都比儿子高，有的女生也比儿子高，然后上网查了查7～8岁男童的标准身高，数据显示儿子偏矮，顿时心里感到很不是滋味。

理念（B）：矮个子会受歧视，必须让儿子长高。心里立刻想到的是儿子是否营养不良，决定周末去医院检查；然后又想到是不是遗传的问题，自己和爱人都不算高，影响孩子的发育；按着又想到儿子长大了也不高怎么办、以后找不到对象怎么办、走上社会找工作会不会受到歧视……一大串问题接二连三地浮现在脑海里。

后果（C）：越想越头疼，越想越着急，孩子培训课的内容都没听进去。当时心跳加速，手足无措。回到家后上网一通乱搜，搜索长高的方法，又在线上商城买了助长营养品，忙得不可开交。到最后也没有打开心结，连做梦都会梦见儿子怪自己为什么遗传给他矮的基因。

辩驳（D）：努力去想这件事的积极部分，想到儿子虽然偏矮，但也在该年龄儿童身高正常范围内。经医生诊断，儿子的确有些缺钙和锌，补上这两样后应该会慢慢长回来。又想到很多在各自的事业上取得了巨大成功的人也不太高，如李连杰。最后想到，虽然遗传上不占优势，但通过后天努力，如多锻炼、注意饮食营养、调整作息，可以改变自身的不足，同样可以长高，爸爸妈妈矮而儿子高的情况也比比皆是。

激发（E）：通过上面这些理性辩驳，忧虑消失了，心情改善了很多，不再困扰日常生活；看到儿子活泼乐观的样子，心里也充满了希望。

当我们通过思维角度的转变有效调节自己的情绪时，会给孩子做出榜样，让孩子感到任何失误都能变成学习的好机会。下面是一个例子。

不好的事（A）：周六上午9点，我去附近的一所小学参加儿子画画比赛的颁奖典礼。因为通知提前说明了停车位少，建议绿色出行，我也觉得好久没坐过公交车了，而且小孩也比较喜欢坐公交车，于是我们就去坐公交车去。结果上车后发现这班公交车改路线了，到不了那儿。临时倒车到另一个车站，跟着导航步行，又绕了很远，到达学校的时候已经过了9点30分，差点错过颁奖典礼。

理念（B）：我做事总眼高手低，考虑不周全。责怪自己为什么没提前查好线路信息，或者干脆开车过去。快迟到时，我还傻傻地相信了导航，几分钟的路程走了 20 分钟，没及时做调整。我这样粗心，怎么带孩子呢？

后果（C）：我心情很沮丧，小孩的一次非常有意义的活动被我的不小心搞砸了。我这么粗心，会不会让小孩觉得这个爸爸很失败，这么简单的事情都解决不好，对我产生抱怨？

辩驳（D）：这不过是一次普通的活动，不必那么紧张。这次"囧途"也非常有趣，可以作为以后和孩子谈论的趣事，也可以教育孩子做事前要仔细规划，不然会好心办错事。平时我们基本没有机会步行，这次也让孩子有机会体验不一样的生活环境。当然，我自己也有收获，平时工作忙，很少锻炼，这次步行也消耗了不少能量，有助于健康。

激发（E）：生活中的乐趣无处不在，我因这次"囧途"而多了一个可以和朋友分享的有趣话题。孩子在这个过程中也体验了解决办法总比问题多，学会在失误中保持乐观。

孩子闯祸时，我们理念上的差别直接影响处理方式，激发完全相反的情绪。

例如，2017 年 12 月，我的儿子大卫参加的小学乐队转到初中的音乐室排练，那里有很多他们不能碰的乐器。可是，有一次，大卫趁老师不在的几分钟违规触碰了乐器，且受到了惩罚。

我先生非常生气，认为他不该犯这样愚蠢的错误，引发的行为则是坚决不给大卫任何圣诞节礼物。

而我却感到大卫在小学期间犯这样的错误并承担后果是幸运的，是宝贵的学习机会。这样的理念引发平和的情绪，让孩子在安全的环境中承认自己的错误、承担责任。不然，孩子很容易因害怕责罚而撒谎，或因羞愧而产生破罐子破摔的心态。

博雅小学堂"积极家庭训练营"一位家长反馈道："儿子上八年级，这次科学周考只得了 71 分，满分为 160 分。按以往，我一定会很生气地责备儿子考得这么低，一定是没学好！这次学习了'ABCDE 反驳法'，我便试着反驳非理性的想法，想到他那天迟到了，到校的时候考试已经开始了。我问他是否因迟到而很紧张、脑子一片空白，他说：'是的。'我说：'我理解你这种情况，下次再遇到，就先让自己安静下来，再看卷子。'另外，我也告诉他我们学到一个道理——上学要提前准备，防止迟到。这样和儿子沟通，他很受用。"

夫妻间相处的情绪倾向也同样受各自归因理念的影响。看到理念的影响力并有效调整，不仅能提升积极情绪，还能调节夫妻关系，营造不一样的家庭氛围。下面是一个同学的分享。

不好的事（A）：一天中午，先生带儿子玩小飞机的游戏，在他们旋转的过程中我从旁边经过，孩子伸手要我抱抱，在我没做好准备的时候先生就把孩子塞过来了，冲劲儿很猛，我和孩子撞到了一起，我的牙齿撞到孩子的头，孩子大哭不止，而我的牙齿也被撞松了。我责问先生为什么不好好把孩子递过来，他却反问我为什么不把嘴巴闭紧。

理念（B）：每次孩子发生类似的意外，先生都要把原因归在我身上，他自己又不是没有错误，但每次先低头的都是我。我的牙齿也很疼，他却不关心这个问题。我们两个到底是因为什么还在一起生活呢？

后果（C）：我们开始吵架，陷入了歇斯底里的状态。吵架中，他指责我没事找事，到处发火；我说吵架不是一个人能吵起来的，质疑他凭什么要求我压住火气；他说当着孩子的面吵就不对，我反驳他自己也在吵架。之后他就离开了，我们陷入了一个月的冷战。事后第一周，我的怒火很旺，把他的手机号拉黑，删除了他的微信好友。

辩驳（D）：先生是个不善于表达的人，总是默默付出。结婚快15年了，我很了解他的性格，如果真的那么难以忍受，早就分开了。和周围的家庭相比，他是一个非常乐于照顾家庭的丈夫。男性和女性先天的差异决定了双方对同一件事的看法有很大不同，即便是伴侣也是如此。我开始怀疑是否有必要因为这种吵架而花一个月的时间来冷战（或者说是我单方面冷战），他的性格已经形成了，我们双方势必需要一方先妥协，所以实际上在谁先低头这件事上较真是很幼稚的想法。

激发（E）：我们做了沟通，发现双方都看到了自己存在的问题。这是一个好的开始，他愿意听取我的意见。在我把他拉黑后，先生很是纳闷，完全没想到我会生如此大的气。

小结：其实在整个过程中，我的脑子里还涌现了很多想法，捉弄、刺激、嘲讽等各种类型的语言层出不穷，充分说明人类的恶意可以无限大；但是，当客观地回想起他的点滴好处，我发现其实吵架时我们在无限放大对方当时的缺点，而彻底忽略了对方的优点；只有当我们情绪平复下来，理智地回看同样的问题，积极的一面才会慢慢浮现；随着时间的推移更能逐渐发现，我们所担心的往往只是担心，绝大多数不会成为现实；让自己成为愤怒等不良情绪的奴隶其实是件很可悲的事情，因为它会蒙蔽眼睛，让我们忽略客观事实。

客观地调整理念不是要求大家去降低标准甚至逆来顺受。乐观也不是"精神胜利法"或阿Q精神。找到阻碍点是培养乐观的必经之路。确认自动出现在自己脑海里的消极想法，如"今天又和孩子吵了一架，我真是个坏妈妈，总是控制不住自己的脾气"，把它写下来，找到可以解释这个事件的另一个角度，如"昨晚我没休息好，今天又在公司忙了一天，非常疲劳，造成情绪容易波动"。其他有启发性的问题还包括：这件事教会了我什么？（如我的自控能力还有待提高。）下次孩子出现类似情况，我应该如何反应以避免冲突？（如感到火气往上蹿时，马上走到另一个房间，先让自己冷静下来，再和孩子交流。）

成长练习

　　运用"ABCDE反驳法"，观察记录自己因孩子达不到期待值而感到烦恼的事，然后反驳自己自动出现的负面理念，从而激发积极情绪，找到更有效的处理方式。

不好的事（A）：＿＿＿＿＿＿＿＿＿＿＿＿＿＿＿＿＿＿＿＿＿＿。

理念（B）：＿＿＿＿＿＿＿＿＿＿＿＿＿＿＿＿＿＿＿＿＿＿。

后果（C）：＿＿＿＿＿＿＿＿＿＿＿＿＿＿＿＿＿＿＿＿＿＿。

辩驳（D）：＿＿＿＿＿＿＿＿＿＿＿＿＿＿＿＿＿＿＿＿＿＿。

激发（E）：＿＿＿＿＿＿＿＿＿＿＿＿＿＿＿＿＿＿＿＿＿＿。

> 与喜乐的人一同喜乐，与哀哭的人一同哀哭。

（五）情绪教练

五年级时圣诞节假期的最后一天，大卫哭丧着脸说："为什么要上学？上学真无聊，我不想上学！"

虽然心里有点恼，但我还是很真诚地回答他："当学生太不容易了！这个寒假你去佛罗里达州的海滩和爷爷玩了一圈，又去内华达山上滑了几天雪，两周一晃就过去了。明天又得按点儿起床，在学校一待就是 6 个半小时，马上换节奏，得多强的适应能力啊！"

大卫脸色好看一些。"其实，上学也有好处，我都两周没看见好朋友了，明天又可以和他们打篮球了！"

我赶紧跟风道："那倒是，正好试试你的新球鞋给不给力！"

大卫看着我的脸色马上加了一句："不过，我星期一乐队的乐理作业还没写。"

原来如此，我如释重负，说："你记性真好，过了两周还记得！拿出来看看。"

看着挺厚的几页，做起来很容易。20 分钟后，大卫又恢复为乐呵呵的自己。

儿时的情绪管理技能对成年后的教育、就业、心理健康等都有预测力。[1] 孩子的情绪不是空穴来风，都有原因。我们看见和接纳孩子的情绪是他们学会有效表达和处理情绪的关键一步。

约翰·戈特曼（John Gottman）博士观察研究了父母和孩子在情绪化的情况下如何反应，发现有一类父母接受负面情绪是生活中的一部分，不压

---

[1] Jones D. E., Greenberg M., & Crowley M., "Early Social-Emotional Functioning and Public Health: The Relationship Between Kindergarten Social Competence and Future Wellness," *American Journal of Public Health*，2015(11)，pp. 2283-2290.

一、积极情绪

抑也不忽视愤怒、悲伤、恐惧等情绪，并抓住机会教孩子应对生活中的跌宕起伏，同时建立更密切的亲子关系。戈特曼博士把重视孩子情绪发展的父母叫作"情绪教练"。① 戈特曼博士发现训练情绪有五个步骤。

①意识到孩子的情绪。

②认识到情绪是教导的好机会。

孩子年龄越小，情绪就会越明显地通过面部表情、口头语言或肢体语言表露出来。每个年龄阶段的引导方式不同，但让孩子感到我们看到了他们的感受是有效处理的基础。如在学前期，分散注意力是最有效的干预方法之一。

有次我去幼儿园做咨询，一进大门就听见小班里嘹亮的哭声："我要妈妈！"

两岁半的圆圆刚来幼儿园三周，前两周适应得还好，今早不知道为什么，不停地大哭，我到的时候已经哭了一个多小时了。老师说怎么哄也哄不住，她从教室哭到操场。

我蹲下来看着她，说："你想妈妈想得真伤心！请问你妈妈叫什么名字？"

她泪眼婆娑地看着我，说："叫×××。"

"要给妈妈打电话吗？"我掏出手机。

"要！"她已经停止哭泣。

"你知道妈妈的电话号码吗？"

她骄傲地说："知道！"

旁边有两个小朋友围过来。我马上告诉他们："圆圆才两岁半，就知道妈妈的电话号码啦！"

圆圆昂首挺胸地接上："有个6！"

我重复道："有个6！"

"还有个8！"她的声音更坚定了。

"哇，你连8都知道！"

"还有个9！"

圆圆已经忘记让我打电话的事了。她说："我还有个姐姐呢！"

我继续重复："你还有个姐姐！"我接着问旁边的小朋友："我没有姐姐，你们有姐姐吗？"

小朋友们开始分享自己的家里有谁。

---

① ［美］约翰·戈特曼：《培养高情商的孩子》，杭州，浙江人民出版社，2014。

再看圆圆，泪花已经不见了。过渡时间结束时，她高高兴兴地和小朋友们排队回教室了。

知己知彼，百战不殆。孩子首先要感到自己的情绪受重视、很重要、会影响行为，才能进而学习有效表达和调节情绪。不然，到了初高中阶段，一些孩子对情绪的感知力不够，以致发展成生理症状，如胸闷、头疼、肚子疼、尿频等，去医院检查，排除了病理原因，其实真正的诱因是情绪。

成人要想提升自己的情绪管理能力同样需要先了解情绪。积极心理学课中同学的反馈印证了这一点。

课程结束时，我重新做了 PANAS 积极和消极情绪问卷[1]，发现自己现阶段积极情绪得分为 40 分，消极情绪为 12 分。而在课程刚开始的时候，我的积极情绪得分为 36 分，消极情绪为 18 分。回想第一次做这个测试的时候，我与先生的关系有些疏远。我们的感情一直以来还不错，尤其是在我父亲发生意外状况时，他给了我莫大的支持与关爱。但从去年 9 月我们的大儿子上小学开始，我对先生的很多言行感到不满，尤其是在应该带儿子出去运动的时候他常常躲懒，很少主动辅导孩子写作业。我既要上班又要上课，还要挤出时间来辅导孩子写作业，把内心的不满都憋在心里。第一次做测试的时候，我清晰地记得我的敌意、不爽、警觉项目的得分都比现在高。这件事情的解决还需要感谢积极心理学课的作业——感谢信。我在春节期间根据作业要求给先生写了一封感谢信，主要表达了我在第一次遇到生死难题时，正是因为他给了我支持，我才度过了那段艰难的时光。在那封信中，我顺便说明了自己因对他有一些不满而冷淡，并真诚地表达了歉意。他收到这封信后，虽然没有什么充满情感的表达（这点我在作业中提到了，我先生是一个很传统的中国男性，羞于表达情感），但后来他用自己的行动表达了他收到了我的感谢，也更多地承担了与儿子互动的责任。我想，这是我的积极情绪与消极情绪变化的一个很重要的原因。从这件事情中，我深刻体会到积极心理学的实用性。将情绪放入科学的理论框架，让它成为一个可以测量、提高的要素，可以让人更有效地获得积极情绪。

---

[1] "Questionnaire Center," https://www.authentichappiness.sas.upenn.edu/zh-hans/testcenter，2019-10-19.

对孩子来讲，绘本等也是很好的工具，可以帮助了解不同的情绪。下面是一个典型的案例。

孩子哭闹和发脾气在我家每周都会发生，我跟太太之前的教育方式都是用更严厉或威胁的语气来制止，简单粗暴，也因此忽略了对孩子积极情绪的培养。而积极的情绪是孩子幸福感的关键。《真实的幸福》提到，对待孩子的积极情绪要和对待消极情绪一样严肃，这对我很有启发。我发现，首先，要帮助正在上幼儿园的小女儿认识情绪。我给她买了"我会爱自己"丛书，书中有孩子发脾气等方面的教育。其次，要接纳孩子的负面情绪，在面对她无休止的哭闹和喊叫时，我们学会了保持冷静。再次，帮助孩子疏导负面情绪，我给小女儿买了"儿童情绪管理与性格培养绘本"丛书，每天带着她读一本。小女儿原来在灯光暗一点的房间里就会害怕，晚上我们给她讲勇敢的故事，她听完提出要尝试自己打开灯去厨房取酸奶。她走到门口就开始退缩，我们就给她助威、鼓励她，她终于打开灯，跑进厨房摸起酸奶便跑出来，出来后还说："爸爸，看我勇敢吧！"练习几个晚上，她就可以每晚自己开灯去厨房拿酸奶了。

③认真倾听孩子的感受，让孩子感到被理解。

能够敏锐地感受并影响他人的情感就是有同理心（共情力），它被彭凯平教授列为积极教育的 3 个目的之一。[1] 经常感到父母和自己在情感上有共鸣的孩子更容易从他人的角度想问题，发展同理心。

哈佛大学医学博士、加利福尼亚大学洛杉矶分校精神病学教授丹尼尔·西格尔（Daniel Siegel）提出：脑科学研究发现，当孩子烦躁时，逻辑（左脑）往往不起作用，除非我们回应了他右脑的情感需求；这种情感联结让他先感到被理解；右脑回应自身后，才有可能转向左脑；"右对左联结"形成后，理智地解决问题才有可能；复述经历、写日记等可以帮助孩子锻炼左右脑连接。

孩子情绪低落时，哪怕我们不理解为什么，也不能去否定这种情绪的存在，这样就堵住了交流的渠道。重视孩子的情绪反应，认真了解背后的原因，可以让孩子感受到我们的理解和关爱，正如下面的这个例子。

---

[1] 曾光、赵昱鲲等：《幸福的科学：积极心理学在教育中的应用》，北京，人民邮电出版社，2018。

女儿聪明乖巧，一直很听话，但性格内向，比较胆小。女儿从初中开始寄宿，从小没离开过我的她，一下子只能和同学、老师相处，一周才回来住两天。我发现她的性格变得更内向了，每次回到家也不愿意跟我多说话，除了吃饭，一直把自己关在她的卧室里，写作业、睡觉。到了九年级，临近中考的时候，她要求每天回家住，学校晚上10点熄灯，而在家里，我看到她每天晚上12点还在看书，第二天6点又要起床，所以非常心疼。一到晚上11点，我就吼着让她去睡觉，但她每次要么不出声，要么说等一下，一直不肯关灯。我是个急性子，每次到了12点她还不关灯，我就要大发雷霆。有一次，在我又要发火的时候，她打开门哭着对我说："你知道我压力有多大吗？我现在要求每天回来，就是为了多看书、复习一下，你老是让我早点儿关灯，那和我在学校住有什么差别？"听完她的哭诉，我无比内疚，怪自己平时和她沟通得太少。我总觉得她不怎么主动跟我沟通，其实平时自己对她的关心还是太少了，没有和她进行内心的交流。我只是担心她休息不好，睡得太晚，没有关心她为什么要这么晚睡。在学习了积极心理学课后，我经常反思如何使我们的亲子关系变得更融洽。现在每天晚上临睡前，我都跟女儿聊聊天，站在她的角度，帮她分析现有问题。慢慢地，她的脸上又开始出现了笑容。

我非常高兴地看到我国教育界对共情力的培养越来越重视。由北京师范大学心理学部联合哈佛大学和华东师范大学教育学部共同发起的"共情陪伴国际合作项目"①始于2008年，在理论和实践研究的基础上开发出了针对学校、父母和孩子的课程产品，致力于在家庭、同伴关系中营造共情环境，让成人能够真正理解孩子、尊重孩子，有效回应孩子的感受和行为，从而提升孩子的心理健康和社会情感能力。目前"共情陪伴国际合作项目"已使全国3000余所学校、近10万家庭获益。

④帮助孩子用语言为自己的情绪贴标签。

孩子情绪的不良表达可能是他们唯一知道的疏导方式，很容易被看作"无理取闹"。磁共振成像研究表明，为情绪贴标签，也就是对情绪使用描述性词语，如"这件事看上去让你很焦虑"，会减轻负责情绪记忆和处理功

---

① 《共情陪伴：致力于幼儿心理健康和社会情感能力发展》，http://www. gongqing-peiban.com/，2019-10-19。

能的边缘区域对负面情绪图像的反应；① 而且会增强右腹外侧前额叶皮层（right ventrolateral prefrontal cortex，RVLPFC）的活性。RVLPFC 与用言语描述情绪过程中的杏仁体活性呈负相关，这种关系由内侧前额叶皮层（medial prefrontal cortex，MPFC）的活性介导。前额叶皮层是大脑的总指挥，多激活这部分的功用可以降低大脑情绪功能部分起主导作用时的冲动概率，更能有效地表达和管理情绪。因此，观察到孩子的情绪表现时，我们用语言描述他的感受是有效调节情绪的途径。

"积极家庭训练营"中的一位家长的问题很典型："我的女儿快 10 岁了，常因一些小问题而产生强烈的情绪。比如，读课文不流畅，要求她再读一遍，她就直接躺地上，做痛苦状等。原来我会很恼火，现在一出现这样的状况，我就直接离开，但小问题往往演变为母女关系问题。对孩子不适当的情绪宣泄，应该采取哪些科学的训练方法？"

家长直接离开虽然强于训斥和指责，但也失去了教导的好机会；而且孩子的根本问题没解决，下次碰到类似的挫败，孩子依然会被强烈的情绪绑架，用不适当的方式宣泄情绪。如果家长可以用描述性的话语让孩子感到自己的情绪被看见，如"读课文不流畅一定让你很有挫折感"，则更有可能在孩子平息下来时一起寻找更合适的表达方式，如"等你安静下来可以继续时，我们先把生词练一遍，然后爸爸和你一人一句轮流读，怎么样？"。

⑤在设定界限的同时，一起探讨解决问题的办法。

情绪绝不是只有任凭孩子随意发泄才能"积极"，恰恰相反，只有懂得合理界限的孩子才能更理智地表达自己的意见，产生更多积极情绪，下面是一个很好的例子。

> 一个周日的下午，儿子去参加一个生日会。孩子们玩得很高兴，可没一会儿工夫，一个同学无故用脚踢了他，他没有还手，而是看着我哭了。这个同学向来爱动手，学校老师多次找过他的家长。我当时心中不快，气恼儿子怎么都不知道保护自己，还好意思哭！一个男生，太丢人了！于是，我当场责备了儿子，并提早离开了。走在路上，我又狠狠责备了儿子。他委屈地边哭边说："老师说了，同学之间不能动手打架。"我当时把儿子搂入怀中，明白了他为什么挺着挨

① Lieberman M. D.，Eisenberger N. I.，Crockett M. J.，et al.，"Putting Feelings into Words：Affect Labeling Disrupts Amygdala Activity in Response to Affective Stimuli," *Psychological Science*，2007（5），pp. 421-428.

打。冷静下来，我发现自己不仅不能理解儿子，还当众责备了他，太鲁莽了，需要及时纠正自己的行为。我先向他道歉，表示理解他的选择。儿子的情绪稳定后，我们开始慢慢地聊这个话题。我告诉他，老师希望同学们不要打架，但你也要学会保护自己，保证自己安全。然后我们一起探讨解决类似问题的方法。无论发生什么事情，都不要哭，因为哭不能解决问题，只会让人心生讨厌，把问题说清楚才是首要的。他表示了认同。我也和孩子分享了自己亲身经历过的类似的事情，我是如何处理的及结果，和孩子共同探讨了以后出现这类情况有什么不同选择，并达成共识。

戈特曼博士的研究显示，父母一致地运用这五个步骤的情绪训练的家庭，孩子不但身体更健康、成绩更好，而且和同伴相处得更好，行为问题更少，情绪更积极。他们在困难的情况下也会有悲伤、愤怒或恐惧，但他们能很快地安抚自己，从困扰中反弹，有效地处理问题。换句话说，他们更有韧性，情商更高。另一个重要发现是，重视情绪表达和处理方式的父亲对孩子情绪管理能力的发展有更为积极的影响。

成长练习

　　选择孩子最需要情绪疏导的一个情境，练习运用戈特曼博士的情绪训练的五个步骤来处理。

　　①意识到孩子的情绪：＿＿＿＿＿＿＿＿＿＿＿＿＿＿。

　　②认识到情绪是教导的好机会：＿＿＿＿＿＿＿＿＿＿＿。

　　③认真倾听孩子的感受，让孩子感到被理解：＿＿＿＿＿。

　　④帮助孩子用语言为自己的情绪贴标签：＿＿＿＿＿＿＿。

　　⑤在设定界限的同时，一起探讨解决问题的办法：＿＿＿＿。

> 哭有时，笑有时；哀恸有时，跳舞有时。

（六）"重力"的处理

"老师好。这两天每到晚上就心慌，想哭，难受死了，我该怎么办？"

"我老做噩梦怎么办？"

"老师，我恐惧出门，觉得外面都是病毒，怎么办？"

……

2020年2月，我在新型冠状病毒肺炎疫情下的两次"应激反应下如何保持乐观"线上直播课中看到这些问题，多想穿过屏幕抱抱孩子们。

新型冠状病毒肺炎疫情下，美国的学生们面临隔离、课程改期、考试延迟等无法控制的巨大变化，出现了一些应激反应，包括生理、情绪、思想、行为等方面。一些常见的应激反应包括：

- 震惊；
- 对未来和死亡感到焦虑和恐惧，易哭；
- 迷失方向，难以做出决定或难以集中注意力；
- 噩梦；
- 易怒与愤怒；
- 悲伤和无力感；
- 饮食模式的改变，食欲不振或暴饮暴食；
- 头痛、背痛、胃痛等身体症状；
- 失眠或入睡困难。[1]

① 儿童心理健康中心、中美精神分析联盟：《我的抗疫经历》，http://www. childrens-psychologicalhealthcenter. org/wp-content/uploads/2020/02/My-Epidemic-Workbook-Mandarin-Version. pdf，2020-03-05。

这是我们自身适应压力的策略，只要在两三周内慢慢缓解，就属于正常范围。对43项研究的综合分析发现，15.9％的儿童经历创伤性事件后会达到创伤后应激障碍（post-traumatic stress disorder，PTSD）的诊断标准。[1] 8％～10％的青少年经历创伤性事件后会达到创伤后应激障碍的诊断标准。[2] 大多数人有足够的心理韧性来应对创伤并从中成长。比如，在2020年2月，清华大学社会科学学院积极心理学研究中心对比了2019年和2020年的数据，发现新型冠状病毒肺炎疫情发生以来人们的情绪确实变得更消极，幽默感下降，但在成就感、投入感和意义感三个维度，以及宽恕、勇敢、自控力、正直、公平、谦虚、好学、公民精神、希望和善良十项品格上的优势都有显著提升。彭凯平教授进行了总结：生死关头，我们会调动很多自身内在的心理资源，变得更勇敢、更善良，自控力更强，更善于合作，更能够宽恕别人，拥有更多的希望，唤醒对人生意义更深的觉察。[3] 这和已有的研究发现一致，例如，"9·11"恐怖袭击事件发生一个月后，相关调查显示，美国人的灵性、公民精神、希望、领导力、善良、感恩和爱七项品格有显著提升。[4]

给自己许可证，来接纳悲伤、紧张、内疚、失望等情绪，是调节情绪的第一步。我们是有情感的生命体，喜怒哀乐都是必有的体验。像哈佛大学"幸福课"里讲的："痛苦、愤怒等负面情绪对于人来说，和重力对于物理世界一样正常且不可缺少"。[5] 比如，2019年11月，我的母亲突然离世，我处理完后事回到加利福尼亚州，因了解自己的悲伤而允许封闭自己，圣诞节假期让先生带孩子们去度假，给自己独处的时间，回忆母亲的一生；想哭时就任意流泪；既然做不了任何需要创意的事情，如写作，就不逼自

① Alisic E.，Zalta A. K.，et al.，"Rates of Post-Traumatic Stress Disorder in Trauma-exposed Children and Adolescents：Meta-Analysis," *The British Journal of Psychiatry*，2014（204），pp. 335-340.

② McLaughlin K. A.，Koenen K. C. et al.，"Trauma Exposure and Posttraumatic Stress Disorder in a National Sample of Adolescents," *Journal of the American Academy of Child and Adolescent Psychiatry*.2013（8），pp.815-830；Breslau N.，Wilcox H. C. et al.，"Trauma Exposure and Posttraumatic Stress Disorder：A Study of Youths in Urban America," *Journal of Urban Health*，2004（4），pp. 530-544.

③ 彭凯平：《疫情期间国人的部分优势品格变强》，https：//mp. weixin. qq. com/s/m-VnIZBCLYwIBZicjRDaOA，2020-03-05。

④ Christopher Peterson & Martin E. P. Seligman，"Character Strengths before and after September 11," https：//www. psychologicalscience. org/pdf/14 _ 4Peterson. cfm，2020-03-05.

⑤ 哈佛大学：《幸福课》，http：//open. 163. com/special/positivepsychology/，2020-03-05。

己去做。这些都有利于情绪的舒缓，六个星期后，我慢慢恢复了正常的工作和生活。相反，如果消极情绪长期被压抑，则会导致过度沮丧，甚至会引发生理疾病。1998 年，我在费城儿童医院见习，参与"哀伤辅导小组咨询"工作，曾协助过丧父已两年多的姐弟俩。父亲去世后，母亲从未给他们机会有效地表达自己的悲伤，直到这些情绪引发很多行为问题，母亲才带他们来接受咨询服务。第一次小组活动时他们哭得不能自已，咨询师只得带他们出去单独进行辅导。

积极心理学强调积极情绪的拓宽和建设作用，同时重视负面情绪来临时的从容接受。向家人或信任的朋友说出自己的负面经历，或者写下来、唱出来、画下来等，都是积极接纳的方法，可以有效改善情绪。例如，中国人民大学附属中学的刘翌新和李宇昇同学为新型冠状病毒肺炎疫情创作了一首名为《空城》的说唱歌曲，有效地抒发了他们的情绪，使他们积极应对压力。①

将负面情绪写出来也是保持心理健康的有效方式。2011 年，《科学》期刊发表的文章记录了杰拉尔多·拉米雷斯（Gerardo Ramirez）和沙恩·L.贝洛克（Sian L. Beilock）的研究，他们发现，让学生写出对即将来临的数学测试的焦虑感有助于他们在考试中取得更好的成绩，因为通过承认他们的恐惧，学生能够掌控分散注意力的情绪。② 社会心理学家、得克萨斯大学奥斯汀分校心理学教授詹姆斯·W. 潘纳贝克（James W. Pennebaker）博士的研究发现：连续多日每天花 15～20 分钟写出当天感受的被试身体更健康，生活满意度更高。潘纳贝克博士倡导情绪表达的写作，认为用文字来描述情绪会激活大脑皮层的语言区，使人们对情绪有更理性的认知，能帮助人们更好地了解自己，同时提升抗压力。

特别推荐由美国儿童心理健康中心和中美精神分析联盟（China American Psychoanalytic Alliance，CAPA）合作，CAPA 毕业生和学员们根据中国国情修订的《我的抗疫经历》。这本心理手册一步一步地帮助儿童和青少年通过书写、涂色、画图、拼贴等活动，安全地回顾疫情经历，接纳并表达自己的情绪反应。两家机构 2008 年合作的《我的地震经历》（汶川大地震版）中文版本内容类似，当时曾助力受灾儿童青少年心理康复。

---

① 《北京人大附中高三生为疫情中去世的同学家长写了一首歌，听完想哭》，https://www. sohu. com/na/373814821＿148781？scm＝1002.45005a.15d015e01a3. PC＿NEW＿AR-TICLE＿REC&spm＝smpc. content%2Fnew. fd-d. 5. 1581897600026oXoZw5N，2020-03-05。

② Ramirez G. & Beilock S. L. ，"Writing About Testing Worries Boosts Exam Perform-ance in the Classroom，" *Science*，2011（331），pp. 211-213.

以研究积极情绪著称的芭芭拉·弗雷德里克森博士及其团队的近期研究发现：消极情绪对我们应对并适应生活中的不良事件来说很重要。如果孩子的消极情绪得不到周围人的接纳和理解，就很容易产生过激反应。

2010年初春，十一年级的蒂芙尼被她的朋友拖进我的办公室，还没进门就已经哭到站不起来。我大吃一惊：蒂芙尼成绩优异，而且外向热情，怎么会哭成这个样子？蒂芙尼说，她最近学业和社交活动的压力都很大，前一天放学后，她在家里流泪，没想到爸爸下班后看到她在哭，很气愤地斥责她："有什么理由哭？爸爸妈妈工作这么辛苦，你什么忙都帮不上，还添乱！"气头上的爸爸差点儿动手打她，这让她觉得自己的生命毫无意义，有轻生的念头。如果她的爸爸能用前文讲过的同理心去倾听和理解，明白情绪波动在青少年期是很正常的现象，是帮孩子学习疏导情绪的好机会，那么他的处理方式就会截然相反。

负面情绪不只在失去亲人或发生其他重大事件时才会出现，所有的别离、失望、挫败等都可能引发孩子的情绪反应。我在为幼儿园做心理督导服务时，每次有孩子出现明显的行为或情绪变化，我就先询问家庭环境有无变化，结果十有八九是由熟悉的保姆或祖父母突然离开引起的。小学生的情绪变化也需要家长和老师们认真对待。我曾收到一封来自一名小学老师的咨询信。

> 谢老师，我是一名小学老师，遇到了一个教学现象，不知道能否用心理学来解释。新学期要换老师，可学校很少在放暑假前就告诉老师下学期教哪个班，老师即使知道自己要换班，也不会有意识地跟正在任教的班级道别。因此，这些孩子到了新学期就会很怀念原来的老师，在校园遇到原来的老师时都会问一句："老师，你为什么不教我们了？"老师会解释："并不是老师自己决定教哪个班，是由学校来安排的。"虽然这样的理由重复了很多次，但孩子们还是不理解，还会在很长一段时间内一遇到原来的老师就继续问这个问题。我感觉孩子们误认为因为老师不喜欢他们了，所以就换班了。年龄小的孩子甚至时常跑到老师办公室问："老师，下午你来上课吗？"我遇到这样的情况很多次了，有一次我好像找到了问题的原因。因为上教研课要借班教学，我回到了原来的班级，给孩子们上了一节课，孩子们很开心，之后就像"戒奶"了，再见到我也不问"老师你为什么不教我们了"之类的问题。而我自己的孩子也遇到了这样的问题：从一年级跟到三年级的语文老师兼班主任李老师没有和他所在的班级打过招呼或告别，四年

级时他们换了另外的老师，孩子对原来的李老师念念不忘，他们全班都不停地在校园里找李老师；而对于新来的语文老师，孩子和同学们迟迟不能适应。就以上自己和孩子遇到的换老师的情况，我意识到，如果原来的李老师能找个机会跟班级正式告别，孩子所在的班级就会"戒奶"了，就能更快地适应新语文老师。我不知道这种现象能否用心理学来解释，但这种现象一直存在。

非常感谢这位老师兼家长的好问题。告别的仪式感在恋爱关系中有较多探讨，其实它对师生关系和亲子关系来说也很重要。美国小学通常每年由一位老师负责班级的绝大多数课程，一年一换。学年结束时，孩子们有机会和老师告别，写张感谢卡、送花等都是常见的方式；老师也有机会向学生们表达对他们下学年的祝福，所以极少有学生不适应新老师。好好分别可以使人更好地接纳和适应改变。希望更多家长和教育工作者理解孩子们在换老师时的心理需求，让他们有机会向原来的老师告别，这样才能更快地接纳新老师，开启新学年。

负面情绪里的悲观倾向在律师、风控等职业里是必备的素质。比如，2012 年杜克大学的研究显示，80.2％的首席执行官"非常乐观"，但首席财务官的乐观得分就低很多，因为首席执行官需要对商业前景持有更强大的信心，并勇于冒险；而首席财务官则需要对公司进行风险的把控。[1]

诺贝尔奖获得者丹尼尔·卡内曼（Daniel Kahneman）博士强调：人并不能时刻保持理性，有目的地加入消极思想会提高完成项目的成功率。需要做重大决策前，他最喜欢用"先假设'死'"[2]的方法：将团队分为两组，一组假设一年后这个项目一败涂地，而另一组假设一年后这个项目取得巨大成功，然后要求每个成员分别坦诚且详细地写下成败的原因，接着每个人都大声朗读他们写的内容，并记录和整理原因，依此来全面考量，再做决策。

不现实的乐观会降低一个人的表现水平。过分乐观还会使人无法看清眼前的形势，从而做出错误的选择。[3] 这对育儿过程也有借鉴意义。我们

① 《你想不到的，悲观的好处 | 降低焦虑：你需要"防御性悲观"》，https://baike. baidu. com/tashuo/browse/content? id＝d276fc8ff637cf5c74e76830，2020-03-05。

② Richard H. Thaler, "2017：What Scientific Term or Concept ought to be More Widely Known？" https://www. edge. org/response-detail/27174，2020-03-01。

③ 《正能量真的能让你过得更好吗？》，https://baike. baidu. com/tashuo/browse/content? id＝d44f4524bfef56abe2205cf7，2020-03-01。

对孩子的未来和持续的成长要有希望和乐观心态，但对成长过程中可能遇到的问题也要有现实的准备。借用积极心理学课一位同学的总结："对我们中长期的理想目标，可以用乐观的心态去激励和提醒自己；在实现理想目标的过程中，我们需要悲观一点，更周详地分析每一项工作所面临的困难与问题，并脚踏实地地解决好。"

例如，感恩练习不是让孩子完全过滤掉不好的事，或低估困难的程度，这并不利于孩子客观地看待生活。在每天记"感恩日记"的同时，孩子也要有机会谈谈或写下来自己一天中不太顺心、困惑甚至气愤的事，这样可以帮助孩子对生活有更现实的观察和理解，在承认困难的同时，看到总可以找到解决问题的方法和值得感恩的地方。正面管教所推荐的"家庭会议"就是给全家固定的时间、平等的机会来讨论各自在生活中需要讨论的事情，寻找最合理的解决方案。①

成长练习

参考这部分内容，回顾自己和孩子最近出现的负面情绪，看看以下哪些方法有助于积极处理。

主动接纳：＿＿＿＿＿＿＿＿＿＿＿＿＿＿＿＿＿＿＿＿＿。

晚饭时分享：＿＿＿＿＿＿＿＿＿＿＿＿＿＿＿＿＿＿＿。

每周家庭会议（可以准备白板以便家庭成员随时记下想讨论的话题）：＿＿＿＿＿＿＿＿＿＿＿＿＿＿＿＿＿＿。

记日记或画画：＿＿＿＿＿＿＿＿＿＿＿＿＿＿＿＿＿＿。

其他：＿＿＿＿＿＿＿＿＿＿＿＿＿＿＿＿＿＿＿＿＿。

---

① ［美］简·尼尔森：《正面管教》，北京，京华出版社，2009。

> 不轻易发怒的，胜过勇士；制服己心的，强如取城。

（七）我的情绪我做主

2018年圣诞节前，我突然接到一位妈妈的电话："八年级的女儿住院了，进食障碍！"

我非常震惊。七年前我曾在棋场见过这个孩子，她健康、快乐、注意力强，棋下得很好。

这位妈妈在电话中反复自责："她爸爸还在国内工作，我带着两个孩子在旧金山湾区。我的工作太忙了，晚饭都是匆匆忙忙半小时做完，让他们快快吃。是吃的营养不够吧？"

我劝慰她道："和你做的饭的营养没关系。妈妈身在职场，很难有时间好好做饭。我家90%的晚饭是速冻食品加热而成的。对于进食障碍，目前医学界没有发现某个特定的原因，涉及一系列生物学、心理学和社会文化因素。孩子目前在世界上最好的进食障碍治疗中心之一——斯坦福儿童医院——接受治疗，身边是最有经验的医生和护理团队，你一定要有信心，遵医嘱就好。"

"孩子一直成绩好、人缘好。我连她的年检都没去，因为觉得她非常健康，没必要。身边的朋友一直说孩子太瘦，我才带她去体检，没想到她的血压低到医生马上要求住院。我怎么这么长时间都没看出来事情有这么严重？"

我说："一直按时上学，成绩好，又有很多朋友，这是我服务过的有进食障碍的学生中少有的表现，说明症状轻，恢复应该会比较快。"

"她爸爸一年也见不到几次孩子，家庭关系……"

无论我提供什么信息来劝解，这位妈妈总会回复更多的担心和自责。

自我反省在做错事后是很必要的，但心情不好时，自我中心式地、无休止地、被动地、过多地思考自己的性格和情绪或问题的前因后果等，会产生负面偏差思维，加重负面情绪，分散注意力，降低解决问题的能力。这在心理学上叫"想太多"（overthinking）或"过度反省"（rumination）。尤其在难过或忧虑时，人会感到无助、悲观、自我厌弃等。那些重病来临时因忧思过重而去世的人，是"想太多"的极端例子。

　　不容易摆脱不良经历的人，其幸福感也较弱。这个习惯会让人不自觉地把精力放在不如意的事情上，消耗资源。这个现象在家庭教育中经常出现，因为孩子成长中的跌宕起伏很容易引发父母的消极理念和情绪。

　　研究过度反省的专家苏珊·诺伦-霍克斯马（Susan Nolen-Hoeksema）博士提出了对抗过度反省的三个步骤。

　　①分散注意力。

　　做一件带给自己愉悦、宁静、自豪或逗趣的事，形式可能不同，但效果是一样的。比如，听音乐，画画，冥想；或者翻看孩子小时候的照片，回顾一下孩子快乐的童年，强化自己是尽职的妈妈这一信念；也可以和同情心强的朋友一起喝茶、聊聊天，或写下自己的感受。幸福感强的人有迅速把自己的精力和注意力从产生焦虑的事件上转移出来的能力。[①] 一项实验先让参与者观看了一部让人恐惧、加快血液流动的短片，引发参与者的负面情绪，之后参与者被随机安排观看引发四种不同情绪影片中的一种，包括满足感、滑稽可笑、悲伤和中立。实验结果发现，观看引发积极情绪影片的参与者，平均在 20 秒内恢复到自己的心血管激活基线水平；观看中性或悲伤电影的人分别需要 40 秒和 60 秒才能恢复。芭芭拉·弗雷德里克森博士称之为"积极情绪的缓解效应"（undoing effect of positive emotions）。[②] 前面例子中的妈妈想帮助孩子消除对食物的焦虑，就必须通过提升自己的积极情绪来控制自己对孩子病情的焦虑。

　　2020 年的春节假期被一场突如其来的新型冠状病毒肺炎疫情打乱了。成人在面对一系列的变化时也会猝不及防，孩子则会观察、感受周围人的情绪。有智慧的家长选择客观地向孩子讲解病毒的来源及防控工作，并减少每天跟进新闻的时间，把精力尽量放在和孩子的积极互动上，比如，和

　　① Lyubomirky S., Boehm JK. et al., "The Cognitive and Hedonic Costs of Dwelling on Achievement-Related Negative Experiences: Implications for Enduring Happiness and Unhappiness," *Emotion*, 2011（5），pp. 1152-1167.

　　② Fredrickson B. L. & Levenson R. W., "Positive Emotions Speed Recovery from the Cardiovascular Sequelae of Negative Emotions," *Cognition and Emotion*, 1998（12），pp. 191-220.

一、积极情绪

孩子一起打扫房间、布置感恩墙，一起读书、讲故事、下棋、看有意义的电影、画画，鼓励孩子自创游戏，等等。如果家长对新型冠状病毒肺炎疫情接纳处理得好，这段时间则可以化作加强亲子关系、提升抗挫力的机会。一位曾在湖北某县居家隔离的妈妈做了以下记录。

> 我尽量让一切回归正常，不再无休止地刷网上的新消息。上午带着大女儿读她的英语课外读本，制订剩下的寒假计划。然后和孩子们一起玩开餐厅的游戏，大女儿做店长，小女儿做店员，她们设计了漂亮的菜单，不亦乐乎。先生得到开学推迟的消息后打开电脑认真备课，准备初六开始线上教学。他所带的物理竞赛组今年就要参加竞赛，即使开学推迟，孩子们的学习也是不能耽误的。先生发现这样过年也挺好的，不用跑来跑去，很清静，能做许多事。

> 天刚黑，突然停电了，孩子们有些慌乱。先生给电力公司打电话，回复说在抢修中，来电时间不确定。四周一片漆黑，其实我的心里也在打鼓，大年初一停电，又是在疫情下，也不知道是什么原因、什么时候能恢复。但很快我就镇定下来，带孩子用不需要电的椭圆机做运动，模拟发电游戏。我说，你们俩运动到手心发热，估计就来电了。后来我又打开手机的闪光灯，带着孩子玩只有在黑暗中才能玩的手影游戏。这时窗外升起绚丽的烟花，孩子们开心极了。大约过了一小时，灯亮了，电视、网络、电火炉、空调都恢复起来，黑暗瞬间褪去，一切重新回到光明，孩子们欢呼雀跃。

②远离容易让自己想太多的情境。

就像戒烟的人最好避免和吸烟的朋友在一起，家长可以利用假期多陪伴孩子，做全家人一起放松的活动，如全家一起看一场音乐会的录像。

③采取解决问题的行动。

在情绪烦躁的时候，我们几乎不可能通过客观思考来解决问题。当前两个步骤完成，情绪稳定下来，我们才能把所有可能的解决方案列出来，一小步一小步地改变。比如，妈妈意识到原来自己对孩子管教过严，那就每天至少找到三个孩子值得自己感恩的地方，真诚地表达欣赏，建立更亲密的亲子关系，让家成为孩子力量的源泉。

索尼娅·柳博米尔斯基博士提出，把问题放在更高更远的时间和空间里看，会发现没什么大不了的。① 不论让自己多么忧虑的情况，五年、十

---

① ［美］索尼娅·柳博米尔斯基：《幸福有方法》，北京，中信出版社，2014。

年，甚至一年后，再回头看看，也绝不会有天塌下来的感觉。明天太阳照样升起。

就像那位智慧的湖北妈妈所记录的："回老家的时候，我们本打算初三就返回武汉，现在看来归期也要推迟，不知道是哪天。但归期总会有的，疫情总会过去，道路总会通达，生活总要继续……因为我相信：黑暗渐渐过去，阳光已经照耀。"

这并不是说我们要忽视困境、错误或失败，而是说不要浪费任何苦难，因为那正是我们成长和翻转的契机。每一件事情的背后都有我们可以学习和提高的地方。比如，孩子生病引起父母对孩子健康及陪伴孩子的重视。塞翁失马，焉知非福？

学习积极心理学并不代表不会感受到负面情绪，而是在经历负面情绪的时候能更好地接受和管理它。正如健康的人并不是不会生病，而是更少生病，生了病也恢复得更快。比如，在和孩子的互动中，成人勇于承认自己的错误，不仅帮成人更有效地处理情绪，还为孩子树立知错就改的榜样。父母不提升自己的积极情绪，却期待孩子拥有积极情绪，就好比不会走路的人试图教婴儿学步。下面是一封妈妈写给孩子的道歉信。

宝贝：

上周五你回到家后，姥姥和我讲了你在幼儿园和最好的朋友彤彤发生争执的事。你咬了自己一口，老师发现后，你却说是彤彤咬的，彤彤则委屈地一直哭。之后老师询问了其他同学，知道了不是彤彤咬的。妈妈听后非常生气，我害怕你学会说谎，所以对你进行了严厉的惩罚，晚上没有让你吃饭，睡觉时也没有给你讲故事，想通过这种惩罚让你了解到妈妈对你有这种行为非常失望。冷静过后，我给你讲了"狼来了"的故事，告诉你说谎的孩子会让大家失去对她的信任，会没有朋友。你诚恳地承认了自己的行为是不对的。但妈妈没有想到的是，第二天，你来到幼儿园后，主动向你的三位老师和彤彤道歉，并在早操时站到最前面，向全班小朋友说昨天你的行为是不对的，希望大家原谅你，希望大家继续和你做朋友。知道这件事的那一刻，妈妈的眼泪不由自主地流下来。作为成年人，妈妈在遇到相似问题时可能都没有你这样的勇气去承认自己的错误，也不会这样大方坦诚地向大家道歉，希望得到大家的原谅。看着你小小的背影充满着巨大的能量，妈妈自愧不如。你是妈妈的榜样！对于前一天严厉的惩罚，妈妈也向你道歉，妈妈为你做了你最喜欢吃的鱼，还准备好了手工盒，等我们吃完饭，妈妈邀请你一起做手工，做好后送给你，希望你会喜欢。

爱你的妈妈

除了接纳、宽恕、不要想太多等，在亲子互动中提升积极情绪还有很多小技巧，如积极回想。实验显示，若被试按要求在单子上列出自己的美好回忆和与此相关的物品，如孩子刚出生时的照片、掉的第一颗牙等，然后每天两次按单子上的记录集中精力回想它们，一周后其幸福感就有明显提升。① 对美好的记忆回想得越生动具体，时间越长，对当下生活的影响就越积极。其他实验还发现，积极回想能帮助人从新的角度看目前的问题。产生、加强和延长愉悦感的思想或行为，在积极心理学上叫"品味"（savoring）。研究发现，那些擅长品味积极情绪、欣赏美好事物、回顾过去美好时光的人，更不容易感受压力、羞耻、抑郁等负面情绪。从孩子每年的照片中各选一张，做一个成长小影集，在情绪低落时拿出来欣赏一遍，回顾孩子的成长，这就是父母通过品味来提升积极情绪的例子。

幽默感也会提升幸福感。研究发现，具有强烈幽默感的人在压力下更少出现沮丧或焦虑。② 将幽默作为应对机制的学生更容易产生积极的情绪。

要提升积极情绪，还需要避免比较。下面是一个因比较而产生负面情绪的例子。

孩子7岁，刚上一年级，我每天接送孩子时与其他家长聊天的话题总离不开学习，每天老师的反馈也都围绕孩子的学习。我觉得，别人的孩子都在上各种课外班，自己的孩子上得可能还不够。而事实上，孩子每天的时间已经被安排得满满的。我也意识到自己身陷焦虑，也知道是大环境使然，但一遇到老师说孩子的成绩、别的家长谈自己孩子的各种成绩，我就不能淡定，甚至"抓狂"。这种情绪已深深影响了孩子的情绪，甚至先生的情绪及夫妻之间的关系。

---

① Bryant F. B., Smart C. M., King S. P. et al., "Using the Past to Enhance the Present: Boosting Happiness through Positive Reminiscence," *Journal of Happiness Studies*, 2005 (6), pp. 227-260.

② Peter Doskoch, "Happily Ever Laughter: Is Humor the Forgotten Key to Happiness? Here's How to Harness Laughter's Powers," https://www.psychologytoday.com/us/articles/199607/happily-ever-laughter, 2019-12-05.

柳博米尔斯基博士的实验发现，幸福感低的学生，如果同伴猜字谜比自己快，就会感到焦虑、挫败、伤心，情绪和自我评估显著受同伴表现的影响；而幸福感高的学生对自己的评价根本不受同伴表现的影响。① 后续研究也发现，幸福感高的人用内在标准来衡量自己，自我评价不会被周围人的表现左右。相关研究显示，一个人的幸福感越高，精力越少用于观察周围人的表现。幸福感高的人也更能共情，会为他人的成功而高兴，更同情他人的失败。幸福感低的人则相反，别人成功时他丧气，别人失败时他反而得到安慰。我现在尽量避免加入社区家长的微信群，因为担心其他家庭教育中的"急"会让我忘记纵向地看自己孩子的成长。向上比会让我们感到自卑或压力，向下比则会让我们感到内疚或恐惧。常拿自己和他人做比较的人会长期感到不安、脆弱或被威胁。只有把精力放在自己孩子的成长和点滴进步上，才能更享受为人父母的快乐。

　　提升积极情绪，什么时候开始都不晚，下面是一个典型的案例。

　　女儿今年 3 岁半，因为工作，我在女儿 11 个月大的时候就把她送到了奶奶家。在这 2 年多的时间里，孩子从奶奶家到大姨家，然后又被送到姥姥家。2018 年 11 月，公司搬到离姥姥家很近的地方后，我就每星期抽出 2 个晚上带孩子，这才发现她有很多问题。首先，孩子每晚睡觉的时候会摸着我的耳朵睡，而且胆子很小，没有安全感。其次，孩子在遇到不如意或和小朋友产生摩擦的时候，不会想怎么去解决问题，而是大哭大闹，负面情绪爆棚。遇到这种情况，我很头疼，不知怎么处理孩子的负面情绪和安全感的问题。我试着改变自己原来的教育方法，应用所学的知识，每晚都陪着她睡觉，同时结合孩子的特点和优势，有针对性地进行赞赏和鼓励。比如，我发现女儿是一个乐于助人和懂得分享的孩子，在她帮助姥姥端饭或把自己的好东西分享给朋友的时候，我会用赞赏的眼光和语言提出表扬，从而提升她性格的优势。在游戏过程中，我帮助她从害怕荡秋千到喜欢荡秋千，培养孩子的勇气。我们共同制作出一个个栩栩如生的昆虫模型，来培养创造性。我在每晚读书中培养孩子的好奇心和喜爱学习的优势。当孩子通过图书知道了为什么太阳和月亮总跟着人走时，她充满了好奇和愉悦。现在她每天都洋溢着笑容，负面情绪越来越少。在以后的陪伴

　　① Lyubomirky S. & Ross L.，"Hedonic Consequences of Social Comparison: A Contrastof Happy And Unhappy People," *The Journal of Personality and Social Psychology*，1997 (6)，pp. 1141-1157.

中，我也有信心能够循序渐进地提升孩子和我的积极情绪，让孩子感受到来自家庭的温暖和幸福感。

成长练习

当您或孩子忍不住对某件事情有过度忧虑或其他负面情绪时，请看看下面几个方法中哪些适合您做出有效处理。

①分散注意力，选择做一件带给自己愉悦、宁静、自豪或自信的事。

②远离容易让自己想太多的情境。

③采取解决问题的行动。

二、积极关系

家庭的和睦和支持可增强孩子的韧性，良好的家庭关系可建设孩子的心理适应性。

（一）全靠"关系"

2018 年 8 月，我有幸到南昌市做家庭教育咨询师培训，培训后接到一位同学的反馈。

谢老师在上课前的热身活动让我印象深刻。全体起立后，她问了我们三个问题，答案是肯定的就继续站着，是否定的就坐下。第一个问题是：在你的成长过程中，父母是否关系融洽、互敬互爱？这时，全场有一半学员坐下了。第二个问题是：在成长过程中，你是否愿意把自己的烦恼、疑惑和恐惧与父母分享？这时，又有一半坐下了。第三个问题是：在成长过程中，父母是否给予了自己很多包容、支持和鼓励，无论发生什么，都让自己觉得安全又有信心？这时我环顾四周，200 多位学员中还站着不到 20 人。那一刻我感到自己无比幸福和幸运。我当时就想：我现在也为人父母，怎样才能让我的孩子将来也是一直站着的那一个？也能像我一样感受到自己是无比幸福和幸运的？

美国学校心理学家协会把"家庭的和睦和支持"列为增强孩子心理韧性的第一条。① 因为良好的家庭关系会增强孩子的安全感和归属感，是孩子自信和自尊的土壤。

哈佛大学著名的"格兰特成人研究"追踪调查了 268 名于 1939—1944 年

---

① "Preventing Youth Suicide," https://www. nasponline. org/resources-and-publications/resources-and-podcasts/school-climate-safety-and-crisis/mental-health-resources/preventing-youth-suicide，2019-10-08.

在哈佛大学读本科二年级的白人男性，并和 456 名同时期生活在波士顿贫困街区的同龄白人男性做比较，纵向研究影响健康幸福生活的要素。[①] 哈佛大学医学院精神病学教授罗伯特·瓦尔丁格（Robert Waldinger）博士说："令人惊讶的发现是，人际关系的质量对一生的幸福感和健康的影响最大。"

亲子关系正是孩子一生中第一种也是最重要的人际关系。

我国很多对小学生、初中生和高中生的研究都发现，亲子关系、师生关系、同伴关系与学业成绩之间存在显著正相关。[②] 比如，2018 年对广东省佛山市南海区六年级学生及其家长的调研显示：家庭氛围得分越高，学生的生活满意度和耐挫力也越高，行为习惯优秀率和学业成绩优良率越高，而家庭氛围得分与学生的社交焦虑和网络成瘾得分成反比。[③] 研究还发现，亲子沟通质量高，青少年的自尊水平也高。[④]

温暖的亲子关系是孩子力量的源泉。2019 年积极心理学课的一位学生的反馈让我非常感动。

我父亲三年多前因为癌症去世了，当时我 26 岁，是家中唯一的孩子。从父亲发现病症到离开我们的一年里，虽然我面临着感情上的创伤，以及家庭和工作上的很多压力，但现在回想起来，那时很少有消极情绪，每天都在想办法解决各种问题，尽可能让父亲最后的时光和往常一样，平静温暖地度过。可能当时的情况也不允许我有消极情绪，但我觉得更多的是由于小时候父母给我的爱和陪伴，让我有足够的能量抵御外界的困难，并且没有丧失爱这个世界的能力。即使父亲已经离开我三年多了，现在每每在生活中遇到了问题，我还是本能地想起曾经父亲带我徒步登山，带我看历史古迹，给我讲人文故事，以及最后一年里他每天都让我把发生的事和我是怎么处理的告诉他，他再告诉我他会如何处理，最后我总能找到解决办法。想到父亲，除了没能有更多时间陪伴的遗憾，更多的是一种温暖。非常感恩，关于父

① "Harvard Study of Adult Development," https://www. adultdevelopmentstudy. org/, 2019-10-08.

② 朱倩雨：《亲子关系、师生关系和同伴关系对重点中学学生学业成就的影响》，载《中小学心理健康教育》，2017(31)。

③ 彭戈菲、林静韫：《家庭教育对孩子发展影响的分析与思考》，http://www. jyb. cn/rmtzcg/xwy/wzxw/201901/t20190125 _ 212765. html，2019-10-09。

④ 方晓义、林丹华、孙莉等：《亲子沟通类型与青少年社会适应的关系》，载《心理发展与教育》，2004(1)。

亲的记忆给我力量。

多希望每个孩子都有这种能给他力量的亲子关系！可每次我在讲座中问到亲子关系时，良好的都不到一半。

《全国家庭教育状况调查报告（2018）》对 11 万余名四年级学生、7 万余名八年级学生的调查显示：25.1%的四年级学生和 21.8%的八年级学生表示家长从不或几乎不花时间与自己谈心。[①]

修复家庭关系成为我所生活的旧金山湾区的热门心理服务需求。斯坦福大学附近擅长修复家庭关系的心理学家每 45 分钟的咨询费高达 500 美元。最重要的事情还是预防！

从小建设健康的亲子关系远好于等到青春期亲子矛盾爆发时再补救。孩子一出生，我们就自然而然地坐上了"父母"的位置。这个位置自带权力，在组织心理学上叫"职位影响力"（positional power）。可这个影响力如果没有良好的亲子关系支持就非常有限，甚至可能适得其反。

比如，一位九年级的男生，周围人都知道他非常聪明，但成绩总保持在 C 水平，成绩一升到 B 他就少交几份作业，把成绩降到 C。问他为什么，他说他发现了一个规律：自己的成绩是 B 时，父母就会说"再努力一把就是 A 了！"，而当他成绩是 C 时，父母就绝望了，什么也不说。他为了不听父母的唠叨，宁可把成绩保持在 C。

与此相反，我所在的校区曾有一位八年级学生，因为在校园卖违禁品而被重新分配到我所工作的初中。他对我说："你让我做什么我都会照做，因为看到我妈那么伤心，我'死'的心都有了。"这位学生和妈妈的关系就达到了关系影响力（relational power）的水平。虽然因为父母工作繁忙，这位学生放学后受社会闲杂人员的影响卖违禁品且受到了处罚，但良好的亲子关系赋予了他改进的动力，能做到"吃一堑，长一智"。有了对父母的爱和父母正确的引导，孩子就算走些弯路，也会迷途知返。

父母爱孩子不遗余力，但为什么爱不能在亲子关系中被孩子感受到？我常接到与下面这位父亲类似的求助信。

八年级的男生对父母谈话的反应极其暴躁，并伴有辱骂。他不愿意参加社交活动，学校功课倒还好，成绩没下降，但一下课就在电脑

① 《全国家庭教育状况调查报告（2018）》，http://m.jyb. cn/zcg/xwy/wzxw/201809/W020180927730230778351.pdf，2019-10-09。

前，拒绝一切课外活动。我们完全无法沟通，房顶都要被他的大喊大叫掀翻。我们允许他放弃大多数课外活动，并给他充足的个人空间后，情况稍微缓和。但是，一旦不如意，他还是会暴躁地高声叫骂。请问这种反叛常见吗？我们已经和学校咨询老师谈过，发现他在学校和老师、同学相处得都挺好，只是回到家就变，对我们特别暴躁。请问该怎么办？

个体心理学（individual psychology）的创始人阿尔弗雷德·阿德勒（Alfred Adler）博士认为，所有问题实际上都是人际关系问题。人无时无刻不在关系中；在不同的关系中，自我是不同的；决定我们行为的是所处的关系，个性反而居次位。比如，我们和同事的关系较好，对他们就会彬彬有礼；如果夫妻关系不好，就会相互没耐心。关系好，什么都可以谈；关系不好，谈什么事都谈不成。归根结底，需要先问：究竟是什么样的关系导致了现在的行为？每一个行为选择都以不同的关系为背景。信中的孩子在学校一切正常，这证明问题没达到病理的程度，问题只存在于和父母水火不容的亲子关系中。冰冻三尺，非一日之寒。

其实很多家长已经了解到亲子关系的重要性。近年来，越来越多家长自发组成类似于"百天不发火"的团体，互相鼓励督促，目的是改善亲子关系。可惜，能坚持下来的却极少。

2016年"中国家长线上问卷调查"显示，关于"教育孩子中最大的困难是什么？"这个问题，64％的家长表示"不知道用什么方法教育孩子"，55％表示"控制不住脾气，老想发火"；87％左右的家长承认自己在育儿中有焦虑情绪，其中近20％有中度焦虑。[①]

这20多年来我服务于加利福尼亚州的公立学校，我看到父母为子女的教育和成长付出了大量人力、时间和财力。但这些付出，和亲子关系并不是正相关。

让我们一起来了解孩子，掌握家庭教育方法，把爱用在刀刃上，建设积极的关系，为孩子的健康成长和幸福感打下坚实的基础。

---

① 《大数据告诉你：什么样的家庭培养的孩子成绩更优秀？》，https://m. sohu. com/n/488026925/？wscrid＝95360_2，2019-10-11。

成长练习

自评亲子关系

　　下列描述是否与您和孩子的日常生活相符？请用"是"或"否"回答。

　　我和孩子每周都有固定的亲子时光，如一起打球。我和孩子经常互相表达关爱，如拥抱。

　　我信任孩子，认为失误等也是他/她成长的必经之路。

　　孩子遇到学习或社交上的问题时，愿意和我交流。

> 　　丈夫也应当这样爱妻子，好像爱自己的身体一样。

（二）家和万事兴

　　1996 年读博士前，我年轻气盛，指责父母没有教育好弟弟和妹妹，扬言要办中国最好的幼儿园，教育出最优秀的下一代。

　　当时我妈妈就一针见血地指出："真想教育好孩子，去办好的幼儿园不如去建好的婚姻介绍所。只有幸福的婚姻才能培养出优秀的孩子!"

　　对于妈妈朴素的观察结论，我直到结婚有孩子后才慢慢理解：父母婚姻关系的质量，是孩子成长的起跑线!

　　积极心理学早就发现高幸福感和"已婚"间有显著联系。皮尤研究中心（Pew Research Center）在 2005 年进行的一项调查发现，43％的已婚受访者表示他们"非常幸福"，而未婚者的比例则为 24％。36 年的跟踪调查发现，收入越高，人们对家庭生活费的预算就越高。换句话说，拥有的越多，人对物质的期待值就越高，觉得需要的就越多。[①] 但这个享乐适应（hedonic adaptation）的体现有一个例外，就是人对美满婚姻和优秀孩子的渴慕一旦实现，就不会再提升对物质的期待值。[②] 积极心理学还发现：成长在完整家庭的孩子整体来说在各种测验中比不完整家庭中的孩子好，比如，完整家庭中的孩子的留级比例比其他孩子少 1/3～1/2，情绪障碍比例少 1/4～1/3，而且更少抑郁。在父母婚姻关系稳定的家庭中长大的孩子，

---

　　① 　Rainwater L.，"Family Equivalence as a Social Construction," in Ekert-Jaffe，D. (ed.). *Standards of Living and Families*：*Observation and Analysis*，Montrouge，John Libbey Eurotext，1994，pp. 25-39.

　　② 　Easterlin R. A.，"A Puzzle for Adaptive Theory,"*Journal of Economic Behavior and Organization*，2005(56)，pp. 513-521.

对未来的伴侣会有更积极的态度，对维持长久婚姻关系也更有兴趣。①

但婚姻是双刃剑：健康的婚姻关系造就人，不健康的婚姻关系对夫妻和孩子的负面影响也很大。

夫妻双方来自不同的家庭背景，有不同的个性、喜好、生活习惯等。每一对能和睦相处的夫妻不仅拥有感情基础，而且在日常生活中发挥着宽容、耐心、共情、自控力等情绪智能的作用，为孩子上着最生动的心理健康课。孩子的安全感和待人接物的能力等都是通过观察、体验学习来的。

而父母关系不和的家庭的情况则相反。重复暴露在充满矛盾、要求不一致的环境中会增加孩子的不安全感，削弱其对情绪和行为的控制能力，孩子更容易产生恐惧、抑郁、愤怒等。② 父母之间冲突不断，无论是否离婚，与孩子的焦虑、问题行为及健康都有密切联系。孩子暴露在冲突下的时间越长，负面情绪就越多；相应的行为反应，如攻击性行为，也就越多；成年后的亲密关系更为脆弱，更可能离婚。

我的父母虽然没离婚，但生活在一个屋檐下的 31 年中，他们"大吵三六九，小吵天天有"。这对敏感的孩子的影响尤其显著。1994 年，我弟弟精神分裂症发病，诱因就是当时母亲离家出走数月，一直没有音信。去医院看望弟弟时的情景还历历在目：他出现幻觉，冲着门外喊"妈"，还问我："我只想全家生活在一起，这个要求过分吗？"

夫妻关系不和还会直接影响父母和孩子的互动。我的妹妹出生时，重男轻女的父亲一看是女孩扭头就走，连饭都不给母亲送。对婚姻的失望，再加上妹妹的五官很像父亲，让母亲虽然在生理上照顾妹妹，但无法与她产生情感联结。妹妹缺失安全感的基础，工作后她对自己周围的世界不信任，觉得同事们都在背后说她坏话，最终引发精神分裂症。精神分裂症的全球患病率不到 1%，在没有家族遗传史的情况下，一家 3 个孩子中有 2 个患病的概率极小，究其原因，养育环境特别是婴儿期经历的影响无法排除。

家和万事兴。卫健委等部委联合发布的《健康中国行动——儿童青少年心理健康行动方案（2019—2022 年）》提出"寻找最美家庭"等活动，因为营造良好的家庭环境是培养子女健康人格、积极心理品质和良好行为习惯的关键环节。可现状是越来越多的家庭破裂。民政部公布的数据显示，2019 年全国共办理离婚登记 415.4 万对。虽然粗离婚率不到 3%，远低于

---

① ［美］马丁·塞利格曼：《真实的幸福》，沈阳，万卷出版公司，2010。

② P. T. Davies & E. M. Cummings, "Marital Conflict and Child Adjustment: An Emotional Security Hypothesis," https://www.ncbi.nlm.nih.gov/pubmed/7809306, 2019-10-11.

欧美国家，但与 1990 年时的 0.69％相比，已经是那时的 4 倍多了！①

积极心理学课的很多同学反映，虽然是通过自由恋爱结合的，且从恋爱到婚姻很不容易，但随着孩子的到来，大家都变得越来越焦躁了，处理矛盾没有耐心，没有倾听对方声音的能力，正如下面这些同学的反馈。

婚姻的开始很浪漫、美好，恋爱时几乎没有发现妻子的任何缺点。但随着家庭琐事的增多，我们之间的分歧和争执也越来越多。为了孩子，我们都在痛苦地掩藏对对方的不满，彼此之间甚至出现了陌生的感觉。

随着孩子的出生，工作的压力和生活的忙碌使我们的相处模式由恋爱时期的彼此关注和欣赏转变为对家庭的责任。每天下了班，孩子睡觉后，仅有的一点自己的时间也多是各自看书。不夸张地说，现在每周在一起真正交流的时间不超过一小时，偶尔的交流也多是围绕孩子的，我有时甚至感觉婚姻更像一种伙伴关系。而且随着时间的流逝，随着两个人经历的现实事情越来越多，不被对方认可的个性等问题都暴露出来。围绕对孩子教育观念的差异、与家人的相处模式、对问题的不同处理方式等的矛盾日益增多，甚至一度感觉我们因为先天的成长环境和性格差异而有不同的世界观，难以交流和沟通，身体和精神上都疲惫不堪。虽然感慨且不满足于当下的相处模式，觉得感情日渐平淡，希望改善，也希望得到伴侣的关爱和支持，但也仅限于偶尔在闲暇时思考一下，从没想过认真地沟通和改善现状，更多时间仍是奔波于工作和生活，仿佛这就是有了孩子后的生活该有的状态。

女儿的出生给我们带来了喜悦的冲击，而同时先生升职了，经常出差。女儿还小，我也刚刚进入妈妈的角色，我一人带孩子有点儿手忙脚乱。我开始抱怨，他变得更加沉默，我们交流的机会越来越少，甚至有了争吵。我嫌他对家的关注越来越少，他嫌我总是唠叨。因为要陪伴女儿，我们分房睡，这样更少了亲密。我心里全部都是女儿，经常忽略他。他全心投入工作，更加忙碌。家还是那个家，只是少了温馨的感觉。我有时候觉得很失落，我问自己，到底怎样才能改变，回到从前的幸福？

---

① 陆杰华、王笑菲：《20 世纪 90 年代以来我国婚姻状况变化分析》，http://www.shehui.pku.edu.cn/upload/editor/file/20181019/20181019131445_6248.pdf，2019-10-11.

多位学生在分享了令自己不满的婚姻状况后，甚至直接问我是否离婚是更好的选择。我的观点是：除非有家庭暴力或其他恶性因素，家庭关系总有挽救的可能。用心经营一定比一见钟情对婚姻更重要。

了解到夫妻关系对自己的幸福感及对孩子健康成长的关键作用，积极心理学课的同学们开始应用积极心理学的发现去建设、修复婚姻关系。在过去三年的实践过程中大家发现，最有效的方法有两个。

①找回初心，重现优点。

婚姻持久离不开珍惜伴侣的积极品质。人的品性优势在成年后并没有太大的变化，只是随着生活慢慢地稳定和平淡，很容易被弱化甚至被忽略。最损害关系的莫过于通过放大缺点来诋毁或蔑视对方。重温配偶的优点帮助了很多学生改善婚姻关系。下面是一个典型案例。

> 我的爱人最突出的优势为：勤劳，爱与被爱，细心谨慎。
>
> 勤劳：记得我们刚结婚时，因工作我需要长期出差，家庭的所有重担都压在了爱人身上。为了支持我的工作，她一边工作一边操持家务，任劳任怨地付出，从不抱怨。大约四年后，我辞去了原来的工作，回到家乡自己创业。虽然回到了家乡，但因初次创业压力很大，还是无暇顾及家庭琐事，操持家务的重担仍主要由爱人一人承担。随着孩子（双胞胎）的降生，爱人的压力骤增，不得已，只能辞掉工作做"全职太太"。我一方面确实工作上压力较大，另一方面由于天生的惰性和婚后多年形成的依赖，很少能帮到爱人。现在孩子已经读小学二年级了，回想我们婚后这十几年，爱人为家庭和我付出和放弃的太多，我亏欠她的也太多。我应该认真反思，并努力多分担一些家庭事务。
>
> 爱与被爱：我的爱人对家人倾注了所有的爱，唯独不太关注自己；无论是对孩子、我还是双方老人，她都记挂在心，无时无刻不嘘寒问暖，处处为他人着想。她常对我说，她最想从事的是敬老院和幼儿园的工作，她感觉能为他们提供帮助是最快乐的事，但由于家庭的牵绊，她暂时无法如愿。接下来，我想和她一起做个计划，等孩子逐步独立时，让她能实现自己的理想。
>
> 细心谨慎：我的爱人在处理和思考问题时保有审慎的态度，而我本人是一个比较积极乐观的人，我们之间本应形成很好的互补，但由于我过度自负的性格，我们之间反而产生了过多的争执。我的爱人非常细心，凡事都想得很周到，就拿我们一家外出旅行来说，她总能想

到方方面面，会带很多行李，而我却总抱怨"出去旅行也就几天时间，非搞得和搬家似的"，最后事实证明她是对的，若没有她细心周到的事前考虑和安排，我们的旅行可能会草草结束。另外，在照顾孩子方面，她的性格优势更是发挥得淋漓尽致，得益于她的细心谨慎，两个孩子都很少生病，至今在学校中还是少数能做到满勤的学生。

积极心理学建议，当伴侣做了一件令自己生气的事时，努力去找一个行得通的、暂时的、只针对这件事的理由。比如，"这个月他工作压力太大，连续睡眠不足，所以情绪容易失控"。而当配偶做了好事时，要把它放大，将它解释成永久的、普遍的美德。有位同学记录道："我们打算换办公室，看了几家，我发现先生的经济头脑特别发达。他能把每项开销都思考得特别清楚，然后将各种情况下的收益统计好，列一个表格，一目了然，每个方案的利弊全体现在表格上了。以前的话，我看完就只会说这个好，把它视为理所当然。但今天我的收获是：不仅知道了哪个方案好，还知道了先生这方面的优势，即经济头脑特别发达。现在我能把这个优势放大，忽然就感觉有这样的先生在身边，自己特别幸福！"

②积极地关注，加强交流。

美国著名婚姻家庭专家约翰·戈特曼博士通过40多年的临床实践，采集了3000多对夫妻的经验数据，系统地研究了夫妻间的对话和互动方式，并跟踪调查他们的婚姻质量。戈特曼判断离婚的准确率高达91%。他强调，信任和承诺是幸福婚姻的关键。详细地说，就是相信与伴侣的感情是自己一辈子的旅程。戈特曼博士的畅销书《获得幸福婚姻的7法则》[1]给很多家庭带来启发，特别是表达对彼此的感激和钦佩，在日常生活中说出自己的需求，并注意对方发出的邀请和积极回应，用正面且积极的办法解决问题，等等。在美满的婚姻中，夫妻间陪伴和交谈的时间比其他家庭每周多5小时；每天至少花5分钟向伴侣表达感谢或欣赏；在交谈中把积极信息和消极信息的比例保持在5：1左右，这些都会帮助建设持久的婚姻。在美满的婚姻中，夫妻更容易把对方理想化。在健康的婚姻关系中，夫妻有共同的目标，或者至少了解、尊重和支持伴侣的梦想。

现代人工作压力大，生活节奏快，有孩子后则更少有属于自己的时间。但用来经营夫妻关系的时间，可以在孩子的成长上产生翻倍的收获。

---

① ［美］约翰·戈特曼、［美］纳恩·西尔弗：《获得幸福婚姻的7法则》，沈阳，万卷出版公司，2010。

下面是积极心理学课上一位同学的相关反馈。

　　基于积极心理学带给我的关于婚姻关系的认知和思考，我和先生做了一次很深入的沟通。我们决定尝试用积极的心态看待对方，多表达、多分享，共同努力改善关系。首先，我们对婚姻中的积极因素进行了交流，共同认可的因素包括：双方的道德品质都很好，这是我们能走到一起的基础；我们都希望婚姻关系变得更好，并愿意为之努力；我们都爱孩子，希望做好父母，共同为孩子提供温馨的家庭环境；我们在生活习惯、生活理念上并没有大的冲突。基于希望婚姻更加美满的共同目标，我们又对过去存在的一些想法和未来改善关系的努力方向进行了深入的沟通。

　　一是以正向的思维去看待对方，有了问题就多分享、多交流。比如，在结婚前我就知道他是一个很专注的人，喜欢不被打扰地学习，当时我欣赏他这种精神，觉得现在浮躁的社会中能这样专注的人太少了。但有了孩子后，无论孩子怎么闹，无论我多手忙脚乱，他都还在房间里安静地看书，这就让我很生气，觉得这是对家庭、对孩子不负责任。我们从未就此交流过，我总是自己生闷气，进而什么事情都觉得不顺眼；而他觉得我总是不明原因地生气，也很苦恼。经过交流，他说自己看书学习是因为想在工作上多进步，进而提升收入，给家里、给孩子的教育提供更好的条件；他也检讨了自己没有注意到我的需求，以后会改进，多分担家务。这时我才注意到，原来自己一直以为很严重的问题，其实简单沟通一下，换个角度想一想，很快就可以解决。

　　二是主动改变相处模式。按照课程建议，我们增加了维护婚姻的时间，如每天早上会彼此说一下今天有什么重要的事项，增进彼此的了解；在中午吃饭的间隙，我们会发短信关心一下对方；每天晚上回到家里，在入睡前或吃饭的过程中，我们会彼此分享一下今天有什么有趣或不开心的事。我们也约定每周有单独相处的时间，如一块儿看电影，一块儿打球，或者一块儿找个喜欢的餐厅吃顿饭，找回恋爱时的感觉。在对待对方的态度上，我们约定多看对方的优点，多向对方表达欣赏和感谢。

　　虽然时间还不长，但我已经在心态上由过去的消极忍受变为积极改善，自己的心情也变好了，对婚姻充满了信心。主动的分享和交流也使我们消除了很多误会，避免关系向悲观的方向发展。前一段时间婚姻带给彼此的疲惫和苦闷已不复存在，我们都觉得家庭是我们的加油站，带给彼此温暖和支持。

《爱的五种语言》一书指出，每个人接受或表达爱的方式不尽相同，有人看重肯定的言词，有人需要铭心的时刻，还有人喜欢接受礼物、服务的行动，或通过身体的接触。[①] 观察伴侣最能接受的爱的方式能让夫妻间的沟通更有效。如拥抱不只会减轻压力和痛感，还会提升幸福感。[②] 一个实验要求一组本科生被试每天拥抱他人或被不同的人拥抱至少 5 次并记录细节，连续 4 周后其幸福感明显提升；而对照组只被要求记录自己每天阅读的时间，其幸福感并没有改变。[③]

健康的婚姻关系并不是不会有不同意见，而是在处理冲突时杜绝指责、蔑视或冷战，选择幽默等方式有效表达自己的感受。下面是积极心理学课上一位同学的体悟。

> 我开始尝试用愉快的语气跟老公说话，不再抱怨，不再总怒气冲冲。也许是受到了我的感染，他开始非常支持我的在职硕士项目。我才看到，他的工作压力其实很大，并不是故意忽略我和女儿。我开始变得开心起来，下决心要主动关心他，给他放松的环境，给他安全感，让他可以一如既往地充满工作激情。丈夫注意到了我的变化，也积极地回应我。他再忙也会抽空给我打电话，再忙也会每个周末带我和女儿去看电影，或吃一顿大餐，我们的关系又变得亲密起来。女儿经常会给我们制造小乐趣，我们不再因一些小事情而喋喋不休。其实，生活是很美好的。换一种心态，会收获灿烂的阳光。

刚结婚时，夫妻的幸福感最高，但在还贷款、养育子女期间，特别是在孩子青春期时，夫妻的个人幸福感普遍下降。婚姻的幸福度是分阶段的，和年龄之间的相关是一个浅的、开口很大的 U 形。[④] 这个规律在

---

① ［美］盖瑞·查普曼，《爱的五种语言》，北京，中国轻工业出版社，2006。

② Doehring K. M. ，"Relieving Pain through Touch," *Advancing Clinical Care*，1989（4），pp. 32-33.

③ Sheldon Cohen，Denise Janicki-Deverts，et al. ，"Does Hugging Provide Stress-Buffering Social Support? A Study of Susceptibility to Upper Respiratory Infection and Illness," https://www. ncbi. nlm. nih. gov/pmc/articles/PMC4323947/，2019-10-11.

④ 《爱情》，http://www. psychspace. com/psych/viewnews-4809. html，2019-10-11。

国内外的跨年龄调研中得到了验证。[1] 孩子成人后，大多数夫妻的幸福感会回升。了解了这个规律，我们则更应在育儿期间给对方更多的耐心和包容。为了自己的幸福和孩子的健康成长，婚姻值得花大量的时间和精力去建设。

成长练习

请回想并列出伴侣在结婚前最吸引自己的突出品格优势。

① _____。

② _____。

③ _____。

④ _____。

⑤ _____

每天至少找到伴侣的优势在生活中的三个表现，记录下来，并真诚地向伴侣表达欣赏。

① _____。

② _____。

③ _____。

---

① Xing Z., Huang L., "The Relationship Between Age and Subjective Well-Being: Evidence from Five Capital Cities in Mainland China," *Social Indicators Research*，2014(3)，pp. 743-756.

> 凡事谦虚、温柔、忍耐，用爱心互相宽容。

（三）依恋类型和爱的风格

之前感觉自己的婚姻有些问题，但找不到症结，因此也没能找到很好的解决办法，甚至到了离婚的边缘。幸好宝宝的降生转移了我们的注意力，使我们的婚姻得以延续，但仍存在很大问题，也在一定程度上影响到了孩子的教育和成长。"积极心理学在亲密关系中的应用"这一节的学习使我豁然开朗。通过测试，我发现自己和伴侣的依恋风格有较大差异，我倾向于安全型，而配偶则倾向于焦虑型。我们在十几年的家庭生活中从未真正注意到这些，因此也就未曾采取有效的改进措施，因于整日无休止的争吵，甚至差点就结束了我们的婚姻。

对于"积极心理学在亲密关系中的应用"一节，我一直认为是短板。因为平心而论，我实在是被父母吵怕了，成家时曾偏执地认为：只要别跟我吵架就行。但在这样的要求下，怎么可能有幸福的婚姻呢？直到42岁，我才慢慢了解了婚姻的真谛。所以这一节课我准备得格外全面，力图讲解清楚。没想到，历届学生中有80%以上都反应课程对自己的亲密关系启发最大，特别是对依恋类型的了解，帮助他们改进了婚姻和亲子关系。

婴幼儿期和父母的依恋关系为成人后的亲密关系定下了基调。英国精神分析学家约翰·鲍比（John Bowlby）博士于1951年首次提出婴幼儿和母亲（或照顾他的人）之间温暖、亲密并持久的关系的重要性。[①] 这为1969年

---

① "Biography of Psychologist John Bowlby：The Founder of Attachment Theory," https://www. verywellmind. com/john-bowlby-biography-1907-1990-2795514，2019-10-12.

创立的依恋理论打下了基础。[1] 他把依恋定义为"人与人之间持久的心理联结"。这和他的亲身经历不无关系，他的父母受当时文化的影响，相信给孩子太多关爱会宠坏他，所以每天只花很少的时间陪他，并且在他 7 岁时就把他送到寄宿学校，鲍比博士后来把他的寄宿经历称为"创伤"。他的依恋理论指出，在压力或威胁下，婴儿普遍需要与他们的照料者近距离接触；儿童只有把父母作为安全基地，才能有效地探索周围环境。他还相信，依恋的关键发展期是从出生到 5 岁，如果在此期间没有形成依恋，孩子将承受不可逆的发展后果，如攻击性增强。

鲍比博士的理论被不同研究证明。比如，杜克大学医学院在 482 名被试 8 个月大时观察了母亲与他们的互动，给母亲给予婴儿的爱和关注打分，从"消极"到"极度"分为 5 个等级。约 10％的母亲表现出低水平的爱和关注，约 85％为普通，约 5％表现出极高的感情水平。30 年后的跟踪调查发现，拥有给他们充分爱和关注的母亲的被试，长大后幸福感更高、更友好、更有韧性，且焦虑程度更低。催产素可能是这种效应产生的原因，因为它是人在感受到爱时释放的一种大脑化学递质，帮助父母与孩子建立联结，增加他们之间的信任和支持感，从而使孩子产生更积极的情绪。[2]

加利福尼亚大学洛杉矶分校于 2013 年对 756 名被试的研究也发现，父母无条件的爱和关注可以降低孩子的童年压力，使孩子一生的幸福感更高。[3] 2015 年，诺特丹大学对 600 多名成年人的一项研究也显示，在儿童期曾受到父母更多关爱的成年人表现出较少的抑郁和焦虑感，更富有同情心。儿童期和父母缺乏情感联结则和一生中各种健康和情感问题相关。比如，那些报告和父母有较少感情联结的被试在心理健康方面有更多问题，在社交场合更难与他人交流。[4]

通过对婴幼儿"陌生人情境"的研究，美国心理学家玛丽·安斯沃思（Mary Ainsworth）博士提出早期和母亲的关系决定了孩子的三种依恋风

① Bowlby, J. *Attachment and Loss*: *Vol. 1. Attachment*, New York, Basic Books, 1969.

② Amanda Gardner, "Can a Mother's Affection Prevent Anxiety in Adulthood?" http://www.ziluedu.cn/zhongxuesheng/wenti/13350.html，2019-10-12.

③ Judith E. Carroll, Tara L. Gruenewald, et al., "Childhood Abuse, Parental Warmth, and Adult Multisystem Biological Risk in the Coronary Artery Risk Development in Young Adults Study," https://www.pnas.org/content/early/2013/09/18/1315458110.abstract，2019-10-13.

④ Janice Wood, "Parent's Touch, Support & Play Vital to Kids' Happiness as Adults," https://psychcentral.com/news/2015/12/23/parents-touch-support-play-vital-to-kids-happiness-as-adults/96613.html，2019-10-13.

格：安全型，焦虑型和回避型。① 具体如表 2-1 所示。

表 2-1　不同依恋风格的孩子的行为表现

表现	安全型	焦虑型	回避型
分离焦虑	母亲离开时有焦虑表现。	母亲离开时有严重焦虑表现。	母亲离开时没有任何焦虑表现。
陌生人焦虑	母亲在时，对陌生人友好；母亲不在时，躲避陌生人。	无论母亲是否在场，一律躲避陌生人，表现出害怕。	陌生人在场对情绪没有影响。
团聚时表现	和母亲团聚时非常高兴。	靠近母亲，但拒绝触摸，甚至把母亲推开。	母亲回来时没显示任何兴趣。
其他	以母亲为中心探索环境。	比其他两种类型哭得多。	母亲和陌生人安慰的效果没有区别。

　　这并不是说，因为母亲在婴幼儿期承担主要的照顾责任，对孩子的依恋类型起关键作用，所以父亲就不需要参与了。相反，父亲很重要。除了分担力所能及的照顾孩子的任务，父亲在这个时期最重要的任务是照顾好妻子。只有心情愉悦、身体健康的母亲才能最好地满足孩子的身心需要，有精力关注丈夫和其他家人。同时，这也会在潜移默化中让孩子感受到一个健康的家庭是相互关照和支持的，而不是以他为中心的。

　　依恋理论在形成时（20 世纪 60 年代到 70 年代）研究的主要是亲子关系，到 80 年代后期扩展到成人关系。成人的依恋也分为三种。

　　安全型：能安心地依赖别人和让别人依赖自己，不担心被别人抛弃，也不担心别人与自己的关系太亲密。

　　焦虑型：希望与伴侣的关系非常亲密，发现伴侣不乐意像自己希望的那样与自己亲密时，会担心伴侣并不真的爱自己。

　　回避型：与别人亲密令自己感到不舒服，很难完全相信和依靠他人；在别人与自己太亲密时会紧张，如果别人想让自己更加亲密一点，会感到不自在。

　　了解依恋类型和形成机制，可以帮助成人更理解自己和配偶的爱的风格，正如下面这位积极心理学课的同学所反馈的那样。

---

① Ainsworth M. D. S.，& Bell S. M.，"Attachment，Exploration，and Separation：Illustrated by the Behavior of One-year-olds in a Strange Situation," *Child Development*，1970 (41)，pp. 49-67.

调研说结婚的人较少得抑郁症，但婚姻反而让我有一段时间有抑郁的迹象。在婚姻中，我感受不到爱，也失去了对先生的欣赏和尊重。观念不同和文化差异让我们不断产生摩擦。学习了这周的课程我才了解到，每个人爱与被爱的能力不同。我先生的原生家庭环境非常恶劣，我想他的依恋应该是属于焦虑加回避型的。我会更理性地与先生进行沟通，全方位地理解他。

值得庆幸的是，我们的爱的风格不完全由儿时的依恋类型决定，成人后依然有改进的空间。[①] 特别是若夫妻中有一方是安全型依恋，则能帮助回避或焦虑型依恋伴侣更积极地交流，从而建设更积极的家庭环境。下面就是一个典型的例子。

我读高一的时候，父母因为感情破裂离婚了，这件事对我的感情生活产生了深刻的影响，使我对婚姻一直抱有畏惧心理。结婚以来，我在婚姻生活中一直没有确定好自己的位置，也没有做好一个丈夫。通过积极心理学课的学习，结合自己的婚姻生活，我开始反省自己，并去找问题的根源。我发现我的妻子是安全型依恋，非常懂得适时地照顾我，而且知道我的需求并迁就我。而我是回避型依恋，在婚姻生活中缺乏自信，刻意与妻子保持一定的距离，且不知道何时、怎样照顾妻子，不愿意把自己的喜怒哀乐表现出来，也不会跟妻子进行倾诉和交流。我非常幸运，有个属于安全型依恋的妻子，使我们的婚姻生活还能维持到现在。找到问题的根源后，我开始尝试在婚姻中做些改变。比如，我开始抽出时间陪伴妻子，以前我很少陪妻子去看电影，她主动约我也都被我拒绝了，我现在开始主动买好电影票约妻子去看电影，在看电影的过程中握着对方的手，并一起吃着同一份爆米花，然后分享看电影的心得，隐约有刚谈恋爱时的那种甜蜜。另外，我尽量在每天吃完饭后，不再躲到书房里忙工作，而是陪妻子带着孩子出去散散步，大家聊聊家庭琐事。我开始主动把公司及工作上的问题和压力向她倾诉。她在听的过程中，在不断开导和安慰我的同时，也给我提出建议和方案。虽然这些建议和方案不见得有实质性的帮助，但自己的心里明显舒畅了很多，因为有妻子的理解和支持，我的压力小了很多。与妻子的交流多了，夫妻生活就更加和谐了。

① 《如何在后天形成安全型依恋？》，http://www.jk99.com/? p＝24320，2019-10-13。

我曾和自己的学生坦诚分享，虽然自己在婴儿期和母亲有安全型依恋，但父母频繁的争吵使我在亲密关系中成为典型的回避型依恋，需要高度独立，避免依恋，倾向于抑制或隐藏感受。按照依恋理论，回避型依恋的人应该幸福感不高，可我在做问卷时发现，我的总体幸福的时间比例（90％）远超过美国成人的平均值（54.13％）。回避型依恋给了双方充分挖掘自己潜力的尊重和自由，如果适合双方的个性，也不一定不幸。客观的了解是接纳自己和在已有基础上进步的前提。下面这位积极心理学课的同学的反馈也印证了这一点。

幼时家庭给我的印象就是争吵，甚至每年的大年三十都是在母亲对父亲脏话连篇的谩骂声中度过的。幼年时我经常被放在老家，几个月都见不到父母，见到父母时也因为母亲容易情绪化而被她打骂，造成后来我和父母之间常会有距离感。再看和老公的相处，我常常会因老公一段时间工作繁忙而觉得我们的距离越来越远。我们沟通很少或没有时间沟通，因自我消极作祟，我们不愿意去主动靠近对方，虽然享受彼此之间的依赖，但常常更愿意自己待着。有了孩子后，我的重心虽转移到孩子身上，但对老公因工作而不能常陪伴我产生抱怨，将他很多小事上的不完美处理扩大化，对他没有正确及时地回应我感到恼怒。其实很多时候，在对方解释完后，发现只是误会。对照依恋类型量表，我明白自己明显是焦虑型依恋，会把小事变大、小题大做，害怕对方离开，需要对方积极回应，常常是相处中的责难者；同时我也有逃避型依恋的特点，因为父母关系不好，我对家庭的依赖感较低，有不信任感，逃避不好的事情和争吵，不愿意在最坏点上沟通解决，不愿意主动表达感情。虽然在和朋友相处时我表现得很活泼，渴望朋友，在朋友遇到事情时也很愿意帮助，但我会刻意在内心深处保持和朋友的距离，很少主动联系朋友，很少培养闺蜜，也很少寻求或期盼帮助，对和朋友的亲密感到不舒服。

学习了这节课后，在对待矛盾点和压力时，我更能理性地看待和分析自己和婚姻中的问题，减少由自身压力和焦虑带给对方的消极情绪，能更积极地关心对方，一起解决问题。我更能尽量平和地表现自我，把对方由工作繁忙造成的分离和距离看成我们珍惜在一起的时光的原因，看成保持新鲜感的保鲜剂。我更有信心让一切朝着积极的方向发展，让自身建设更健康，家庭更健康，为孩子建设更积极的家庭环境。

成长练习

如果感兴趣，可以参考网站 https://www.psychspace.com/psych/viewnews-8256，测出自己和伴侣的依恋类型，目标是更了解自己和伴侣在相处过程中的交流方式，更耐心和宽容。如果发现自己目前的依恋类型和原生家庭的关系，可以用理性解读的方法，减少儿时经历对目前生活的负面影响。

经过测评，我的依恋类型是＿＿＿＿＿＿＿＿＿＿＿＿＿＿＿，伴侣的是＿＿＿＿＿＿。我们在＿＿＿＿＿＿＿＿＿＿＿方面非常默契，在＿＿＿＿＿＿＿＿＿＿＿＿方面容易冲突。了解他/她儿时的经历，我更理解他/她为什么会＿＿＿＿＿＿，今后我会更＿＿＿＿＿＿＿＿＿＿，我们一起朝安全型依恋关系努力。

宽恕，可以使你自由。

（四）放下和重建

　　我把对父母的怨恨一直埋在心里，尤其是对父亲的。父亲重男轻女，在得知我是女孩后，很快就出门打工，留下我和母亲在农村。他离开后从不打电话，也不寄钱回来。后来，母亲迫于生计，把我放到外婆家后也出门赚钱。从那时候开始，我一直辗转在各个亲戚家里，今年在伯伯家，明年在二姨家。母亲每半年给我所在的亲戚家寄一次钱。由于各个亲戚的生活条件也都很艰苦，母亲寄的那点儿钱几乎只够我的学费，他们对我的态度可想而知。我清楚地记得，由于伯伯家的妹妹叫我"滚"，我想过自杀。我只有在每个学段毕业时的暑假才能到广东见我的父母。还记得小学毕业那年，村里的人带我去广东，我对父母的长相完全没印象，每走过来一个人我就想：这是不是我妈？这是不是我爸？这么多年，我一直没放下对他们的怨恨，虽然曾经尝试过无数次。

　　积极心理学课的很多同学反映，由于儿时经历的创伤太深，一时很难修复和父母的关系。但当我们自己也身为父母，这样的心结影响到情绪，不但会让自己的幸福感打折扣，还会失去给孩子做健康家庭关系榜样的机会。

　　"所有过去的情绪都是由思维和解释所启动的。"[1]过去的经历对我们的影响取决于自己解读的角度。脑科学专家丹尼尔·西格尔博士提出，人通过整合记忆建立完整的心理拼图。外显记忆是在意识层面回想起的过去的

---

[1]　［美］马丁·塞利格曼：《真实的幸福》，73页，沈阳，万卷出版公司，2010。

经验；内隐记忆以过去的经验为基础，使我们形成对世界运转方式的期待，建立特定的心理模式。将"意识之光"带入消极的内隐记忆，使它外显，能有效地把痛苦的经验转化为力量和自我理解的源泉。整合记忆的方法和心理治疗异曲同工：通过讲述、提问和鼓励，找出在意识不到的情况下影响人们的痛苦经验，让完整的拼图清晰且有意义地呈现出来。所有的危机其实也是成长的契机。如果我们的父母曾向我们表达牢固的、可预期的爱，积极回应我们的需求，固然可以帮助我们建立积极的人际关系心理模式；但如果没有这样的经验，我们如何讲述自己的生命故事、如何看待自己，则决定了我们对过去的感受、对他人（如父母）行为方式的理解以及对那些影响了我们成长的事件的认识，最终也决定了我们的情绪反应。孩子越享受和父母在一起的时光，就越会对未来的人际关系抱有积极健康的期待。

在孩子出生前，我也总会对自己的童年和家庭充满遗憾甚至怨恨。

我曾抱怨道："看人家的父母，有说有笑，家里的气氛多温暖。我的父亲可好，在工作单位总是笑容满面，但在家里脸总阴着。父母争吵频繁，过年过节更是让人恐惧，以至于我至今还对任何新年庆祝敬而远之。"

离家越远，我心里越放松。高中同学告诉我："上大学以后，你笑得多了。"

工作后，家里在经济上有什么需要，我都会尽力支持，也会每周打电话问候，但都只是在履行做女儿的责任，从未在心里感到过爱或联结。而且一想到家，我就情绪不佳。

我的儿子威廉5岁前社交发展迟缓，引发我的焦虑，我才发现自己对孩子虽尽了责任，但没有真正的爱，因为自己没被充分地爱过。自己的心里是空的，所以给不出爱，我才开始理解父亲其实也从未领受过爱，在我和弟弟、妹妹小的时候，他不知道怎样去爱和接纳我们。我眉间的"八"字皱纹，是人生前16年的印记，无意识地反射着父亲的面部表情。回老家时，我观察到父亲的4个弟弟的表情和他完全一样，和照片中从未谋面的祖父母像一个模子刻出来的。多些理解后再去看父亲，发现他也是"受害者"，我这才摆脱了对过去经历的纠结。

27年心理学领域的学习和工作让我清楚地看到世上没有完美的父母。所有父母养育子女的方式都带着各自成长环境深深的烙印，虽有遗憾，但也难免。而未经审视和理解的生命叙事会限制当下的我们，导致我们用一种反射式的方式来养育自己的儿女，把早年我们曾经历过的痛传给孩子。屈服心中的怨恨，就像手握一块烧红的炭，其实伤的只是自己。了解积极心理学中关于宽恕的研究会帮助我们改善自己的家庭关系。

心理学家夏洛特·威特利特（Charlotte Witvliet）博士和同事们的研究发现，宽恕有积极健康的价值和意义。[①] 他们让 70 多位本科生回忆曾经被伤害或被其他人不公正对待的经历，然后分成两组，一组想象宽恕对方，另一组回忆不宽恕对方的体验。宽恕不是遗忘或同意对方的做法，而是放弃报复心理，并争取和解；不宽恕则是让被试不断地重复被伤害和愤怒的心理。被试在这两种状态下的思想、感情和身心反应的变化的对比显示，宽恕条件下人的血压水平明显降低，皮电和肌电的活动水平都相对较低，更有同情心；而不宽恕组则更多体验强烈的愤怒和悲伤，皮电、肌电显示出更多的不规则活动，测量出的紧张程度也更加明显。这些变化一直延续到实验结束后的恢复期。研究结果显示，宽恕能够让受伤的人从负面情绪中解放出来，降低焦虑，降低心血管疾病发病率，增强免疫系统功能。宽恕真正的受益者是我们自己，让自己更健康和幸福。

研究宽恕的专家、弗吉尼亚联邦大学心理系教授埃弗里特·沃辛顿（Everett Worthington）博士设计了宽恕五步法。这种方法对我修复和父亲的关系很有帮助。

①回忆（recall），客观地回想自己被伤害的经历。比如，小时候我试图用好成绩、好行为去取悦父亲，但他仍然对我没有笑容；父母频繁的争吵曾让我在初中有过自杀念头。

②共情（empathize），从对方的角度，看看他当时为什么那样做。父亲来自一个农村大家庭，在艰辛的环境中养成了内敛自律的性格，不善于表达感情。身为长子，他在青少年时通过考试到城里，工作兢兢业业，支持四个弟弟和两个妹妹。第一次婚姻失败就是因为他太照顾老家，忽视了妻子和孩子的需要。匆忙和我母亲结婚后，不久便发现二人在性格等方面有天壤之别，但极要面子的他不考虑再次离婚。对母亲的厌恶让他无法关爱和母亲脾性相似的我。工作中他连年被嘉奖，在家里却封闭自己。我的弟弟和妹妹在 1994 年先后精神分裂症发病，我第一次看到父亲落泪，他后悔对孩子关心得不够。随着他们病情加重，父亲选择提前退休，遍读医书，在让儿女康复的目标下健康地活着，性格居然乐观开朗了很多，还总是安慰我"会好起来的"，脸上奇迹般笑容不断。

---

① Charlotte van Oyen Witvliet, Thomas E. Ludwig, & Kelly L. Vander Laan, "Granting Forgiveness or Harboring Grudges: Implications for Emotion, Physiology, and Health," https://greatergood. berkeley. edu/images/uploads/VanOyenWitvliet-GrantingForgiveness. pdf, 2019-10-14.

③利他(altruistic)，找到自己被别人宽恕的经历。1996—2013年，我只短期回国探亲过五次。每次父亲都热情招待我，还总是感恩我对家里的经济支持。

④公开宽恕的决心(commit yourself to forgive publicly)。我在朋友圈里记录父亲的变化，感慨父爱的伟大。

⑤持久的宽恕(hold onto forgiveness)。每周打电话，我都感谢父亲对弟弟妹妹全心地照顾。从2014年开始，我每年安排探亲的时间，并尽量在有限的时间内多为家人服务，多陪父母。

过去三年的积极心理学课中也有很多同学实践了这个过程，改善了自己和父母的关系，下面是其中一位同学的反馈。

在我的记忆中，童年是灰暗的，因为父母长期忙于工作，我从小很多时间都是一个人度过的。父母的教育方式简单、粗暴且冷漠，而且信奉"黄金棍下出好人"，所以我的记忆中大多是辱骂、殴打，以及他们的疏忽导致我受到严重伤害的事件。表面上我是一个乖乖女，实际上我骨子里非常叛逆和倔强。在我最初接触心理学时，原生家庭的概念和童年事件的影响让我似乎找到了造成我现在婚姻失败、回避型人格的最终原因，引起我的共鸣。我将所有责任归结于父母，始终无法走出儿时的阴影。可赛利格曼教授指出，童年并不是一切问题的根源，对过去记忆的负面感觉会严重影响一生的幸福感。这个观点对我的触动相当大。童年是我解不开的一个心结，我的童年记忆显然是残缺的，充满了负面情绪。在学习过程中，我尝试通过宽恕五步法来重新回忆我的过去，真诚面对我的父母和自己，用一种主动积极的心态来面对生活中的伤害。

首先是回忆，我试着客观地回忆童年时期我和父母相处的很多画面，尽量不带愤怒和怨恨的情绪。然后是共情，在进行这个步骤的时候，我通过书写的方式，对当时发生的事件、对父母所处的境遇进行了新的解释和归因。当我慢慢完成记忆重塑，我发觉自己能慢慢接受父母的不完美和不恰当的做法了，不再仅沉浸在寻找原因、追究责任中，而是努力寻找改善的方法。接下来是利他，寻找父母给我的爱护、朋友给我的陪伴等温暖人心的闪光点。在公开宽恕的决心和持久的宽恕这两个步骤中，我通过寻求朋友的帮助、多次重写、封存悲伤记忆等带有仪式感的方式，真诚坦然地面对过去。学会宽恕让我切实体会到了积极心理学带来的帮助和引导。它不是简单的自我安慰和记忆清洗，而是重新赋予记忆和创伤正面意义，是成长和提升幸福感的一种有效方法。

前文那个小时候被父母留在亲戚家，甚至不记得父母长相的同学，也在宽恕练习中重新获得了力量。

> 我马上就要当妈妈了，是时候放下了。从积极的方面来看，正是由于他们在我小时候不管我，我才养成了独立自主的习惯。我小时候没得到过他们的陪伴，长大后也少了很多束缚。从小山村一路来到北京，每一个决定都是我自己做的，他们没有过任何干涉。到哪个城市、哪所大学、什么专业，甚至和谁结婚，他们都充分相信我。其实我也感觉到了他们对我的愧疚，所以在这些问题出现的时候，他们都说你自己做决定吧，我们相信你。在有同学或同事向我抱怨父母什么都管的时候，我突然意识到了自己的自由。宽恕他们，也放过我自己。正如《真实的幸福》所讲："过去的就让它过去。"虽然我小时候过得很不快乐，但不影响我积极向上的特质，我乐观、爱笑、对人友善，面对困难不灰心、不气馁。我的经历证明，若自己现在或未来过得不快乐，千万不要归咎于过去。过去的已经过去，且无法改变，沉迷于过去只会让自己永远不快乐。

"沉迷于过去只会让自己永远不快乐。"这也适用于我们的育儿过程。对于自己曾经在育儿中犯过的错误，我们也要认识到它不能抹杀自己对孩子的爱。就像西格尔博士强调的：我们一定会在亲子关系中造成损伤，真心修复最重要。我曾收到下面这样的求助。

> 我的父亲是个暴戾专断的人，我从小就发誓绝对不像他那样对待自己的孩子。而现在我全职带着两个女儿（一个八岁，一个四岁），在一个升学压力巨大的城市生活，每天接送女儿们上下学和兴趣班，做家务，辅导作业，忙得脚不沾地。先生长期在外地工作，周末回家。在孩子不听话或做作业拖延、没条理的时候，我就会变得很严厉，因为我没有精力和耐心重复说同样的话……先生常说我应该更耐心地对待两个孩子，我一方面认同他的观点，不想成为我父亲那样，另一方面又觉得他不理解我为什么会这样，而且他也没有实际意义上的帮助（因为没办法轻易换一份收入跟现在持平的能养家的工作，所以不在

家的状况没办法轻易改变）。其实，我的内心深处很怕自己会慢慢变成我父亲那样。很多时候，我都很后悔吼了孩子，我不知道该怎么办。

父母的身心健康是建设健康亲子关系的关键之一。不论是为了自己还是为了孩子，我们都必须先照顾好自己。上面这位母亲需要先生的理解和支持，需要时间做让自己身心愉悦的事情（如趁大女儿上学、小女儿上幼儿园的时候去公园慢跑半小时），而不是自责。当忍不住吼了孩子时，把自己埋在罪恶感里只能削弱我们的意志，不如坦然接受，只有这样才能找到更有效的方法弥补。在我小儿子大卫出生后的头两年里，我也常常有和这位家长一样的心情。大卫出生时大儿子威廉也只有两岁半，我因为晚上睡眠不足，白天情绪常常失控，对他正常但不正确的行为的容忍度过低。除了道歉，我还请求威廉的帮助："每次妈妈忍不住发脾气时，请你问我一句'妈妈你是不是又没睡好？'，这样妈妈就可以马上冷静下来。"威廉很喜欢这样来提醒我，因为他看到妈妈发脾气不是自己造成的，而是妈妈自己的原因。

有一位家长打来电话："儿子小时候曾被我打了一个耳光，爸爸也曾把他按到墙上斥责过一次。现在他 14 岁，动不动就提起来这些，会不会是因为这些经历给孩子留下阴影了？"

威廉在七岁的时候，因为对我不礼貌，也曾经被他爸爸扔到床上狠狠打了一次屁股，这两年他也时不时会提起来。

父母一两次管教失控，真的会给孩子留下创伤吗？

我曾经在打来电话的这个家庭中借住过，非常清楚这家的父母有多爱自己的孩子。也许曾经在管教中的处理方式过于急躁，但这几年他们勤于学习育儿的正确方法，对孩子更宽容和接纳，尽全力让亲子互动更积极，负面的管教早已杜绝。在这样的家庭环境中，一次脾气失控不会给孩子留下阴影，倒更可能给父母留下深深的内疚感，以至于在育儿中产生阴影。

事事顺利的时候，威廉从来不会提那件事。可近两年，每次他又做错了什么、需要面对后果时，就会提到这件事，并把我们常担心的上进的动力不强等归在上面：都是爸爸打我的那一次，让我觉得自己没有价值！给爸爸"下套"，让爸爸觉得内疚，爸爸就不再追究当前的问题，自己就可以逃脱责任了。

近 70% 的美国成人在一生中会经历至少一次重大创伤，如自然灾害、亲人重病或离世、车祸、家暴、极度贫困、离婚、失业等。[①] 但全美国平均只有 3.5％左右的成人会达到创伤后应激障碍的诊断标准。

父母全心全意爱孩子，偶尔失控、用了不当的言语或行为，和上面所列的创伤也是没有可比性的。

退一步，就算有了上面所列的创伤，对它也有建设性的方法来处理，甚至带来成长，包括对生命更珍惜、更好的人际关系、精神世界的深化、拥有更好的心理素质等。[②]

促进创伤后成长的五个要素包括：认识到创伤后的崩溃是正常的反应；减少焦虑和强迫性的想法；讲述或写下创伤经历，这个过程帮助我们梳理思路，理解创伤，带来控制感；描述创伤后积极的改变，比如，父母对自己的不公或冷淡让自己更珍惜和孩子的关系；总结因创伤而产生的更加坚强、更加无惧的人生立场。

正如积极心理学课一位同学的总结："原生家庭对后代会有很多影响，但这些影响绝对不是悲剧的循环。当我们有能力发展出属于自己的新的认知，就不会被影响，可以坚定且勇敢地选择自己想要的，建设属于自己的健康家庭关系。"

成长练习

如果心里有累积的对原生家庭的怨恨，请应用埃弗里特·沃辛顿博士设计的宽恕五步法修复关系，提升自己的幸福感：

①回忆：＿＿＿＿＿＿＿＿＿＿＿＿＿＿＿＿＿＿＿＿＿。

②共情：＿＿＿＿＿＿＿＿＿＿＿＿＿＿＿＿＿＿＿＿＿。

③利他：＿＿＿＿＿＿＿＿＿＿＿＿＿＿＿＿＿＿＿＿＿。

④公开宽恕的决心：＿＿＿＿＿＿＿＿＿＿＿＿＿＿＿。

⑤持久的宽恕：＿＿＿＿＿＿＿＿＿＿＿＿＿＿＿＿＿。

---

① "Traumatic Stress Disorder Fact Sheet," https://www.sidran.org/wp-content/uploads/2018/11/Post-Traumatic-Stress-Disorder-Fact-Sheet-.pdf，2019-10-15.

② "Post-Traumatic Growth and Cancer," https://www.cancer.net/survivorship/life-after-cancer/post-traumatic-growth-and-cancer，2019-10-15.

> 愤怒的核心是没被满足的需求。

（五）关系建立在交流上

一天晚上，当看到威廉的上网时间超过了一小时，我脱口而出："你不觉得在电脑上花的时间太长了吗？"

威廉头也没回地答道："妈，你又忘了，内疚的陷阱不管用！"

意识到在交流中又犯了条件反射性的错误，我赶快纠正："你从吃完饭到现在，已经盯着电脑屏幕一小时了（描述观察），我很担心你的视力会下降（表达感受）。请和爸爸出去散散步，放松一下眼睛（具体要求）。"

马歇尔·卢森堡（Marshall Rosenberg）博士于1963年提出了"非暴力沟通"（nonviolent communication，NVC），他指出，也许我们并不认为自己的谈话方式是"暴力"的，但我们的语言确实常常引发自己和他人的痛苦。[①] 非暴力沟通的目的是在诚实和倾听的基础上与人建立联结，通过建立联结，我们能够理解并看重彼此的需要，然后一起寻找方法满足彼此的需要。

这对亲子关系非常有借鉴意义，因为交流顺畅可以帮助我们避免冲突，持续互动，建立积极的家庭关系。

非暴力沟通模式包括四个要素。

①留意发生的事情。

非暴力沟通的关键点是关切地倾听和观察。不管是否喜欢，我们只需要说出看到的事情，清楚地表达观察结果，而不做判断或评估。

能看到孩子的需要，不急着发表意见，前提是父母关闭了"警报器"。父母常为孩子成长的各方面担忧，最根源的心理是恐惧和内疚感，怕因为

---

① ［美］马歇尔·卢森堡：《非暴力沟通》，北京，华夏出版社，2009。

没尽好做父母的责任而耽误了孩子的前程。可不管我们的出发点和态度有多好，急于发表不同的意见都会被孩子特别是青少年看作对自己的否定，使他们马上进入反击状态。如果在亲子交流过程中产生了负面情绪，双方都没感到受到尊重或信任，这对亲子关系的伤害就比"不管"还严重。如果我们可以先通过体会孩子的感受和需要与他们建立联结，然后倾听他们的请求，就能发现做什么可以帮助他们。这需要我们不再条件反射式反应，而是明确自己的观察、感受和愿望。非暴力沟通的核心和正面管教一致，在指正前先建立情感联结。

一位母亲在十二年级儿子的要求下找到我。我们第一次见面，刚坐下来，儿子就问："妈妈，我们上一次平心静气地坐下来谈是什么时候？"妈妈无言以对。其实这位母亲非常爱孩子，但爱让她选择的反应方式常引发孩子的负面情绪。比如，她担心儿子会和朋友们跑太远，于是每次只给他的车加四分之一缸油；她怕孩子回家太晚，就不给他家门钥匙（孩子善良，不想叫醒妈妈开门，所以会控制回家的时间）。她完全听不进儿子的要求，无法信任儿子。

如果孩子看到父母能不带评判地听他们的想法，他们就不需要时刻用反击来保护自己的尊严，就更能听得进父母的建议。正面管教所建议的两种聆听的原则是同样的道理。

反馈式聆听：父母重复听到的信息。比如，当孩子说："我很累"。父母可以回答："你听上去真的很累。"

积极式聆听：父母指出孩子言语表露的情绪，比如，孩子说："我恨'死'他了。"父母可以回答："他一定做了什么让你非常恼火的事。"

想要听好，就必须理解青少年的选择和我们的优先次序不同，他们暂时看不到自己的选择对未来有长远的影响。一位母亲告诉我，在大女儿把高中初恋对象的照片给她看后，她了解到那个男生的父亲有家庭暴力行为，知道女儿将很难拥有一个健康的关系。但同时这位母亲也明白，强行制止只会把孩子往外推。她慎重考虑后，在和女儿交流时先肯定了爱情的甜美，让女儿看到母亲感受到她当时的"幸福"，然后说："爱情还有其他责任。如果你在这个过程中发现自己的肩膀暂时承担不了，妈妈的门随时为你开着。"果不其然，接下来近一年时间，她观察到女儿虽然在写作上连得大奖，但因为那个男孩子而情绪波动巨大，自尊心下降。母亲忍住自己的忧虑不去干预，只在女儿倾诉时才表达理解。现在女儿已经走出阴霾，找到学习和生活的重心，不但对爱情有更深刻的理解，而且在这个过程中更信任和尊重妈妈的意见。这样棘手的问题处理得这么好，关键在于这位妈妈选择有智慧地听。

当孩子的选择和我们的标准有差异时，有智慧地听真的不容易做到。我在旧金山湾区的某场讲座结束后，一位母亲愤怒地告诉我，她十年级的儿子居然为了游泳队的活动拒绝参加"科学杯"选拔赛，捡了芝麻掉了西瓜！我问她孩子喜欢什么，她回答："就是游泳，为了游泳可以不顾一切。"我说，也许他将来就是一位优秀的游泳教练。这位妈妈看我的眼神好像我是外星人，她斩钉截铁地说："如果是这样的结果，我会非常失望！"

可怜天下父母心。我能理解这位母亲想让孩子从事更传统的职业的想法，但如果这位母亲不先放下自己的成见，认真听听孩子对游泳的热爱，让孩子感受到被尊重，孩子就绝不会有兴趣去了解为什么妈妈觉得"科学杯"竞赛很重要。这位母亲完全可以先肯定孩子对游泳队的忘我付出，然后再建议他去查查哪所大学的游泳队更吸引他，最后看看自己目前的状况和那所大学的录取标准之间的差距，把对游泳队的热爱和学业结合起来。如果父母听不进去，交流的道路就断了。就像一位父亲的疑惑：为什么17岁的儿子远远地看到他时就跑走？稍微一问就很容易发现，原因就是父亲坚持儿子必须申请到哈佛大学的录取，完全听不进去儿子心仪加利福尼亚大学洛杉矶分校的原因。

②表达感受，如受伤、害怕、喜悦、开心、气愤等。

当孩子的行为不符合我们的价值观时，我们会很自然地把它看作恶的。暴力的根源在于人们忽视彼此的感受和需要，而将冲突归咎于对方。比如，只提及他人的行为（"弟弟被教练批评，我很生他的气"），很容易指责他人（"你怎么能不听教练的指令"）。

我曾参与的家庭教育师培训班的一位家长兼学员总结道："有一些家长巧言善辩。只要孩子的某些言行不符合自己的价值观、评价标准，或者影响到了学习，家长就想方设法通过讲道理来说服孩子按自己的意愿做出调整或改变。"很多亲子沟通会很自然地进入辩论模式，家长总想通过这样的方式来告诉孩子你是错的，而且错得有多离谱。当孩子的内心感受得不到顾及时，语言表达能力弱的孩子就会变得沉默不语，因为他知道父母总是坚持自己的标准，也就放弃努力。语言表达能力强的孩子就会越挫越勇地与家长争辩到底，最后发展为争辩的不是道理的对错，而是谁能够掌控结果。比如，当孩子跟家长讲自己遇到的学习上的问题和困难，或者一些对老师和同学的不满意见时，家长就会很自然地指出孩子的不足之处，希望通过这样的方式来帮助孩子看到自己存在的问题，却没有意识到这个时候的孩子最需要的是父母的接纳和理解，并希望得到父母的指导或示范，来帮助自己找到一些方法和思路来解决面临的问题和困境。人只有为自己的情绪与感受得到了理解和接纳时，才能明白理解和接纳他人的情绪与感受会产生怎样的心理反应。而我们往往容易迷失在自己的想法或价值观中，没有觉察。

③说出哪些需要引发了那样的感受，诚实地表达自己。

父母和孩子有很多共通的需要，包括自主感、信任、理解等。比如，应对孩子的愤怒，第一步不是责备他，而是专注于他的感受和需要，看看哪里没被满足，从而找到方法来满足需要，有效地解决引发冲突的问题。对孩子的指责反映出我们遇到了挫折，因为孩子的行为不符合我们的需要。愤怒的核心是自己尚未满足的需要。如果能直接说出我们的价值观，就不会指责别人。有意识地用"我生气是因为我需要……"取代"我生气是因为你……"会帮助我们认识到感受与自身的关系，如："知道你在教练发指令时没有执行，我很震惊，因为我重视对师长的尊重。"让孩子在不感到被攻击的情况下了解为什么家长不同意他选择的行为。非暴力沟通强调，我们要对自身的感受和行为负责，只有这样才能建立协作性人际关系。"你越能留意自己内心的声音，就越能听到别人的声音。"[1]专注于我们自己的需要，比评判他人更有益于健康家庭关系的建设。

④提出具体的请求。

相较于批评和指责他人，直接说出我们的需要更可能使我们的愿望得到满足。我们常常只说出了自己的不快，而误以为别人知道我们想要什么。提出具体、明确的请求，要什么而不是不要什么。将自己想要的回应讲得越清楚，就越有可能得到。比如，"教练根据赛场的情况及时调整战略，只有每个队员都在他发出指令时遵行才有可能赢"比"你怎么能不听教练的指令"有效得多。

⑤开放式问题也有助于积极沟通。

我询问身边的高中生希望放学后父母见到他们时先谈什么。绝大多数的回答是："今天过得怎么样？"

想让亲子交流顺畅，我们必须练习问开放式问题而不是指责性问题，因为我们最终的目的是让孩子学会独立思考，为自己的言行负责。

开放式问题包括两种。

一是好奇的问题，如"发生了什么事？""请再说清楚一点？""还有吗？"等。

---

① ［美］马歇尔·卢森堡：《非暴力沟通》，96页，北京，华夏出版社，2009。

二是"什么"和"如何解决"式问题，如"你觉得是怎么发生的？""你怎么看？""对解决这个问题你有什么好主意吗？""要不要我们一起想想所有的可能性？"等。

家长做到这样的听和问，孩子就会感到自己受重视，有控制感，更有动力发展思考和判断能力，建设自主性，这对成长有长期的效果。

这些交流原则对夫妻关系一样有益处，正如积极心理学课一位同学的反馈。

以前因为除工作外还需要完成课程要求的阅读和论文，如果妻子和我讲的主题我并不关心，我就会没有任何反应，忙着自己的事情。妻子对此的反应要么是不再说下去，要么是问我是不是不愿意听。学习完这一章节后，我意识到忽视对方也是隐形的暴力。今晚，当妻子滔滔不绝地埋怨公司领导的幼稚，我回答道：'亲爱的，我为你准备好了饭菜、西瓜还有酸奶，等你吃完我们再聊好吗？可以先给我一些自己的时间来学习吗？'太太回答道：'好的，那我不打扰你了，我找同事聊可以吗？你不会生气吧？'整个沟通过程非常和谐。这样的沟通效果确实很好。回想刚刚的经历，我思考了一下为什么我会做出这样的回答。以往我在忙的时候，妻子的打扰会使我的情绪非常烦躁易怒，今天我却做出这样的回答，我发现是积极心理学这门课使我对生活的态度和出发点向着好的方向发展，让我愿意在家庭生活中更多地投入感情，愿意为了家庭的和谐付出更多的关注，在潜移默化中对妻子的行为有了经过思考的理性反应，而非由情绪引导的原始反应。

成长练习

请参考这部分内容，看看以下哪些方法适合落实在自己的夫妻交流和亲子交流中，为积极的家庭关系打基础。

①留意发生的事情，留意我们此刻听或观察到了什么，清楚地表达观察结果而不做判断或评估。

②表达感受。

③诚实地说出哪些需要引发了那样的感受。

④使用具体的请求。

⑤提出开放式问题。

> 教养孩童，使他走当行的道，就是到老他也不偏离。

（六）管教和亲子关系

爱一个听话的孩子很容易，但面对一个无论父母说什么都得争一下的孩子，该怎样在管教的同时保持积极的亲子关系呢？

2015年秋季，8岁的大卫一场大病后，虽然病症都没了，但精力远不如以往，脾气还像刺猬，和哥哥一言不合就重重地摔门。

我平静地告诉他："可以看到你很不喜欢哥哥刚才说的话。我们都有生气的时候，但你摔门不但不解决问题，还让周围的人感到被威胁，很不礼貌。"

等我走出他的房间，大卫又重重地把门摔上。

我轻轻地打开门，指着门合页上的6颗螺丝钉告诉他："从现在开始，你每次这样摔门，我就卸一颗螺丝钉下来。不懂得尊重门的人，没有资格让门保护他的隐私。等你镇定下来，如果想和我谈谈刚才与哥哥的矛盾，我在书房等你。"

我知道，以大卫的性格，他一定会看看我是否会落实这个规矩。

果然，不出10分钟，他又重重地摔了一下门。

我安静地找来螺丝刀，到他门口开始拧螺丝。他马上跑过来大喊："不要！对不起，对不起！"

我告诉他："我已经把后果讲清楚了，但你选择继续摔门，我只能按立好的规矩做。"

看我继续卸，大卫使出撒手锏，泪眼汪汪地说："妈妈，你不爱我了吗？"

"孩子，就是因为在你小的时候，妈妈被所谓爱迷了眼睛，不让你为自己的行为负责，才造成你自控力弱、责任心差的品行。爷爷在你两岁的时候就警告过我："即使他杀了人，你也会为他找理由！"正是因为太爱你，妈妈才开始行为管理，希望你能学习负责任，将来长成对世界有用的人。"

螺丝被取下来，大卫望着那个小洞，愣了半天。

第二天，大卫一不小心关门时又手重了，我一声不响地卸下了第二颗螺丝钉。

这次他没有闹，静静地看着我完成，然后晃了几下门，告诉我门已经不如以前结实了。

"对，你如果下手再重一点，不用我再卸螺丝门就能掉下来。"

大卫一出生，我就能感到自己对他和对威廉的不同。那时威廉已经两岁半了，我已经忘记了婴儿有多么小。大卫那柔弱温软的手，拨动着我心里最柔的弦。

那一年，每位来访的朋友都提醒我："你老抱着他干什么？"

我总是坚持："就舍不得放下呢。"

威廉出生时，我好像背负了使命，天天照着育儿书检查该做什么。大卫一来，不知为什么我就是紧张不起来。加上他天生对人感兴趣，让我因威廉社交能力发育迟缓而紧绷的心一下子放松了：好好享受做妈妈的感觉吧。

结果呢？该做的家务，拖延；每次看到作业需要修正的地方，抱怨；没耐心，情绪管理差，事事推卸责任……

我深深地感到失败：那个从出生起让我内心泛滥着爱的孩子，怎么被我爱成这个样子？

上学后，大卫偶尔在班上拒绝做老师布置的功课，有一次还在公共场所拒绝为自己的行为负责。[①] 这终于让我看到了严重性，开始行为管理。

在管教上，预防大于善后。养成坏习惯如顺水行舟，可纠正却像逆水推舟，总是事倍功半。虽然这几年来能看到大卫在进步，但叫他做什么时，他十有八九还是会先表达不同意见。

无理是怎么养成的？很大程度上是因为错误行为被奖励过。如大卫要赖后，如果我嫌烦、心软或为了省时间，替他做了该他自己做的家务，下次他就一定还会通过耍赖逃避责任；在班上搞笑或不听指令，得到同伴很多关注，让他觉得自己好像英雄。

---

① 谢刚：《我在美国做学校心理学家：走进真实的美国中小学生活》，北京，北京师范大学出版社，2016。

天生好奇心强但自控力弱也是大卫常常行为出格的原因。比如，放学后他跑到学校旁边灌木丛生的小溪那里"探险"，使一车学生不能按时出发，让课后托管班的老师非常不满。

大卫虽然嘴硬，但心里明白自己做的是对是错。两年前，某天晚上睡觉前，他突然放声大哭："妈妈，我这样不听话，是不是会被惩罚？"

良好的亲子关系，绝对不等同于对孩子言听计从。

较常被引用的关于父母管教方式的研究来自20世纪60年代，是加利福尼亚大学伯克利分校心理学家戴安娜·鲍姆林德（Diana Baumrind）博士做的跟踪调查。[①] 她根据父母对孩子需求的反应和对孩子的要求/期望，把大多数家庭归纳为三种。放纵型父母对孩子有求必应却没有规范，养育出来的孩子情绪管理能力弱，在成年期的成就不如权威型父母养育的孩子。权威型父母对行为的期望值高，强调孩子要完全遵从父母的要求，不然就会受到惩罚。成就感和幸福感最强的孩子来自民主型父母的家庭，因为他们以孩子为本，在尊重孩子的意见的同时，对行为有一致的要求，让孩子学会如何管理自己的情绪。

对行为有一致的要求，同时在执行的过程中保持良好的关系，这需要父母的智慧。

有的时候，我也想摔一下门，或踢谁一脚。有孩子之前，我都不知道自己的脾气能这么差。管教过程中最难的居然是管住自己的急躁，尤其是在疲惫不堪、容易"走火"的时候，特别需要反复提醒自己：管教的目的是帮孩子了解并逐渐实现为自己的情绪和行为负责，如果我情绪失控、动怒，就失去了管教孩子的权力，因为那个时候我就成了孩子的问题，而转移了真正的重点，即引导他为自己的学习和生活负责任。

塞尔玛·弗雷伯格（Selma Fraiberg）[②]曾提出，孩子需要在一定阶段感受我们的拒绝，但如果我们的反应过于强烈，他们会感到所犯的错误让自己不再被爱，或者被蔑视，那么我们就滥用了做家长的权力，并有可能让孩子在人格发展中有过多内疚感和嫌弃自我的成分。

在需要纠正的行为出现时，首先得保证尊重——对孩子、对自己、对各种可能的解决方法的尊重。不指责过去，集中精力讨论现在和未来的解决方法。一位积极心理学课的同学做了以下记录。

---

① Baumrind D.，"Child Care Practices Anteceding Three Patterns of Preschool Behavior," *Genetic Psychology Monographs*，75（1），pp. 43-88.

② 儿童心理分析家，婴儿心理健康领域的创始人之一，著有权威早期儿童发展著作《魔法岁月：0～6岁孩子的精神世界》。

我女儿快 5 岁了，喜欢模仿大人坐着的时候跷二郎腿，我不允许她这样做，她每一次都会问我为什么别人可以而她不可以。在反复解释之后，我有时只能打"家长牌"："妈妈说了不可以就是不可以！"而对这样的回答，她和我都感到不满意。上完积极心理学课中关于育儿的这一部分后，我和先生一起在网上找了视频和图片，给孩子图文并茂地解释了儿童身体发育中的一些不良习惯会带来长久影响，并比较了正常发育和受不良影响的儿童的图片。作为一个快 5 岁的小女孩，女儿已经很爱美了，所以看到直观的图片后，她说自己再也不跷二郎腿了，因为"背变得弯弯的就不美了"。就这样，在没有争执的情况下，一个常困扰我的小问题解决了！

大卫这样鲁莽的孩子时常软硬不吃，让他接受界限不是件容易的事，唯一的途径是父母心平气和地坚持合理一致的规范，这样才能赢得他对规范的尊重，最终成为内在的制约。而这个过程，漫长且起伏。

我们可以明确地表达不同意的立场，但绝不能攻击孩子的人格。海姆·吉诺特（Haim Ginott）[1]认为，惩罚剥夺了孩子从内心深层对自己错误行为的反省过程，孩子把精力分散到如何报复家长上，错失了学习修正的机会。我们可以提供选择，和孩子一起讨论如何弥补过错并采取行动。

代替惩罚的方法，最有效的有两种。

一是自然后果。比如，孩子不按时吃饭，两小时后饿了，家长坚决不给孩子零食；不把干净衣服叠好并分放在标记好的抽屉里，下次需要时就得花很长时间才能找到。

二是逻辑后果，尽量让需要承担的后果和行为之间有逻辑关系。比如，说过了不可以用玩具枪朝妈妈射，孩子还是射，那妈妈就可以把塑料子弹没收；说过了不可以吃饭时在旁边打球，但孩子还是坚持打，家长就可以把球放气，孩子不能再玩；如果孩子不定时清理仓鼠笼子，家长马上把仓鼠送给朋友养，因为孩子要求买宠物时答应了自己去照顾；孩子在家里对哥哥不尊敬，下午就不能参加小朋友的生日会，哪怕已经买好了礼物，家长带他把礼物送去后就马上离开。

近几年，我确实看到大卫和威廉相亲相爱的时间多于争执的时间，对作业和家务的责任感增强，开始为自己的行为道歉，等等。但他的进步并不彻底，原因是有时对错误的行为他没有承担后果。

---

[1]　儿童心理学家，著有畅销书《孩子，把你的手给我》（*Between Parent and Child*）。

比如，当年在棒球队，他在训练时偶尔不听教练的指令。教练说："大卫，戴好手套，摆在胸前，准备接球！"大卫反驳道："但上次比赛我没把手摆在胸前，一样接了球了啊！"我看到后马上告诉教练："请务必罚他比赛时坐板凳！"教练想都没想就回答道："做不到，他是最好的接球手，球队需要他上场。"和大卫讲明利弊后，上述行为基本消失，同时也给我上了一课：尽量提前对有可能出问题的地方讲好规则。

天生自控力偏弱的孩子时常会因为自己的行为而收到负面评价，更可能因习惯于负面的自我期待而选择不良行为。经常挨批评、更敏感的孩子需要家长更多的关注和认可。

家长要创造、寻找机会，让孩子看到不同的自己，如："每天早上不论多累，你都能 6:30 起床，快快地吃完早饭，赶到同学家上校车。你的责任感是激励我支持你跑那么远上那所学校的动力！"

让孩子在无意中听到家长对他们的正面评价，如："大卫昨天误解了同学，今天发现后主动向人家道歉。知错就改，有担当！"

以身作则，如："昨天妈妈在知道你在课堂上违规受罚后，沮丧又担忧，因为小事发了脾气，失去了快乐，甚至看不到希望，这很不应该。很多次妈妈都告诉你，所有的错误都是成长的最好机会，可昨天我忘记了这么重要的原则。妈妈向你道歉。你能原谅我吗？"

记住孩子特别的时刻，如："春季你每场棒球赛都有很多朋友来给你加油。赢得这么多同学的喜爱，你一定是很特别的朋友！"

当孩子又按原来的方式行事时，表达我们的感受和期望，如："别人和自己意见不同时，谁都会不舒服，但你大喊大叫又摔门，让我们感到不被尊重。请换一个更合适的方式来表达你的情绪。"

改变需要时间。孩子的感受得到尊重后，他们也会尊重大人的感受，开启亲子关系的良性循环，但这需要一个过程。

很多家长问我，是不是"放养"的孩子将来更成功、更幸福？"放养"不是"放纵"。"放养"有底线，没上限。真正"放养"的父母绝不是什么都不管，而是知道管什么对孩子的成长最重要。他们把握大方向，支持孩子在爱好中发展及在日常学习和生活中形成品质，如诚实、信心、恒心、责任感、感恩等。相比之下，在孩子学什么专业、高中选什么外语、课外参加什么活动等方面，家长都给予充分的尊重和信任。他们知道，掌握课堂上教的知识、参加课外活动只是教育的过程，目的是在基础教育结束时收获品行习惯。随着孩子年龄的增长，信任和自由会随孩子自控力的提高而更广泛。

教育的最终目的是帮助孩子逐渐为自己的情绪和行为负责，行为规范必不可少。合理的规范让孩子学到责任和自由的关系：为自己的时间负责，就会赢得更大的自由。比如，威廉三年级时被发现半夜起来打游戏，所以我们按事先定好的规则，取消他一周内玩游戏的权利，他心服口服。特别是第二天，他参加了一场棋赛，取得了一年里的最差成绩，这给他上了直观生动的一课：睡眠不足对棋技有负面影响。从那以后，家里没再出现过有人半夜起来玩游戏的现象。青春期的规范功用与之类似，比如，美国高中生在有驾照后通常会和父母达成用车共识，双方同意只有当孩子做到周日到周四晚上11点前回到家时，才有开车的权利；一次没做到，如果没有特别的原因，就失去一周的用车权利；三次违规，车就被卖掉了。

孩子反抗限制是正常的，如果我们在参考他们的意见后，定下合理一致的规则并坚持遵守，这些规则就成为现实，孩子才能学会尊重规则，在非敌对的态度下内化限制的事实，使之成为他们内在的节制。比如，我曾和一个青少年团体一起讨论网络成瘾问题，他们自己提出上网的最长时间，自己定的规则，更容易去遵守。

家长鼓励孩子与自己合作，引发积极互动的技巧还有以下几种。

描述自己看见的，或者描述问题，如："脏衣服还在地板上。"（前提是已定好规则：脏衣服必须马上被放到衣篓里。）

提示，如："请把垃圾桶推到街边，不然会错过明天早上的垃圾车，又得在后院臭一周。"

用简单的词语表达，如："10点了！"（前提是已定好规则：10点前必须熄灯。）

说出我们的感受，如："我的话还没说完就被打断，我觉得很不受尊重。"

写便条，如把写着"请把洗碗机清空，弹完钢琴后再打开电脑做作业"的便条贴电脑上。

让孩子自己选择时间来做家长要求的事。

没有一种方法能对所有孩子永远有效，家长必须根据孩子的情况和需要不断调整，重要的是让孩子参与解决问题的过程。如果问题重复出现，请记住亲子不是敌对方，需要在互相尊重的前提下把精力放在解决问题上。

成长练习

　　我最希望孩子改进的行为是：＿＿＿＿＿＿＿＿＿＿＿＿＿＿＿＿＿。

　　我和孩子商议后列出了以下解决方案：

　　①自然后果：＿＿＿＿＿＿＿＿＿＿＿＿＿＿＿＿＿＿＿。

　　②逻辑后果：＿＿＿＿＿＿＿＿＿＿＿＿＿＿＿＿＿＿＿。

　　③其他措施：＿＿＿＿＿＿＿＿＿＿＿＿＿＿＿＿＿＿＿。

　　我们最后决定＿＿＿＿＿＿＿＿＿＿＿＿＿＿＿是最有效的方法。

　　执行的步骤包括：

　　①＿＿＿＿＿＿＿＿＿＿＿＿＿＿＿＿＿＿＿＿＿＿＿＿；

　　②＿＿＿＿＿＿＿＿＿＿＿＿＿＿＿＿＿＿＿＿＿＿＿＿；

　　③＿＿＿＿＿＿＿＿＿＿＿＿＿＿＿＿＿＿＿＿＿＿＿＿。

> 不设清并持守界限，我们就会感到被利用或虐待。

（七）界限和关系

2019 年 9 月，一个周二的晚上，过了 10 点，该是威廉收拾收拾准备睡觉的时间了。我突然听到他在电脑上和朋友聊天，过去一看，气不打一处来：他居然在打游戏！

家里的规则是晚上 9 点半以后不可以打游戏，他一直遵守得很好。我想：今天是怎么了？

看到我的脸色，他解释道："好朋友突然给他发了信息，邀请他打 15 分钟，因为明天是周三，可以晚起一小时。"①

我说："可你今天从放学到现在，已经把允许的游戏时间都用完了啊！"

他做出手势不让我再说，怕耳机另一端的朋友听见。

10:23，我听见他告诉朋友："到点了，我得停了。"

威廉来到我的房间，问："妈妈，你为什么那么生气？"

我说："看到你在游戏上浪费时间，我能不着急吗？"

威廉反驳道："你以为你生气，就能让我听你的话吗？"

当头一棒！是啊，我经常在讲座中提醒父母："你们做父亲母亲的，不要生儿女的气，就怕他们失了志气。"而我自己就没忍住。

一时下不来台，我还嘴硬地说："你明明周三的网校数学课作业还没完成，怎么就有心思玩游戏呢？"

他很镇定地反问："我哪一周的作业没独立按时完成？我的学习什么

---

① 美国大部分公立高中周三早上 9 点上第一节课，比平时晚，目的是让高中生多休息。

时候需要你操心？"

我无言以对。很惭愧，这次我又越界了。

减少烦恼，建设积极的亲子关系，首先要做到任务分离（separation of tasks）——区分什么是孩子的，什么是父母的；父母只负责父母的任务，而孩子只负责孩子的任务。①

如何判断任务到底是谁的？很简单，看行动的直接后果由谁来承担，承担直接后果的人负责该任务。

临床心理学家肯尼斯·威尔格斯（Kenneth Wilgus）博士在他的畅销书《喂那张咬你的嘴：养育并帮助青少年成功过渡到成人期大全》（*Feeding the Mouth that Bites You：A Complete Guide to Parenting Adolescents and Launching Them into the World*）②中建议：孩子 13 岁后，父母应把学习和生活的主动权交给他们。

曾有一位母亲给我发来短信："十年级的儿子每天以写作业为理由到一两点才睡，早上叫无数次也不起床。一周 5 天平均有 4 天都迟到。对于起床、洗澡、睡觉这些基本作息习惯，我们家一直吵得很凶。比如，昨晚儿子又是 1:40 才睡，早上 6:40 当然起不来。我很纳闷，一篇作文真的要从周一一直写到周日晚上吗？"

迟到、作业不能按时交等的后果是由孩子来承担的，和学业相关的任务当然是他的。

和这位母亲交流后我发现，孩子非常聪明，作文不是不会写，真动起笔来他写得很轻松。他就是以写作业为理由，关着门在卧室里黏在电脑前，对父母的劝诫非常不耐烦。

这位母亲去年为了儿子辞职了，因想纠正孩子的不良学习习惯而和孩子产生冲突，甚至还因此辞职，这就明显越界了，亲子关系不会和睦。为了自己的身心健康，如果不是心理特别强大，或者孩子有特殊需要，不建议父母在家中有高中生时选择全职照顾家。

所有关系中的沟通都有隐性角色分配。如果亲子或家庭关系让我们不舒服，就需要思考我们的位置或角色是否有问题。角色期待有潜在的力量，束缚着我们的行为选择。健康的关系是有自主性、选择权且对自我负

---

① "Separation of Tasks," https://stoicanswers.com/2019/05/12/separation-of-tasks/, 2019-10-17.

② Kenneth Wilgus，*Feeding the Mouth That Bites You：A Complete Guide to Parenting Adolescents and Launching Them Into the World*，CreateSpace Independent Publishing Platform，2015. 该书暂无中译本，此处的书名为直译的结果。

责的。而不健康的关系会导致拖延、抗拒及对他人情绪反应的敏感。孩子和家人之间的情感联系更紧密，所以对家人的感受也更敏感。

　　和孩子一起提前商议、制定合理一致的家规，父母就不用再做"警察"，只需要镇定地做"法官"，让孩子承担后果就好。比如，我不识趣地过问威廉的作业，觉得自己是好心，但他的耳朵听到的却是我侵犯了他的领域、不信任他，只会让他产生防御心、戒心甚至愤怒。随自由而来的是责任。父母不再过问作业，但一旦成绩下降到大家定好的底线，孩子就会失去一些自由，如玩手机。家长不再唠叨几点睡觉，但孩子早上要独立按时起床。家长不再提醒打扫房间，但也不会替孩子打扫，衣服等需要孩子自己定时洗。逻辑后果在这个阶段尤为重要，家长应放手让孩子在试误中成长。家长爱孩子，但目标是他们在 18 岁时能离开家独立生活。13 ～18 岁是训练他们过渡到独立成年期的关键阶段。

　　脱离 10 岁前相互依赖的亲子关系，转到青春期对独立的渴望和对同一感的探索，这一转变会带来巨大的情感冲击，并伴随强烈的不安。每一个转折期都会更新我们对世界的认识，考验我们的意志，发展我们对自我的理解。[①] 在转折期请允许青少年有低落和迷茫的时间，如果急着让他们更积极、更自信，反而会打乱转变的节奏。自我发展通过新行为创造新经验，通过分清"你的"和"我的"来构建新关系。

　　在这个阶段，父母需要把注意力放在自己身上，做自己能做的，承担起自己在关系中应该承担的责任，同时尊重孩子的独立性，让他为自己的生命负责，不轻易越界。父母之所以混淆什么是孩子的事、什么是自己的事，归根结底是因为在这种关系的纠缠中父母害怕情感的疏离，还想让孩子像小时候一样依赖自己。

　　想要孩子在某方面进步，父母首先要问一个问题：我们想要孩子改变的，是成长过程中的常态、自然发展的历程，还是需要解决的问题？

　　青春期亲子关系中父母常体验的愤怒、焦虑、沮丧、怨恨等情绪，通常来自让孩子臣服于自己已有的规则的想法。而当孩子与自己的规则相差甚远时，父母如果接纳孩子的现状，而不是在焦虑或愤怒中和现实怄气，就能利用现实来实现自己的愿望。大部分烦恼都源于妄图控制自己不能控制的事，却不对自己能控制的事，如管理自己的情绪等，行使控制权。

　　在青春期保持良好的亲子关系尤其需要父母划清责任上的界限。

　　我们可以用描述性语言而不是评价性语言来表达需求。如："你 1:40

---

　　① 　陈海贤：《了不起的我：自我发展的心理学》，北京，台海出版社，2019。

才休息，有损健康；而且在我提醒你遵守立好的规矩、11点前睡觉时，你对我大吼大叫。我对你的关心得不到回应和尊重，这让我觉得很伤心。"

孩子接受与否是他们的任务，父母控制不了，也不应预设他"应该"怎样回复。

父母可以问具体的问题，并关注现在能做的，而不是事情的结果。如："很佩服你在睡眠时间这么少的情况下成绩还都不错！关于迟到、不能按时交作业等问题，请问你计划怎么改进？如果我能帮上什么忙，你尽管告诉我，我愿意支持你顺利毕业，但选择权在你手里。"

一位十一年级女生的母亲感慨道："世上只有我女儿能让我流泪。有一回我为她哭到肝疼，哭完发现，从此世界上再没有什么能难倒我。"

有青春期孩子的父母的幸福感较低，原因是父母失去了掌控感。工作上付出的时间和努力基本上都可以立竿见影，但在孩子青春期时，父母常常陷入既不愿意接受孩子和自己的期待之间有差异，又不愿就此放手的循环，仍想把对方改造成自己想要的样子，并因失败而责怪对方。陈海贤博士在《了不起的我：自我发展的心理学》一书中提到，愿望和"应该思维"的重要区别在于，我们是愿望的主人，支配着愿望；但陷入"应该思维"时，我们服从"应该思维"背后的规则，失去了自主性。接纳孩子是放弃对生活的过度控制、放弃对"完美"的执念的必经之路。

旧的经验来自以往的关系，而新的关系可以建立新的经验。比如，一位七年级女生的妈妈在听完一场讲座后找到我，因为她观察到孩子这几年表现出低自尊。进入青春期后，亲子冲突慢慢增多。孩子的时间管理能力弱，常常睡眠不足，脾气变差，成绩也每况愈下，动不动就拿"不上学"来要挟父母。我告诉她这时候父母必须和孩子划清界限，让孩子把自己的行为带来的后果视为自己的问题，而不是父母的问题。这个过程中关键的一步是让孩子经历失败，父母对此保持冷静，让孩子有机会承担后果、走点儿弯路。电话咨询后，这位妈妈明白了父母一定要在孩子拒绝起床上学的早上不急不躁，让孩子看到，她选择不上学，受影响的只是她自己，不可能通过旷课来掌控父母的情绪。果然，最近这个女生不再拿不上学做筹码了。

成长练习

参考本节内容，为自己和孩子划清责任的界限。

孩子的年龄：＿＿＿＿＿＿＿＿＿。

父母的责任	孩子的责任

> 青春期是人类灵魂中最坏和最美好的冲动争斗的时刻。

（八）青春期的家庭关系

我曾收到这样一封来信。

　　谢老师，有两个多星期没跟您联系了。汇报一下近况。根据您上次的建议，我们家开始实行新的家规，总的来说，我是比较满意的。全家都在晚上 10:30 断网睡觉。手机全都拿到客厅的桌子上。大人做到了，我女儿也能执行。接下来的周末，我女儿跟我们坐下来好好地谈了一次。以前我们很少能这样镇定地谈话。我女儿说，她觉得我们的家规太严厉，她提出希望在自己做好作业后能把手机放在卧室里，还希望我们给她证明和表现自己的机会。换句话说，取消所有规则，给她机会证明没有规则她也可以做得很好。这听起来很有道理。我和她爸爸想了一下，同意她做完作业时手机可以拿到卧室，但睡觉前必须拿出来。至于取消所有家规，我们没有同意。一是我们并不觉得她能做到，二是我们不想把刚刚建立起来的家规轻易取消。制定 10:30 睡觉的规则是希望她能早点做好自己的作业。不过我们允许她睡前上网玩一下游戏作为鼓励。她说，功课很多时，或者考试前，10:30 时她做不完功课，问可不可以推迟断网时间，让她不论多晚都有上网玩游戏的时间。她还说，她现在没有动力抓紧时间做作业，因为即便她抓紧时间做了，也没有多少时间玩，还不如先玩，然后慢慢做。像昨晚，她磨蹭到 1 点多才做完作业。我想知道：我们该不该给她一个机会，让她在没有家规的情况下证明自己的自律，以及我们是否应该在她功课多的时候放开 10:30 断网的家规。她觉得已经找到对付我们的办法，还威胁说即使断电她也可以不睡，逼我们让步。她从内心里不接受这些限制。我该怎么办？

孩子在每个阶段都有独特的挑战，逼着父母不断学习、成长。13～19岁孩子智力迅猛提高，认知学习能力逐渐接近人生顶峰。他们热情，有活力、创造力，认为自己长大了，独立欲强，想在行为方式、社会交往等方面表现出"成人"的样式，渴望别人把自己看作大人，对是非曲直的判断有强烈的表现自己意见的愿望。但同时，他们调控情绪和行为能力的生理机制还没有发育完全，再加上社会经验和生活经验的局限性，导致他们行事常常欠周全，行为上往往盲目性较大，使自己陷入既想自治又易冲动的矛盾之中；有独立欲望，但缺乏独立能力；渴望自由，但不了解随自由而来的是责任。

发展心理学家和精神分析学家埃里克·H. 埃里克森（Erik H. Erikson）教授的社会心理发展阶段理论指出，青春期是自我同一性和角色混乱的冲突期；获得同一性的标志是对自己负责，并学会容纳矛盾；要达到这个目标，整合父母、同伴的期待和自己的期待是必经的过程。[①]

虽然进入青春期后，大部分孩子与父母相处的时间减少，顶撞父母的现象增加，但请不要被误导，因为在他们的心中，家庭和父母仍然占据重要的位置。

2018 年，北京师范大学中国基础教育质量监测协同创新中心、北京师范大学中国教育与社会发展研究院、北京师范大学儿童家庭教育研究中心和《中国教育报》家庭教育周刊联合发布了《全国家庭教育状况调查报告（2018）》。[②] 这项调查覆盖了全国 31 个省（自治区、直辖市）和新疆生产建设兵团的 325 个区县，共有四年级学生 11 万余人、八年级学生 7 万余人及班主任 3 万余人参与，是我国家庭教育领域第一份真正意义上的国家报告。调查发现，"有温暖的家"排在学生所认为的人生最重要的事情的首位，反映了学生对家庭的重视、依赖和对温暖家庭的期望。此外，八年级学生最崇敬的榜样中排第一的是父母，这表明青少年更加意识到家庭的价值和作用，对父母持积极、正面的看法和态度。调查数据还显示，青春期的家庭教育对孩子的成长有重要影响。家长在八年级孩子面前表现的不良行为越少，与孩子的沟通越频繁，孩子就越倾向于将父母选为最崇敬的榜样。家

---

① Erikson E. ，*Childhood and Society*，New York，Norton，1950.

② 《全国家庭教育状况调查报告（2018）》，http://m.jyb.cn/zcg/xwy/wzxw/201809/W020180927730230778351.pdf，2019-10-09。

长的实际表现、与孩子的互动等都会影响孩子对家长的看法。

大多数孩子在 10 岁后言行会有明显的变化，其中的生理原因不容忽视。青少年期记忆力、阅读理解、数学分析、运动等功能逐渐达到顶峰，但总管高级认知功能（如决策、计划、自控力、专注力、了解他人和自我意识等）的前额叶皮层要到 25 岁后才发育成熟。9 项不同功能的磁共振成像研究一致显示，青少年需要做涉及他人的决定时，其内侧前额叶皮层区域的活性降低，也就是说，让他们考虑他人的观点以指导正在进行的行为很困难。[1] 同时，这个阶段负责情感处理的边缘系统对冒险等启动的奖励机制异常敏感。这些都是大多数青少年易冲动、容易受同伴影响、不容易听进去父母的建议的根本原因。[2]

睡眠不足也会直接影响孩子的行为。80％以上的美国青少年的睡眠时间远低于这个年龄段的推荐水平（每晚 8～10 小时）。[3] 国内的初高中生的情况也相似。连续睡眠不足不仅会负面影响白天的注意力、理解力和记忆力，降低学习效率，而且会造成易怒等情绪行为问题。

同时，脑科学研究也证明，青少年期大脑可塑性强，受环境影响大。不以规矩，不能成方圆。责任感和自律性越强的孩子，应得的自由度就越大。绝大多数青少年需要合理一致的规范来学习为人处世的规则。

合理规范的建立首先需要父母控制好自己表达意见的方式。比如，有一位求助的母亲一直供孩子在硅谷最贵的私立学校上学，她对孩子的爱可见一斑。虽然我强调坚决不能和孩子有肢体冲突，但她还是没忍住。下面是这位母亲的记录。

上周五，我的心情不好。晚饭后，女儿坐在客厅沙发上玩手机。我就跟她说希望能查看一下她的手机使用时间。我跟她讲过多次，作为父母，我们需要随时检查她的手机。她一直拒绝。我说："只是看看，不管多不好，我都不批评你，也不评判你，看完就还给你。"她还是拒绝给我看。说着说着，我就恼火起来，变得很冲动，很生气地抢过她的手机并摔碎了。她很受刺激，因为她很爱她的手机，跑到院子

---

[1] Sarah-Jayne Blakemore, *Inventing Ourselves: The Secret Life of the Teenage Brain*, San Francisco, Black Swan Press, 2019.

[2] "Maturation of the Adolescent Brain," https://www.ncbi.nlm.nih.gov/pmc/articles/PMC3621648/, 2019-10-17.

[3] "Teens and Sleep," https://www.sleepfoundation.org/articles/teens-and-sleep, 2019-10-17.

里大哭，还爬到围栏上不下来，她爸爸一直跟着她，怕她会出事。在抢手机的过程中，我们俩还互相推搡了两下。摔手机前她还威胁我要报警，被我先生制止了。

这让我想到，我所工作的初中曾有一位八年级男生，因为父母不许他打游戏而打了911（美国的报警电话）。警察几分钟后赶到，了解事由后告诉孩子父母是正确的，还耐心告诉他为什么。轻微体罚孩子在美国的许多州也是合法的。但遗憾的是，这位母亲在和孩子的推搡中误伤了孩子的手腕，留下了青痕，如果警察来，就会拘留父母，并把孩子带到寄养家庭，父母通过法律程序才能赢回孩子的抚养权。

这位母亲困惑地问："我这么爱孩子，为什么她感受不到？"

《正念父母心》一书清晰地回答了这个问题：只有在和父母沟通的过程中感受到自主性、同理心和接纳，孩子才能感受到爱。[1] 所有的感受都应该被接纳，虽然某些行为必须受到限制。亲子间每一次激烈冲突造成的影响，至少要通过好几周的积极互动才能恢复。孩子们绝大多数的反抗和挑衅行为是在与父母的权力斗争中学来的。理智冷静时，我们主要使用前额叶皮层也就是执行功能来处理问题；可当我们感觉自己受到攻击或批评时，我们会使用负责情绪的边缘系统，反应迅速但不准确。真正有效的亲子互动必须调动前额叶皮层的功能，让孩子能看到自己的行为带来的后果。当父母因有挫败感而脾气失控时，会给孩子一种掌控感，成为他们在操纵父母情感方面的潜在奖励。

要让青少年能听进去父母的建议，父母首先要态度真诚，具体体现在以下方面。[2]

①全神贯注地听。倾听无效常常是因为我们自以为什么都知道，要领就是承认有很多事情我们其实并不知道。

②用简单的语句，如："你真的很希望能自由掌控晚上休息的时间。"表示自己听到了孩子的想法，让孩子体会到我们的同理心，因为孩子最需要的是被了解。

③说出感受，如："妈妈摔碎你的手机，让你非常伤心。""爸爸妈妈也很矛盾，希望可以不再监控你使用手机，但同时需要你提高时间管理

---

① ［美］麦拉·卡巴金、［美］乔恩·卡巴金：《正念父母心》，北京，北京联合出版公司，2016。

② ［美］阿黛尔·法伯、［美］伊莱恩·玛兹丽施：《如何说孩子才会听，怎么听孩子才肯说》，北京，中央编译出版社，2007。

能力。"

④如果错了就及时承认并道歉，如："妈妈刚才被自己强烈的情绪绑架，摔碎了你的手机，非常抱歉。"

⑤用诚实来回应，如给孩子看关于青少年睡眠重要性的研究发现。孩子并不需要家长完全认同他们的感受，而需要被了解。如果家长一味同意，反而会阻碍孩子反省自己不成熟的选择。

大多数青春期亲子关系紧张的根源是冲突，常见的包括父母坚持让一个不愿合作的孩子做某件事，孩子想要一个父母不想给的东西。

人与人之间的冲突导致压力，减轻压力将有助于孩子和父母更清晰地思考。父母必须理解，没有人可以强迫青少年做任何事情。青少年渴望独立，但学习这一重要任务留给他们的掌控权实在有限——他们无法选择什么时间开学、上什么课、做什么作业等。这就要求父母在日常生活中尽量把青少年力所能及的事情交给他们自己去完成，如自己挑选衣服、在合理规则下掌控课外活动的取舍等。这会让青少年感受到父母的尊重和爱。

公平公正地获得奖励也可以给孩子增强自主权、价值感和实现目标后的成就感的机会。我们可以告诉孩子："如果你想获得××，可以采取××的方式，但这取决于你。"如："等新的手机设置好后，如果你想晚上有自由玩手机的时间，就把作业完成，各科成绩保持在××及以上，并且11点熄灯休息。这些都取决于你是否能更有效地管理时间。"

奖励孩子的工作不是贿赂。孩子应得的称赞是合适的，并且可以帮助孩子增强自尊。而父母的积极关注本身就是对孩子的奖励。一位曾向我求助的母亲告诉我，改善她和女儿关系的关键，是在互动中落实积极反馈与消极反馈3：1的原则，这让女儿感受到了父母的关爱。只有建立了情感的联结，才可能让孩子听得进指正的建议。

保留奖励的价值需要给孩子可以自由获得或不获得的选择权。父母也需要避免在孩子被拒绝时变得沮丧，不给孩子潜在的掌控感。如果孩子觉得自己别无选择，只能去完成任务，尽管会得到奖励，他们仍然会抵触任务。并且压力下的孩子更容易表现不良，也不太可能理智地接受责罚。压力会使人感到不安全，因而对批评更加敏感。同时，孩子的自尊心相对脆弱，他们对自己的感觉越差，就越会变得焦虑，越猛烈地捍卫自己。父母若增加指正的频率，就会增加自己的言语被理解为批评、胁迫和攻击的可能，而不是教、鼓励和帮助。

当发泄愤怒或回避责任成为主要目标时，那么亲子关系就真的有问题了。如果孩子继续不尊重他人的言行，父母就必须使用做父母的权威来面对孩子，如："该说的我都说完了，你仍然出言不逊，请回你的房间镇定一下。"送他回房间后，除非担心孩子的安全，否则不要进入孩子的房间，因为关心往往会被青少年认为是侵犯。

总结我20多年在公立校区的观察，能够建设青少年期良好的亲子关系并帮助青少年向成人期顺利过渡的，除了前述内容，健康的生活习惯也是关键。青少年阶段的睡眠周期往后推，大多数青少年在晚11点前入睡困难。[1] 很多高中因青少年生理上晚睡晚起的规律而尽量推迟早上开课的时间。比如，美国大多数高中每周三9点才上第一节课，让孩子们在一周中有机会补一下觉。父母在家里以身作则，如晚上11点全家都熄灯休息，这不但会让规则成为现实，保证睡眠，还会督促孩子更有效地管理课外时间，避免拖延。

另外，体育锻炼或体力活动会激发神经递质血清素的分泌，而它会从生理上调节情绪、释放压力，并提高睡眠质量。习惯的养成，身教重于言传。如果全家经常有机会一起锻炼，那么就能在保持身体健康的同时增进亲子关系，一举两得。

父母改变不了青少年还在发育中的情绪调控机制，也无法完全净化他们充满压力、试探甚至挫折的环境。父母能做到的是更理解青少年的发育特点，调整期待值，看到失误是最好的学习机会，不带情绪地听，开放式地问，形成良好的亲子交流。交流是关系的关键，相互尊敬和信任是基础。孩子对父母的尊敬和信任也是由父母的品行赢得的。有了良好的关系，孩子才能接受父母的引导，形成健康的生活习惯、乐观的生活态度、责任感等，向成人期顺利过渡。

成长练习

如果家里有青少年，请结合孩子的特点，根据本部分的内容，看看怎样把以下几项落实在日常生活中，从而提升孩子的身心健康并改善亲子关系。

①保证8～10小时睡眠。

②每天有30分钟左右的锻炼或体力活动。

③及时对好行为表示欣赏。

④公平公正地奖励。

---

[1] "Teens and Sleep," https://www.sleepfoundation.org/articles/teens-and-sleep, 2019-10-17.

⑤把力所能及的事情交给孩子完成，增强掌控感。

⑥全神贯注地听。

⑦用简单的语句来表示自己听到了孩子的想法。

⑧如果做错了就及时承认并道歉。

⑨用诚实来回应。

> "管"是为了"教"，而不是惩罚。

（九）疫情下的营救

2020 年新型冠状病毒肺炎疫情期间，最"赚"的应该是家长，因为每位家长"赚"到相当多与孩子相处的时间。

可在朝夕相处中，孩子时间管理、学习效率等方面的弱点就暴露无遗。尤其是课堂搬到了网上，对自律性的挑战更加严峻。就连年近 50 的我，也发现在家工作的效率不如坐班时。这也是为什么美国公立学校在 2020 年春季学期把考核标准降低到"60% 以上就有学分"，而不给具体成绩。美国学生在家上学延续到 2020 年秋季时，越来越多的学生开始不及格，有的高中成绩低于 70 分的比例甚至高达 1/3。不少原本学习还不错的学生竟然有了网瘾，更不用提原来学习习惯就不太好的学生。在家上学对家庭教育的新考验，从家长们提出的问题可见一斑。

儿子 14 岁，知道用功，也想放弃电子游戏，但又很想和朋友们保持联系，所以禁不住朋友的邀请，继续玩电子游戏。作为家长，我老想盯着帮他摆脱电子游戏，却遭他反感，想办法瞒着家长玩。我想让儿子学会自我管理，却发现他好像一再放纵自己，我该如何是好？

儿子 13 岁上八年级，学习上只是花最少的力气把老师布置的作业完成，成绩处于中下游，不肯花力气，是放手让他失败还是不能放松？儿子老说父母不信任他，事实也是如此，因为他不能自律，没赢得我们的信任。很多时候孩子出言不逊或油盐不进，怎么办？

高中男生 24 小时手机不离手。这种情况是应该让他自己管理还是严格要求手机一定放在另一个房间？

九年级的女儿晚上喜欢熬夜到一两点，如果不让她看手机和电

二、积极关系

脑，她宁愿看书画画也不睡觉，然后白天睡到很晚也起不来。请问有什么好建议能让她打破这个恶性循环，早睡早起呢？试了到零点断网，有效果，但跟孩子的关系受到了影响，孩子说她感觉自己被控制。

2020 年，我给中国和美国的家长做了几十场线上讲座，常看到因管教不当而问题恶化的案例。一位父亲在气头上打了 13 岁的儿子，之后几个月儿子都不理父母，除了睡觉就是在电脑前，日夜颠倒，不洗脸不刷牙不洗澡。

每次看到这样的案例我都很痛心。管教的目的是教育我们的下一代成为负责任、尊敬他人、解决问题能力强、对社会有贡献的成员，要实现这一目的，孩子需要学习很多生活和社交技能，所以，管的目的是"教"。英语里的 discipline 词根原意也是"引导"（to guide）。虽然管了，但没有教给孩子任何更好的解决问题的方法，甚至造成伤害，那么管就失去意义了。

那么如何管才能达到教的效果？

回答这个问题前，我先请教大家两个问题。

①在成长的过程中，自己的父母最常用的管教方式是什么？效果怎么样？

②在自己为人父母的过程中，最常用的管教方式是什么？效果怎么样？

问这些问题的原因是：我们为人父母的管教方式，往往是自己小时候被管教的方式的自动化反射。而三四十年前有效的育儿方法不一定适用于我们的下一代。

比如体罚，它和短期的"听话"相关，这也是其对许多成人最大的吸引力。从我国的"棍棒底下出孝子"到美国的"不用棒子，毁了孩子"（spare the rod, spoil the child），对体罚的信奉可见一斑。目前，虽然全世界有 53 个国家明文禁止在任何地方以任何方式体罚孩子①，但在美国，只要没留下伤痕，在许多州在家里体罚孩子是合法的。美国还有 19 个州允许在学校体罚孩子。

可体罚留在心里的隐形伤痕有多深呢？对 60 多年来研究的综合分析发

---

① "Countries Where Child Corporal Punishment is Illegal," https：//www. worldat-las. com/articles/countries-where-child-corporal-punishment-is-illegal. html，2019-08-29.

现，与很多成人的期待相反，体罚对孩子道德观念的内化并没有任何长期作用，同时对亲子关系、社会性、同情心和避免攻击性行为有负面影响。对 34653 位成人的调查发现，小时候经常受到严厉地体罚和成人后的情绪障碍、焦虑症、酒精或药物依赖以及一些人格障碍显著相关。[①] 一位成年朋友告诉我，他的父亲从小对他管教的唯一方式就是拳打脚踢，他就在学校对同学动手，闯祸以后回到家里再受体罚。这种恶性循环直到初中才终止，因为那时候他的身高超过父亲所以开始还手。20 年后他和父亲还是形同路人。

如果家长手里唯一的管教工具是"锤子"，那任何问题在他们眼里都会成"钉子"。

很多家长发现打得多了，孩子都被打麻木了，没一点儿作用。经常被体罚的孩子很少记得自己为什么被体罚，只会记得自己当时的恐慌和屈辱，因为人的记忆力对带有强烈感情色彩的事件印象最深。日积月累，大多数受体罚的孩子会对惩罚自己的成人及环境，比如家和学校，产生憎恨和厌恶。

这里并不是说曾经对孩子动过手的家长都是罪人。有的家长虽施加了体罚，但其执行的过程有两个特点。一是家规事先定好，清晰一致，体罚不是家长气头上的冲动。二是家长能以身作则，如要求孩子对家长尊敬，家长对自己的父母也十分恭顺。立的行为规范自己先做到，身教大于言传。

另外，亲子之间的关系也决定了惩罚的效果。平时孩子做得好的地方多鼓励赞美，他们只有常被尊重，才会对父母积累由衷的尊敬而不是恐惧。一位父亲曾告诉我，他和儿子的关系一直很好，他只在儿子九年级时打过儿子一次，因为"不可原谅的原因"。父亲说自己在打之前告诉儿子今天不得不打他的原因，而且打的时候父亲边打边哭。打完后儿子抱着父亲，感谢他的惩罚，如今依旧尊敬热爱父亲。这种体罚的效果和盛怒之下的出气有天壤之别。

父母不愿意看到的行为只有一小部分是需要惩戒的"明知故犯"，大部分是由年龄发育特点或心理需求未被满足引发的。比如五岁以前，孩子自控力和计划性弱，再加上语言表达能力还在发展中，所以错误行为多和年龄特点有关。家长稍加留心就会发现，哭闹、打人甚至咬人等问题行为不

① Afifi T. O. et al., "Physical Punishment and Mental Disorders: Results from a Nationally Representative US Sample," *Pediatrics*, 2012(8), pp. 130—184.

外乎几种可能性：表达身体饥渴或不舒服，想得到别人的关注，想拿到自己想要的东西，想做某件事情。父母如果能事先准备充足，比如，给孩子符合其年龄特点的益智玩具、教给他们正确表达自己要求的言语等，大多都可以解决。

一位五岁儿童的妈妈的管教方法让我很感动：孩子有自闭症，对触觉敏感，不喜欢有东西碰到耳朵，但这不是他自己能控制的。这时候如果坚持让他按常人的标准戴口罩，只能引发冲突和孩子的过激反应。智慧的妈妈在他最喜欢的帽子上缝了纽扣来挂口罩。用孩子能接受的方式达到安全的目的，是真正管教的彰显。

事实上，孩子犯错很少是专门用来气我们的。比如威廉七岁时，有一天凌晨三点多把我叫醒了，因为他头一天特别累，导致晚上尿了床。他告诉我他已经把尿湿的睡裤、床单等放在洗衣机上，叫醒我是因为不知道该去哪里接着睡。虽然尿床是我不想看到的行为，但在那个年龄阶段情有可原，而且他当时的处理方式值得表扬。

行为有目的性，是为了得到想要的或者为了避免不想要的。分析孩子行为背后可能的原因和想达到的目的，然后想办法帮助他们找到并练习使用更合适的解决问题的方式，才能达到更长远的效果。

新型冠状病毒肺炎疫情下激增的亲子冲突频率通常也是因为孩子在家里被尊重的心理需求未被满足。孩子自控力差的行为和大脑发育的程度相关。

积极管教基于儿童行为理论[①]，于 20 世纪 80 年代通过简·纳尔森（Jane Nelsen）博士和林恩·洛特（Lynn Lott）的著作被大众了解和接受。当问题行为出现时，传统管教方式是"为过去而赔偿"，所以家长在面对不恰当行为时会产生愤怒、暴力和损坏性反应，但积极管教是用以下四种方式来帮助孩子"为未来的成长而学习"。

①正面反馈好行为。抓住孩子做得对的时刻，及时鼓励。

天生自律的孩子属于少数。2020 年 5 月我所在的初中做调研，发现有 9％左右的学生反应作业太少。这和 2009 年斯坦福大学对旧金山湾区近 5000 位高中生的调查结果一致，只有 10％左右的学生回答自己享受学习的过程。大部分孩子的行为是因为得到及时的鼓励而重复发生，最终成为习

---

① 美国精神病学家和教育家鲁道夫·德瑞克斯（Rudolf Dreikurs）在心理学家阿尔弗雷德·阿德勒的个体心理学理论基础上建立了儿童行为理论，认为儿童的不良行为是缺乏归属感造成的。其中心思想是：当孩子感到自己是集体中有价值的一员时，不需要惩罚或奖励就可以学会合作。

惯。比如，2009年对旧金山湾区高中生的调查发现，52％说自己学习很努力但不享受学习的过程，因为努力能得到好分数、师长表扬、同伴尊重等正向反馈，也可以助力良好学习习惯的形成。成人也一样。如果先生洗碗时得到太太及时的赞美等积极反馈，那他第二天也洗碗的概率就大很多。相反，如果先生洗完碗时太太责备他洗得不干净，甚至被讲成"帮倒忙"，那再遇到洗碗等家务时先生就只会躲着走了。

②负面反馈。

这是在孩子年幼时常常用到的方法。如果孩子采取不适当的方式（如哭闹）来让父母关注自己或达到自己的无理要求（如买不需要的玩具），那就离开当时的场景、忽视哭闹，同时引导孩子镇定下来再交流，会是最有效的干预。不涉及安全的不良行为选择，如重复了一句听到的脏话，父母如果急着跳出来制止，那么高度的关注就会起到相反的作用，让孩子忍不住再犯。

③正面惩罚。

正面惩罚更接近为自己的行为负责任，如要求孩子把自己洒出的牛奶擦干净。一位六岁的孩子说自己要在购物网站上找玩具，半小时后妈妈却发现他在看视频。妈妈当时脾气失控，这后想自己先冷静一下，去卧室关上门，不让孩子进来，结果孩子在卧室门口的地毯上尿尿。这位妈妈需要理解的是，发脾气会让这个年龄阶段的孩子失去安全感，所以他会想方设法重新得到离开的妈妈的关注，哪怕是负面的关注都比没关注强；最有效的处理方法是和孩子一起清理，同时问孩子："妈妈发火或难过的时候，有什么可以帮妈妈不用离开你就镇静下来的方法吗？"

④负面惩罚。

明知故犯的问题行为发生后，有三条处理的基本原则。

一是自然后果，如不交作业，成绩就下滑。

二是逻辑后果，如不能遵守约定的游戏时间，本周就失去再玩游戏的权利。

三是让孩子了解犯错误并不可怕，只要从中学到教训，因为机会＝责任＝后果。

明知故犯后某个权利被收回，对此必须提前立好合理一致的规范。2020年5月底，大卫被发现晚上偷打游戏，我们就把他的手机号码暂停了。因为这是他签过的手机使用规则之一，所以承担后果时他无话可说。我们这么做是为了他能从错误行为中增强将来行为选择的责任感。

电子游戏成瘾和混乱的作息习惯是孩子在家上学期间出现最多的问

题。以此为例，我们来看一看如何能管出"教"的效果。

一位电子游戏设计者曾说："父母师长不可能防止孩子电子游戏成瘾，因为你们是业余的，而我们是专业的。你们唯一能做的不是禁止，而是引导他们了解并管理人生。"我深以为是。管教，预防大于善后。在日常生活中帮孩子提升自控力、建立良好的习惯等，是面对诱惑时最强的学习免疫力。

美国近 90% 的青少年玩电子游戏或使用社交网站，但 8～18 岁达到"上瘾"程度，严重影响到生活和学习的不足 10%。①。

研究发现，电子游戏上瘾的人在打游戏时大脑中分泌的多巴胺水平是不打游戏时的两倍，而多巴胺是给人带来快感的。② 类似的发现出现在近几年不同研究的样本中。所以一旦上瘾产生生理反应，治疗起来就更加困难。

电子游戏上瘾和所有管教中要解决的问题一样，最强有力的防御措施是健康的亲子关系。这也是为什么美国历史最久的网瘾戒除学校"重新开始"（reSTART）最根本的治疗理念就是通过强化优点来重建家庭中的爱、联结和归属感，从而带动孩子远离电子游戏的内驱力。

新型冠状病毒肺炎疫情下，我带了三期家庭教育课程，发现很多使用网络失控的青少年在 4 周内显著进步，而且无一例外都是在健康关系的基础上发生的。比如，一位九年级学生原来手机 24 小时不离手，他妈妈在开始时就坦白地告诉我："儿子从小学到高中不断被老师投诉，我很害怕接到学校的电话。我曾试图找学校辅导员帮他，但都没有什么实质性的进展，而且儿子很抗拒。过去我想尽办法让他管理好时间和手机、电脑的使用，但不起任何作用，很让我焦虑。"三周后这位妈妈反馈道："今天儿子用 4 小时做数学练习题，用 45 分钟跟我学中文，20 分钟看书，下午教魔方课 45 分钟，5 个多小时没玩游戏，真不可思议！他很喜欢您，很喜欢跟您沟通，所以愿意听您的建议，去改变自己、挑战自己。他的进步治愈了我的焦虑。"我告诉这位妈妈："其实最该感谢的是您。之所以效果好，是因为孩子信任我；可他为什么信任一个陌生人呢？根源是他和您母子关系好，他信任您的介绍。归根结底，育儿也好，咨询也好，有了相互信任的关系，改进只是早晚的问题。"

---

① Gentile D. A.，"Pathological Video—Game Use among Youth Ages 8 to 18：A National Study，" *Psychological Science*，2009，20(5)，pp. 594-602.

② Griffiths，M. D.，"A 'Components' Model of Addiction within a Biopsychosocial Framework，" *Journal of Substance Use*，2005(10)，pp. 191-197.

孩子 10 岁前，父母的位置自带权威，不严自威。可 10 岁以后，只有和父母健康的关系才能化作孩子改进的力量。如果亲子关系不好，那我们对孩子就没有好的影响力，甚至起到相反的作用。比如，一位父亲本来出发点很好，担心十一年级的儿子一两点才休息会影响健康，但亲子关系不好，他照常以指责的方式提出问题，结果激烈冲突后儿子每天撑到早上六点才睡。

建设健康的亲子关系，关键因素之一是避免自动化的负面反应，要通过改变理念来看到每个需要提升的地方都是孩子最佳的学习机会，从而让家长控制住情绪，有机会理智地帮孩子面对需要学习的生活技能，如自控力。

父母看到孩子打游戏时想干预，出发点很好，但常常口不择言，用"我数三下，再不结束游戏，我就把网络断了！"等威胁的话语，或者"成绩都下降了还打游戏！"等引起内疚感的话语，很容易引起冲突，适得其反。我也会在急躁下对孩子表现出不耐烦，威廉总会提醒我："妈，你对我讲话用这样的语气，打算达到什么目的呢？"

学生做错题时，会给老师看自己哪里还不明白，需要再教一次。同样，孩子做错事时，应告诉家长自己还不知道正确解决问题的方法，需要家长再做示范或引导。如果可以把所有的错误当作学习的机会，不只告诉孩子什么不可以做，而且示范并鼓励该做的，那管教的效果就事半功倍了。电子游戏上瘾问题，深层原因是电子游戏能满足孩子的心理需要，如果在现实生活中孩子有带来同样成就感、自主感和归属感的活动，那么他对电子游戏就不会这么依赖了。不然，我们的过激反应只能让孩子把我们看作问题，而忘了实际面对的任务是如何更有效地抵御诱惑、管理时间。

一位九年级学生的妈妈分享道，她曾经一看到孩子上网课时忍不住打游戏就火冒三丈，指正时孩子一定会反驳，甚至对妈妈推推搡搡，大叫"别管我"。学习家庭教育课程后，她发现自己原来以为是孩子打游戏造成自己大发雷霆，而其实是自己看到孩子打游戏时长久化的理念（他打电游就是学习态度不认真，会影响成绩，考不上好大学，将来无法在社会立足）造成了焦虑进而引发愤怒。一旦她把打游戏看作孩子暂时时间管理能力还没发育成熟的表现，同时用"孩子成绩一直很优秀，还做不少公益活动，有责任感"等优点来辩驳负面理念，情绪就稳定了。然后她悄悄过去拍拍孩子的肩膀，先建立情感的联结再提出指正建议，孩子则马上道歉，回到该学的科目上。

在新型冠状病毒肺炎疫情期间我深有体会的另一个管教原则是：必须

二、积极关系

有张有弛才能让青少年听得进去。如果事事要求他们按我们的标准完成，像必须在室内穿拖鞋等，就只能导致冲突，徒增烦恼，而且真正需要严格要求的地方，如时间管理等，就听不进去了。很多原来制定的规矩需要通融，比如，我家两个青少年儿子，正常上学时都留短发；但5月初我好心提出来要给他们剪头发，两人一致告诉我不需要，因为想尝尝留长发的滋味。短发本来是不成文的规矩，但想想他们说的不无道理，因为正常上学时他们完全没机会或意愿留长发。青少年期间的发育特点就是喜欢尝试新事物。家长需要在安全的范围内多给他们选择、体验自主感的机会。我从没想到过自己会高高兴兴地支持他们留长发，但那个特殊时期，居然就这样自然而然地发生了。虽然当时我看着还是很不习惯，但知道只有这样才能在无法让步的底线上坚持，如责任感。

一位原来因沉迷电子游戏而不及格的19岁大一学生，新型冠状病毒肺炎疫情下回家上网课，4周内逐步调整了作息时间，转变的关键也是父母在日常生活中不强调他从七年级就沉迷电子游戏，而是关注建设亲子关系。只有这样才能让孩子有意愿去配合每周设一个自律的小目标。第一周他做到零点断网并交手机，父母就及时鼓励，并忽视他断网后依然会打线下游戏；第二周他开始做固定的家务，父母就在他做到时提供大量真诚而具体的积极反馈；第三周他开始周六白天不用网络，父母就一天陪伴他，一起包包子、饺子等孩子喜欢的食物，赞美他和面、帮妹妹学钢琴等活动；第四周父母通过支持他拉网线（避免打游戏时网络不畅），并为他换了能调整高度的电脑桌等，让他充分感受到父母的爱。之后他开始按建议保证起床后两小时的学习时间。

大多数青少年如果小时候养成正确的学习态度和责任感，课内或课外有健康的活动吸引他们，如运动、演讲等，这些活动可带来成就感、归属感和自主感，那么电子游戏上瘾的概率就很小，因为赶走黑暗，最有效的途径就是光明。我帮助多位高中生摆脱电子游戏上瘾的途径就是根据他们各自的特长和兴趣，安排他们教魔方、数学、音乐等课程，用有意义的活动减少打游戏时间。

健康的亲子关系绝不是对孩子言听计从，必须有合理一致的规矩：父母需要理解绝大多数孩子没有自控力去抵御电子游戏的诱惑，所以提前立好规范，把电子产品放在家里公共区域用，如餐厅或客厅的桌子上，以便家人互相督促，避免让孩子和电子产品单独相处。和孩子一起商量每天最多打多长时间游戏；什么时间可以玩，如作业和课外活动完成后，不可以是一天中记忆力最强的时段（早上或入睡前）；如果超过了规定的时间后果是什么（逻辑后果是第二天没有打游戏的权利）。对青少年来说，家规一定要取得他们的同意，不然他们不会在执行上合作。自己制定的规则，会更容易去遵守。

新型冠状病毒肺炎疫情前，我家并不需要强制性断网。但随着在家上学时间的推移，我清楚地看到两个孩子越来越对按时离开电脑感到困难。从 2020 年 6 月起，提前通知他们后，家里开始晚 11 点断网。虽然刚开始孩子们有怨言，但他们心里明白这是为了自己的健康，而且我和先生以身作则，也是 11 点左右休息，让他们能很快适应新的规矩，保证充足的休息。

建立规范的关键是父母的语气是镇定的，态度是温暖的，让孩子感受到规范是为他们的成长提供他律的环境，以达到将来自律的目标，而不是惩戒。

相互尊重和信任的亲子关系让孩子经常从父母这里获得归属感，这是所有管教问题的金钥匙。亲子交流原则强调避免无效说教或旧事重提，减轻对后果的耻辱感，集中精力解决问题。孩子如果感受到父母的理解，就更容易从失败中学到教训。让孩子参与解决问题的过程，父母重视他们的贡献，他们就会获得归属感和价值感。比如，全家通过一起打扫房间来避免关于家务的争执，每周固定时间开家庭会议讨论不同问题，等等。

成长练习

请结合孩子的年龄特点，根据本部分内容，区分孩子需要改进的行为中哪些是由年龄发育特点引起的，哪些是心理需求未被满足引发的，哪些是需要惩戒的明知故犯的行为。分析如何在管的过程中达到"教"的效果。

①由年龄发育特点引起的行为有：_____。

②心理需求未被满足引发的行为有：_____。

③需要惩戒的明知故犯的行为有：_____。

三、积极自我

积极的自我，拥有稳定的自尊、充足的自我效能与持久的自爱能力。[1]

---

[1]　曾光、赵昱鲲等：《幸福的科学：积极心理学在教育中的应用》，19页，北京，人民邮电出版社，2018。

> 除了爱，没有什么能带来真正的安全感。

（一）安全感，积极自我的基石

2017 年 11 月，第十届新东方家庭教育高峰论坛上，我在"家庭因素如何影响孩子心理健康"讲座中分享道："我的弟弟和妹妹分别比我小 4 岁和 2 岁，都有严重的心理健康问题，于青少年后期发病，到现在也无法独立生活。"

讲座结束后，多位教育工作者和家长问："为什么我在同样的家庭环境中长大，自我概念和心理建设比弟弟和妹妹健康很多？"

我的人生道路不同，除了基因差异，得益于婴幼儿期母亲的悉心照顾。埃里克·H.埃里克森教授指出，人的自我意识发展持续一生。他在社会心理发展阶段理论里把自我意识的形成和发展过程划分为八个阶段，其中婴儿期是基本信任和不信任的心理冲突期。在这期间，孩子完全依赖外界的照顾，并开始认识人。父母是否满足孩子的生理和心理需要是孩子能否建立信任感的重要因素。父母发自内心的关爱通过眼神、拥抱等无时无刻不传递着信息：你很重要，我很爱你，我永远在你身边。这些都是孩子对自己和周围世界的最初意识，是安全感和自我概念的基础。我出生后，取代了母亲在第一次婚姻中失去的大女儿的位置，她把满心的爱都给了我。从儿时的照片上可以看到，母亲自己做小衣服，总把我打扮得漂漂亮亮的，看不出一丝贫困生活的印记。

信任在人格中形成了希望这一品质，是对自己的愿望可实现性的持久信念，起着增强自我的作用。没有建立信任感的孩子则不敢希望，时时担忧自己的需要得不到满足。我的妹妹就没那么幸运了，她的五官很像父亲，当时父母关系的恶化让母亲虽然在生理上照顾她，却无法从心里去爱她。再加上母亲怀上弟弟时，刚满周岁的妹妹被送回老家，两年后她回来时怯生生的眼神一直留在我的脑海里。

西格尔博士多年临床经验发现，婴幼儿期安全的依恋决定着大脑整合的程度。[①] 脑神经系统整合的障碍会有损胼胝体、海马体、前额叶皮层等的发育，而这些是后期情绪管理、韧性等心理健康因素的生理基础。人与人之间的关系能制造神经元连接。要形成安全型依恋，孩子需要被看见（不只行为被看见，而且心理需要被看见）、安全感和抚慰。而这一切，我妹妹的前3年都是缺失的。在她的整个成长过程中我都能感到她对人、对世界深深的不信任感。虽然20岁时出现精神分裂的症状，病理因素为主要原因，但她婴儿期的经历确实让人感到遗憾。

弟弟和妹妹健康自我的建设还受损于学龄期（6～11岁）。学龄期是勤奋对自卑的冲突期。这一阶段的孩子开始在学校接受教育，学校是训练儿童适应社会、掌握知识和技能的地方。如果学习顺利，儿童就容易获得勤奋感，充满信心；反之，就需要父母留心，对孩子努力的过程多鼓励，并找到孩子其他擅长的地方，让孩子看到自己的进步，否则孩子会产生自卑。当孩子的勤奋感大于自卑感时，他们就会获得成就感。

弟弟5岁时得过脑膜炎，因而得到爸爸过度的保护。小学时，他一做作业就说自己头疼，而他一说头疼，父亲就要求我替他做作业。不做作业，知识当然掌握得不好，成绩就差。上学带来的都是挫败感，课外又没有其他做得好的活动带来自信，所以弟弟的自我概念没有积极的根基。

妹妹天生很有美术天赋，无师自通的临摹可与我在本科时看到的美术系学生的作品相比。可惜，她当年没有机会深造，被安排上职业高中学会计，学习中毫无发展自己特长的机会，这是妹妹成长中巨大的缺失，也是心理健康的隐患。等我2000年开始工作，终于有条件支持她发展爱好时，她已经病了6年，进出医院多次。在身边没有强大引导的情况下，她几个月的设计课程也坚持不下来。

我是幸运的，人生最初两年的安全型依恋，加上后期学习能力带来的成就感和16岁上大学后的自主感，让我有足够积极的自我来抵御生活中常有的失望和挫败。

数十年的研究表明，拥有安全型依恋的孩子更快乐、更善良、更信任他人，与家人和朋友的关系更好。他们在学校的表现也更好，并在成人期

---

① Siegel，D.，*Pocket Guide to Interpersonal Neurobiology：An Integrative Handbook of the Mind*，London，W. W. Norton & Company，2012.

建立起更充实的人际关系。① 下面这位母亲的反馈也支持这一点。

> 我的第一个孩子是自己带的。在她人生的头 3 年，我们俩从来没有分开过 24 小时，所以她的安全感很好。现在她 6 岁了，无论是在游戏还是在外出旅行时，都能够独立进行很多事务，属于安全型依恋。我的第二个孩子，由于工作时间问题，我对他的关注比较少，但每天能保证 2 小时的相处时间，我认为这样做在一定程度上也对他建立好的安全感有帮助，虽然他没有姐姐那么外向开朗，但在与人交往中，我能感受到他谨慎背后的勇气，同样属于安全型依恋。

在密歇根州立大学双胞胎行为适应性研究中，对人格特质与基因的比较研究找出了五种与人格特质、依恋风格有关的基因组合，发现依恋风格中有一定比例是遗传而来的，如儿童的天生气质所包括的谨慎或焦虑倾向，需要父母更多的耐心、接纳和支持，帮助孩子表达自己的需求并建立探索的自信。②

对 390 名小学四至六年级儿童及其父母的问卷调查发现，父母婚姻满意度、父母积极情绪的表达和亲子依恋关系会影响儿童的心理适应性。③父母可以通过在家里更多地表达积极情绪来提升亲子依恋安全感。依恋风格源于儿时和父母的关系，虽然我们都希望自己是安全型的，但我们无法选择自己的原生家庭或父母，能掌控的是选择最适合自己的伴侣，不断调整自己在新生家庭中的交流和相处方式，让婚姻关系更亲密且持久，为孩子的安全感创造环境。下面这个例子中的问题可能很常见。

> 我去朋友家里做客，遇到她 5 岁的儿子。我跟他开玩笑，问他："你觉得阿姨长得漂亮吗？"这本是一个很简单的问题，但我发现这个小朋友的反应很迟疑，双眼望着他妈妈，好像在寻找一个"标准答案"。孩子的这个反应让我感到很奇怪。后来朋友出去办事，我跟这

---

① L. Alan Sroute, "Attachment and Development: A Prospective, Longitudinal Study from Birth to Adulthood," *Attachment & Human Development*, 2005(4), pp. 349-367.

② Donnellan M. B., Burt S. A., Levendosky A. A., Klump K. L., "Genes, Personality, and Attachment in Adults: A Multivariate Behavioral Genetic Analysis," *Personality & Social Psychology Bulletin*, 2008(1), pp. 3-16.

③ 周柳伶、李信、刘彤等：《婚姻满意度对儿童心理适应性的影响：成人依恋、父母情绪表达、亲子依恋的多重中介作用》，http://www.xml-data.org/XYYXWYJ/html/2017/5/20170520.htm，2019-10-19。

位小朋友单独聊天，发现平时朋友夫妻之间总是争吵，妈妈对待他过于强势，很容易不高兴，让他没有安全感，不知如何让妈妈开心，所以才会在面临问题时总有无所适从的感觉。这种通过"讨好"父母来获得认可的状态肯定不利于孩子的健康成长。那么，怎样才能让孩子改变这种心理呢？

安全型依恋由两部分组成：一是在孩子需要时提供安慰；二是在探索时提供自由。[①] 安全型依恋可被描述为一个人在日常生活中对我、你、我们的美好信心和信任，即无论发生什么，都能感受到被爱和支持。形成依恋的最主要因素不是谁喂孩子或谁换尿布，而是谁与他交流和玩耍。换句话说，谁回应孩子和回应的方式是依恋的关键。[②] 婴儿能从微小的叹息、语调的微妙变化、目光交流和肢体语言感觉到照顾他的人是轻松还是不耐烦，是愉悦还是烦躁，是舒适还是不安，是真诚还是假装。在孩子感到安全时，无限的可能性会打开，因为数十年的研究表明，孩子在建立自主感之前，必须先在人际关系中反复体验安全感。

有一点请放心，没有任何父母能在孩子需要时马上出现，更没有孩子会时刻给父母打分。无论大小，矛盾总会在人际关系中发生，因此，修复会成为父母的第二天性。只要孩子的大多数需要被看见和满足，探索被支持，就能基本保障安全感。

帮助孩子建设安全型依恋关系，可以关注以下几个方面。

第一，父母及时回应婴幼儿期孩子的身体需要，准确地识别他们何时饿或累等。这也是赛利格曼教授在《真实的幸福》一书中推荐父母和婴儿期的孩子同床睡的原因之一，可以方便照顾孩子。

第二，确保孩子知道他们在感到害怕或想分享积极情绪时，父母会及时关注。情感上的支持不能仅在出现问题时提供，对孩子积极情绪的及时反应也同样重要。

第三，分离一段时间后（如工作一天后回到家），父母要主动向孩子打招呼，给予专注的眼神和积极的问候等，重新建立情感上的联结。

第四，让孩子体验与父母分离后父母会再回来的可预测性，避免在孩

---

① Hoffman，K.，Cooper，G.，&Powell，B.，*Raising a Secure Child：How Circle of Security Parenting Can Help You：Nurture Your Child's Attachment，Emotional Resilience，and Freedom to Explore*，New York，The Guilford Press，2017.

② Saul McLeod，"Attachment Theory,"https://www.simplypsychology.org/attachment.html，2019-10-19.

子不注意时偷偷离去。

第五，说到做到。偶尔在紧急情况下不能履行诺言，父母也应真诚且简单明了地向孩子道歉。依恋风格是建立在信任之上的。真诚的道歉会让孩子感受到父母关心他的情感。安全型依恋并不要求父母永远都正确，而是在不能守信用时确保及时修复信任。

对于很多大家常讨论的育儿经验，如母乳喂养、全职母亲等，并没有研究发现它们和安全型依恋呈显著相关。我的两个孩子，一个在7个月大时被送到托儿所，另一个则是在9个月大时，因为托儿所的照顾方式和家里的类似，所以这对安全型依恋的建构没有负面影响。相较于陪伴时间，互动的质量更关键。

生命早期形成的依恋类型是可以改变的，能够使人成长并做出改变的机会有很多，人可以通过后天的努力建立起对他人的安全依恋，关键因素是理性解读自己的人生经历，从而改变我们在养育孩子时的态度与方式，下面是一个例子。

> 我是在重男轻女思想下长大的农村女孩。出生即被否认的角色、差点被领养的经历、幼年远离父母的生活、不停变换的照料者……这些经历，无论年龄几何，都常常让我被强烈的不安全感淹没。在人生的重要抉择上，因为自己心里的不安全感，我很容易做出企图抓住某根救命稻草的草率选择，缺乏整体判断。好在我的先生是安全型的。虽然在儿子成长的过程中，我因为需要兼顾工作和育儿，日夜无休，有时候会抑制不住焦虑而出现怒吼等行为，但先生总能找到宽慰和理解我的方式，积极地应对。在面对压力的时候，相比于我的儿子和先生，我能感到自己需要付出更大的努力才能从压力带来的茫然中走出来，并且往往没有太多创造性的处理方式。积极心理学让我看到安全感对孩子自我建设的关键作用。我一定会继续努力，增强自己在亲密关系中的安全感，陪伴儿子成长，为他的积极自我添砖加瓦。

成长练习

请参考本部分内容，看看以下哪些方法可以应用在您的亲子互动中，来提升孩子的安全感。

①及时回应婴幼儿期孩子的身体需要，准确地识别他们何时饿或

累等。

②确保孩子知道感到害怕或想分享积极情绪时，父母会及时关注。

③分离一段时间后（如工作一天后回到家），主动向孩子打招呼，给予专注的眼神和积极的问候等，重新建立情感上的联结。

④让孩子体验与父母分离后父母会再回来的可预测性，避免在孩子不注意时偷偷离去。

⑤说到做到。偶尔不能履行诺言时，真诚且简单明了地向孩子道歉。

> 美好的生活是每一天都有机会运用自己的突出优势，带来充实的满足感和真实的幸福。

（二）哪儿做得好

2018 年 12 月，园艺公司把我家门口棕榈树上的残枝败叶修理干净了，两棵树焕然一新，让我刮目相看。这房子我住了 11 年，都没正眼看过这两棵树，一夜之间它们竟成了我进出时欣赏的风景。

副作用是：接下来的一周，无论我开车到哪里，都会看到路边需要修剪的棕榈树，哪怕是熟悉得不能再熟悉的上下班路程，一直被我视而不见的树突然间清晰地出现在视野中。

确认偏差（ascertainment bias），即被先前的印象或期望影响而产生的认知偏差，也被称作"刻板印象"，常常出现在生活中。比如，原来回国，我一下飞机看到的都是包子铺，因为自己喜欢包子。2017 年冬天回国时，我不小心在飞机上弄丢了眼镜，赶在出机场前换上了隐形眼镜，结果坐在去酒店的出租车上，我看到的都是路边的眼镜店，以前没有需要时，我从来没注意过。

这种认知偏差也常常出现在亲子互动中。有天晚上，从威廉书桌旁经过时，我看到他沉浸在一个线上讨论平台的发言中，便尽量和颜悦色地提醒威廉注意时间管理，但还是被他听出来不满。威廉马上给我分析："我作业早早做完了；下了篮球课直接就去参加青少年团体活动，等于在外面忙了 3 小时才回到家。回来后，线上数学课作业也做得只剩最后一道最难的了。怎么这些你都视而不见，只看见我花时间闲聊呢？"

妈妈心里期待什么、担心什么，满眼看到的也是什么！

积极心理学和传统心理学在教育上最根本的差异在于，后者在找"你哪儿做错了"，而前者在找"你哪儿做得好"。

126

积极心理学的两位奠基人克里斯托弗·彼得森博士（Christopher Peterson）和马丁·塞利格曼博士带领 50 多位杰出的社会科学家，花了 3 年多时间完成了对人类积极力量和特质最全面的研究分析，包括世界主要文化和信仰以及约 2500 年里的伟大思想家和哲学家的著作，如《道德经》《论语》《塔木德》等。他们从收集的 200 多种美德中发现 6 种世界上所有信仰、哲学流派和文化都崇尚的美德，并于 2004 年提出了价值实践分类体系，形成了理解和讨论人类核心能力的"共识性术语"。① 6 个放之四海皆准的美德分别是：智慧与知识，勇气，仁爱，正义，节制，卓越。

为了建构和测量美德，塞利格曼和彼得森严格选择了达到这些美德的方法及在思想、情感和行为等各方面的表现，总结出 24 种品性优势，完成了和《精神疾病诊断与统计手册（第 5 版）》（DSM-5）相对应的"优势价值实践调查表"（VIA），旨在把心理学研究导向积极的一面。② 24 种品性优势具体如下。

智慧与知识：好奇心，热爱学习，判断力、判断性思维，创造性，洞察力。

勇气：勇敢，毅力，诚实，热忱。

仁爱：仁慈与慷慨，爱与被爱，社交智能。

正义：团队精神，公平与公正，领导力。

节制：自我控制，谨慎，谦虚，宽恕。

卓越：对美和卓越的欣赏，感恩，希望和乐观，灵性，幽默。

"优势价值实践调查表"是一个有 240 道题的线上免费自评表，用 5 分来衡量受访者对 24 种品性优势题目的认可程度，大约需要 25 分钟来完成，既有成人版，也有儿童版（10～17 岁）。每个孩子身上的品性优势不同，结果会列出最突出的前 5 项优势。

积极心理学课中最打动同学的作业之一就是给自己的孩子做"优势价值实践调查表"测试。很多同学发现，多了解孩子让他们更能接纳孩子的特点，如下面这位同学的反馈。

---

① Peterson Christopher & Seligman M. E. P., *Character Strengths and Virtues：A Handbook and Classification*，Washington D. C.，APA Press and Oxford University Press，2004.

② VIA，"The 24 Character Strengths,"https://www. viacharacter. org/character-strengths，2019-10-20.

我有个 10 岁的女儿，今年上小学四年级。她做了儿童版"优势价值实践调查表"测试。她的前 5 项优势分别是：好奇心、热忱、幽默、希望和乐观、热爱学习。但领导力不是她的优势，这一点跟我小时候不同。我一路做班长、学生会主席直到大学毕业。女儿不喜欢与人竞争，哪怕有实力去争取。比如，竞选班干部的时候，老师觉得她在学有余力的情况下完全可以为同学多做一点事，但她没有主动报名，对此我不理解。我们关于这件事有过交谈。我问她为什么不愿意，她说她觉得要做很多事，会浪费她的时间，并且她不喜欢管理别人。从我自己的经验来看，学生时代的班干部经历让我更全面地成长，各方面的能力都得到了很好的锻炼。作为家长，我当然希望孩子可以有更多的锻炼机会，但是，只有认识自己、肯定自己，才能为超越自己打好基础。我看到女儿虽然暂时没有去争取，但也经常在一些团队活动中不知不觉地成为大家依靠的中心。我学习到只有认可、陪伴，才能顺应和引导孩子的成长轨迹，心里对这件事也不再那么焦虑了。

也有同学给自己较为年幼的孩子做量表测试，也得到启发。

因为女儿才 5 岁，所以我陪她一起完成了"优势价值实践调查表"的测试。我念题，她记录分数。女儿答题时很兴奋，乐于参与，我也通过问题与她重温了很多场景。我们共同回顾题目所提及的很多事情，过程虽然比较长，但我们都乐在其中。完成后，我针对女儿的优势，很具体地说明了一下如何进行正强化。针对弱项，我也告诉她哪里需要提升。因为自己参与了，所以女儿特别有成就感，说答题的过程让她懂得很多知识。女儿的优势是好奇心、仁慈与慷慨、爱与被爱，弱项是勇敢、谦虚。我的反思是：之前过于要求孩子完美；对于她那么多的优点，在生活中我并没有强化和鼓励，时间久了视作应该的，更多地关注她的不足；对于勇敢，我明显引导得不够，没给她足够的锻炼机会。最近她开始学钢琴，我总是看到孩子不足的地方，如没毅力、坐不住、不认真等，甚至还在前几天因为她不认真练习而失控发火。事后，我为自己的情绪失控向女儿道了歉，但我一直问自己一个问题：为什么让女儿学钢琴？我告诉她，如果她实在不想学，就可以不学，但女儿告诉我，她想知道会弹琴是什么样的感觉。其实，我说这话的时候非常担心她说不学了，可女儿的回答让我惊讶。今晚，我并没有反复督促孩子练琴，而是自己在她的房间里弹了一会儿。她听到后进来，主动说她也想弹，于是我唱歌她弹琴，很愉快地结束了今天的练习。感谢这个测评，提醒我看到孩子的优势，并在鼓励中提升勇气。

积极心理学强调幸福感来自有机会充分发挥优势，教育中要扬长避短。比如，如果孩子的突出优势是对美和卓越的欣赏，那么就多给孩子机会参与摄影等有创意的艺术活动。孩子还处在成长阶段，既然了解了这24种品性优势和幸福感显著相关，如果发现某一弱项阻碍了孩子潜能的发挥，适当引导就是必要的。下面这位同学的反馈是个很好的例子。

虽然孩子现在才3岁，但我观察到他从小好奇心特别强，但勇气是弱项。1岁多的时候，他刚会说话，就开始问马路上各种车的名称，问几次后自己就慢慢知道了车的类型。等到快2岁的时候，他开始关注马路上车的各种品牌，不久就能把常见汽车品牌的标志都辨认并准确表达出来。随着孩子慢慢长大，他的求知欲越来越强烈。在2岁半的时候，我买了一套关于车的绘本。孩子每天拿着书，问自己不认识的车的品牌，后来在马路上遇到真车的时候，孩子也能快速地说出来。每次我都鼓励他道："宝宝真爱学习，把书上的车的标志都记住了，所以在马路上见到的都认识。"2岁多在托儿所里学习的故事和唐诗，他也都主动在家里背诵，因为我每次都会表扬他背得特别准确，发音特别标准。孩子的勇气是弱点。前几天，在班里第一次登台表演时他不是很主动，唱歌的声音特别小。但当看到我在台下一直鼓掌、竖大拇指鼓励他时，他的声音慢慢地变大了，最后老师们也都很意外。我觉得积极心理学让我对孩子的态度发生了很大的改变，让我能理解孩子没有勇气的心情，知道他需要妈妈的鼓励和支持。

很多同学完成学习后感慨，品性优势的发现是了解自我的关键一步。

我本人经历过职业转换，记得当时内心充满了矛盾和纠结，一方面感觉自己一定要转行，另一方面却找不到内心如此强烈地想转行的原因。这个问题在我做完测试后得到了解决。我自己的优势并不在策略逻辑层面，但之前一直从事强逻辑性的策略工作，所以做起来不但吃力，而且没有取得良好的成绩。我在人际沟通方面很有优势。转到客户部后，我明显感觉自己更快乐，对接的客户也反馈积极，我感受到前所未有的幸福感。可惜的是，现在很多孩子对自己的优势一无所知，甚至在大学就开始唾弃自己的专业，或进入职场后也总不停地跳槽来寻找自己的方向，白白浪费了时光及大学的学习资源。如果我们把优势教育融入学校教育和育儿的过程，则可以帮助孩子规避误区，尽早地了解自己，找到适合自己的方向。优势的发挥不仅让个人体验更多的幸福，还会让社会资源得到更充分的利用。

成长练习

如果您的孩子为 10～17 岁，请邀请他做儿童版"优势价值实践调查表"的测试（可以参考《真实的幸福》一书中 237～249 页的缩减版）。如果孩子为 5～9 岁，可以把题目读给他，协助他完成，结果仅供参考。

总结孩子的前 5 种品性优势，并用生活或学习中的实例证明它们。

在日常生活中为孩子提供应用优势的机会，并真诚地向孩子表达欣赏。比如，如果谨慎是孩子的优势，那么可以给孩子任务，检查第二天上学或周末出游需要的东西是否都准备好了。

> 耕种自己田地的，必得饱食。

（三）自主感

2017 年寒假，我赶回山东探望父母。刚到家半天，就忍不住告诉父亲："如果在家长住，我早晚'残废'了。"

父亲是好意，一看到我做什么就本能地要替我做。

"你别动，我来提箱子！"

"你坐着，我去给你端饭。"

看我饭后要清理，他也阻拦："你刚到家，需要休息，我两下就收拾完了！"

我很幸运，16 岁离开家去读大学后，有很大的自由来安排自己的一生，为自己的言行负责。跌过跟头，走过弯路，但因为有掌控感，所以永远对明天会更好存有希望。

埃里克·H. 埃里克森教授在他于 1950 年出版的《童年与社会》一书中提出了社会心理发展阶段理论，把自我意识的形成和发展过程划分为八个阶段。除了被动接受照顾的婴儿期，孩子的自主感对后面几个阶段健康自我的建设都至关重要。[1]

幼儿期（1～3 岁）是自主感与害羞和怀疑的冲突期。把握好了，则有利于形成意志品质，即不顾不可避免的害羞和怀疑心理，坚定地自由选择或自我抑制的决心。

学前期（3～5 岁）是主动对内疚的冲突期。当孩子的主动感超过内疚感，他们就有了目的的品质，即一种正视和追求有价值目标的勇气。

---

[1] 谢刚：《我在美国做学校心理学家：走进真实的美国中小学生活》，128～134 页，北京，北京师范大学出版社，2016。

学龄期（6～11岁）是勤奋对自卑的冲突期。当儿童的勤奋感大于自卑感时，他们就会获得有能力的品质。

青春期（12～18岁）是自我同一性和角色混乱的冲突期。随着自我同一性形成了忠诚的品质，即不顾价值系统的必然矛盾而坚持自己确认的同一性的能力。

我的父亲曾告诉我："我发现你说的是对的，我以为照顾你弟弟是爱他，结果反而害了他！"

因为是男孩，弟弟从小备受宠爱。小时候外婆帮着带他，他和舅舅家的三个女儿一起长大。外婆和舅舅有什么家务都让这三位表姐妹做，舍不得让弟弟动手。结果表姐妹们现在个个家里家外能力超强，而弟弟已40多岁依然不能独立工作或生活。

不要小看擦桌子、洗碗、叠衣服等家务，它们都是很好的增强自主感的方式，同时提升责任心。当一个人不能或不用为自己的言行、生活负责任，他的心理健康就隐患无穷。清华大学何庆研究员指出：孩子若失去了劳动能力，就会缺失各种生命体验，阻断个体生命力和抗挫力的产生。若孩子错过了通过履行社会生活中多种角色赋予自己的责任和义务、建立亲情和友情等丰富情感世界的最佳人生时段，就会造成个体孤独、寂寞甚至抑郁等心理问题。

由于责任感和自主感的缺失，我的弟弟在40年后还在为此付出代价。

积极自我的建设离不开学前期自理能力的锻炼和学龄期自主感、掌控感的加强。

很多家长问：从什么年龄开始做家务合适？其实，从孩子能独立行走开始，就有很多力所能及的家务可以让他们做。比如，两岁的孩子把自己的鞋子摆好、饭前给每副碗筷旁放张餐巾纸等绝对没问题。幼儿园的孩子可以负责起床后整理自己的被褥、饭后把自己的餐具放在碗槽里等。孩子在年龄小时很喜欢模仿父母，有机会和父母一起做家务，孩子在形成自主感的同时还能和父母共享亲子时光。下面这位家长的反馈印证了这一点。

我开始放手让女儿独立完成她力所能及的事情，如自己穿衣服，自己刷牙，自己洗澡，整理她自己的东西，等等。绝大多数小朋友都崇拜比自己大的孩子，特别是十几岁的孩子，他们都不希望父母叫他们小宝宝。在女儿发现自己和"崇拜者"的形象接近的时候，她会很开心。注意到这一点，我就在她做好一些小事的时候表扬她说："你就像一个大姐姐一样，能自己做好这件事了。"这个时候，她就会带着小小的骄傲回答："当然啦!"为了引导她做一些事情，早上她起床、穿衣服的时候，我就对她说："妈妈的床铺还没整理呢，我去整理一下，你把你的弄完后来检查一下妈妈整理得有没有你整理得整齐，好吗?"女儿就会认真地把自己的被子在床上铺平，把四个被子角拉好，然后来检查我的有没有整理好。

自主感对孩子最重要的益处是它带来的掌控感，这会沉淀出面对挑战时的希望。因为自己能做的事情越多，掌控感就越强，对自己的感觉就越好，遇到困难时就越相信自己有能力解决。

2019 年暑假，我带大卫去日本，从到达的第一天起他就情绪高涨，原因是东京的地铁系统看上去错综复杂，但每条线路和站点都用字母加数字标好，清晰易懂。不懂日文的大卫马上就看明白了，到哪儿都自己设计路线。这种自主感带来的积极情绪伴随整个旅程。

在日本的旅程结束后，我们又一起来到北京。虽然北京的地铁系统一样先进，但站点是用中文字标记的，中文词汇量不大的大卫只能依靠我才能活动，马上就能看出来他做事的动力不足。

在北京的一场讲座后，一位家长问："上小学的孩子早上起床的速度和妈妈吼的强度成正比，怎么办?"我的回答是："在保证孩子至少睡了 8 小时的前提下，起床上学这件事需要充分体现孩子的自主感；先让孩子为自己挑个闹钟，每晚自己决定把闹钟设到几点，提前说好，如果他听到闹钟后自己起不来，妈妈会在 10 分钟后温和地提醒一次，如果再不起，迟到了就后果自负。"

自然后果和逻辑后果在孩子自主感的培养过程中比"吼"的效果长远。

中国教育报家庭教育周刊主编曾在访谈中问我是否建议家长陪孩子写作业。2017 年人工智能教育平台"阿凡题"发布的《中国中小学写作业压力报告》，根据线上近亿注册用户、线下近百家实体店用户的调研数据，指出陪写作业是中国家长幸福感下降的主因之一。近 8 成的父母每天陪写作业，3/4 的家庭曾因写作业而产生亲子矛盾。[①]

前文强调过，要想建设积极的亲子关系，首先要做好任务分离。[②] 界限分明不仅会加强孩子的自主感，还会减少冲突。

---

① 《中小学写作业压力报告》，http://edu.sina.com.cn/zxx/2017-12-20/doc-ifyptkyk5392007.shtml，2019-10-21。

② "Separation of Tasks," https://stoicanswers.com/2019/05/12/separation-of-tasks/，2019-10-21.

作业是孩子的责任。因此，除非孩子有学习障碍、需要特殊辅导，我不建议父母陪写作业。如果在工作中有专人时刻陪在我们成人身边，不仅会影响工作效率，还会增加我们的烦躁。孩子遇到不懂的问题来请教时，父母应耐心地和孩子一起寻找答案。父母应以身作则，在家里少玩手机、少看电视，多读书学习，自然而然地让孩子看到学习持续终生并使人乐在其中。如果老师布置了亲子互动的项目，父母也应倾力配合。但绝大部分的作业应由孩子独立完成，不然会让自主感大打折扣。

我所工作的初中学校里有多位家长提到过类似的情况。父母每天检查孩子的学习网站，提醒孩子当天的作业及需要准备的考试。虽然孩子在父母的督促下暂时成绩优秀，但父母很累。如果初中还不给孩子自主权，让孩子有机会为自己的学习习惯负责，到了高中，家长就会更累。我所在的社区甚至还有一位父亲每周末开车一个半小时到加利福尼亚大学戴维斯分校帮大学一年级的孩子做作业。

把每天学习的主动权还给孩子，也许短期内他会忘了作业、忘了备考、成绩下降，请相信那是他更独立、更负责任前必走的弯路。一旦孩子体验到学习中的自主感带来的积极情绪，他就会更有动力管理自己的学习。

自主感给孩子带来积极情绪，为健康的自我概念添砖加瓦，这会随着年龄增加越来越显著。特别是青少年期，凡是父母要求孩子去做的，哪怕再正确，孩子都会觉得是对自我的威胁。只有想办法把合理规范内的选择权交给孩子，让他感觉是自己的决定，他才会感到被尊重和信任，才会有动力去完成。下面是一个典型的例子。

孩子出国念书，因为宿舍还没开，所以我们住了几天宾馆。宿舍开放的当天，我们领完钥匙，把行李运到宿舍，也基本收拾好可以入住了。但孩子却坚持再住一晚宾馆，说宿舍灰尘大，要再通风一天。当时是周六，宾馆房间的价格上调到了 260 美元一晚。如果是以前，我一定会和孩子争吵，并强硬地坚持当晚就住宿舍。但那天我想起了积极心理学强调给孩子自主感，就先走到卫生间对自己说：千万不要硬碰硬，这是孩子学习管理钱财的好机会，找机会再和孩子沟通。一切都收拾好后，我们去逛街购物。在逛到一家奢侈品店的时候，孩子说不敢进去。我对她说："这有什么不敢的。"在店里，她看中了一款包，打完折后是 80 美元，我买了送给她，她很开心。后来我们还买了很多衣服和日用品。晚上我们一起吃饭的时候，我问她开心吗，她说很开心。我说："你猜我们买了这么多东西，一共用了多少钱。"她说："有400多美元吧。"我说："没有，还没有周六一晚的宾馆贵呢。"她很吃惊，说真没想到。我趁机提了一下："如果我们周六不住宾馆的话，还可以买好几个包和好几件衣服。"她沉思了一下，说："还真是，以后再碰到这种问题真的要好好考虑一下。"我知道她真的听进去了，我也相信在以后的生活中，再碰到类似的问题时她会认真衡量一下是否真的需要消费。但我更开心的是，我把在心理学上学到的知识用了起来，而且效果好得让我自己都无法相信。按照我以前的方法，我会直接对她进行说教。我相信这样做的话她根本不会听进去，也不会认真思考这个问题。虽然这件事情很小，但对我来说已经取得了进步，虽然这只是一小步，但是一个好的开始，相信自己会越做越好的。

《教出乐观的孩子》一书提到，孩子一定要有掌控感。孩子第一次离开父母，第一次独立生活。在给孩子多少零用钱的问题上，我犹豫过很久，最主要的原因还是怕孩子小，没有自控力等。学习了积极心理学课后，我决定将孩子一年的学费、生活费和零用钱一起打给她。事实证明，孩子有了掌控感后，对自己的钱有很好的规划，并没有出现我所担心的乱消费的情况，比以前更有计划性。我也问过她为什么现在有钱了反而不买自己以前一直想买的东西，她说钱在自己的卡上后就觉得是自己的钱了，不是特别需要的东西就不买了，因为花钱心疼。孩子甚至向银行的客户经理咨询怎么打理自己的资金，怎么让钱不贬值。我从未想过自己的孩子还有这种主动性和潜能，可能是因为孩子感受到了我对她的信任吧。在我情绪更平和、给她更多自主的机会后，孩子明显比以前乐观和开朗很多，而我们之间的关系也是从未有过的融洽和温馨，这让我感受到内心深处那种无法言说的幸福感。

成长练习

　　本部分讲解了自主感对孩子积极自我建设的重要性。请根据孩子的年龄，写下如何在生活中给孩子更多合理的选择权，增强自主感。下面是一些例子。

　　①每天完成自己的责任(如作业等)。

　　②每周负责力所能及的家务。

　　③每季度在预算范围内自己挑选文具和衣服。

　　④每年自己选择生日的庆祝方式，自己设计邀请信，自己选择邀请的朋友。

（四）信任的力量

2017 年 9 月的一个周日，社区举行家庭聚会，孩子们追来追去玩抓人的游戏，我和家长们喝着咖啡聊天。突然听到一位名叫伊森的孩子号啕大哭。大家跑过去一看，他躺在地上，说大卫踢了他！

大卫马上说是伊森先打了他，他才还击的。

我当时想：可人家躺在地上哭，你看上去好好的啊！

我不由分说地让大卫先向伊森道歉，但他坚持不是他的错，拒绝道歉，而且看到我的态度后开始伤心地哭。周围的人很耐心地劝慰他，他也停不下来。

威廉很气愤，告诉我："确实是伊森耍赖，不满意游戏的结果，先骑在大卫身上打他，大卫才用脚把他踢开！"

威廉做事一直很公正，他的话可信度很高。

可当我事后再向大卫道歉，承认自己当时反应太急，没好好听他解释时，他已经听不进去了。

"你从来不相信我，出了事总觉得是我的错！"

父母对孩子的看法和信念是孩子行为的良好预测指标，因为这些信念直接影响着遇到问题时所采取的是积极还是消极的反应，以及亲子间的情感氛围和关系的健康状况。父母意识和潜意识中的理念成为观察孩子的过滤器，影响父母感知孩子行为的方式。[1] 当理念是良性的，如"威廉做事一直很公正，他的话可信度很高"，理念可引发积极的行动，即"我信任威廉"。

---

[1] "Parenting Skills，" http://www.child-encyclopedia.com/parenting-skills/according-experts/parents-attitudes-and-beliefs-their-impact-childrens-development，2019-10-22.

积极心理学课中曾有一位同学在给母亲的感谢信中写道：

　　妈妈，您还记得吗？八年级的第一学期，临近期末考试时，您在给我洗羽绒服、清理口袋时发现了一张小纸条，是某个男生写给我的"情书"和"约会"的时间地点。我其实都忘记这张纸条了，或者说我收到时根本没想回应，只是忘记扔掉了。不过，当您拿出纸条时，我还是一下子惊了。早恋啊，家长一定会这么冤枉我的！一定会大惊小怪，一定会严加拷问，一定会小题大做，我跳进黄河也洗不清了！这就是我当时那一瞬间的想法。可是，出乎我意料的是，您没有像其他家长一样歇斯底里地拷问，也没有让我解释这张纸条是怎么回事，而是充满关切地说："你能自己解决这件事吗？"我瞬间懵了。"能，我能。妈妈，我本来也没想去的，本来也不喜欢这个男生，我也不知道他为什么会给我写这样的纸条。"我解释道。您把纸条放在我手里，让我自己处理。这又一次出乎了我的意料。记得我当时还小心翼翼地向您请求不要告诉爸爸，您答应了，然后我就哭了起来。

　　其实，当时哭不仅因为委屈（确实没有早恋），还因为您的信任。只有对孩子有绝对的信任，才会有这样的做法。您知道吗？就是由于您的信任，我更加集中精力地学习。因为您曾经说过，早恋会影响学习，如果成绩下降了，就可能有事情分心了。于是，我努力让自己名列前茅，不让外物干扰我学习和成长的心。那个学期的期末考试，我又一次取得了年级第一。

　　后来我曾经问过您当时为什么相信我，您说其实当时您也很纠结，说了怕伤害我，不说又怕我处理不好。不过最后您还是很快做出决定要相信我，相信自己的姑娘能够处理好。

　　我很感谢您的信任，这弥足珍贵的信任对于青春期叛逆的我来说就像一袋营养丰富的肥料，让我一下子成长了、成熟了。感觉在您眼中我不再是孩子，已经是可以平等对话的大人了，让我对自己更有责任感。最终我以高出第二名30分的好成绩考入重点高中，也和这一次的经历密不可分。

　　也正是这一次经历让我深切领悟了信任的力量，在之后的人生中，我也愿意给别人我的信任，我希望把这种力量传递给他人。我自己做了妈妈，在您外孙的青春期，我也如您一般给予更多的信任，也像与成年人一样和他对话，也在他身后做他的坚强后盾。您看，他也顺利升入了自己理想的高中。因此，我要说：谢谢您，我的妈妈。

父母对孩子的信心会内化为孩子对自己的信心和力量，滋养积极的自我概念。另一位同学分享道：

从小在单亲家庭成长，我做所有事情时都战战兢兢。小朋友欺负我不敢说，老师批评我不敢说，让我觉得一切都可能是因为自己做得不好，也不想给妈妈找麻烦，觉得妈妈一定会批评我。可是，在人生中的两个非常时刻，妈妈的信任让我觉得自己有很强大的力量，改变了我对生活的态度。第一次是在初中。同班的一位男同学欺负我，他是我们某位老师的孩子，他的顽劣和老师的熟视无睹彻底让我放弃了学习的意愿。我当时只想逃离，于是拒绝去学校。继父得知后没说什么，而妈妈就像疯了一样，非要带着我去学校问个清楚，挨个老师问，要问问为什么原来学习不错、一直好学的孩子突然要辍学？我第一次看见妈妈的坚毅，她带着我找到班主任、同学、好朋友问原因，最后才知道是因为我被同学欺负。在妈妈的积极沟通和询问下，班主任给我调了位置，让我恢复了对学习的兴趣。看到妈妈这种锲而不舍的精神，我第一次觉得妈妈好伟大，才看到我一直都不是孤独地成长，其实碰到任何问题都可以告诉妈妈，因为她虽然看上去很弱小，但她为了我会发疯一样地寻找原因、帮助我，用她对我的信心和坚持重燃我对学习的热情，并持续一生。第二次是我选择毕业后背井离乡时。当时妈妈，我亲爱的妈妈，只提供了选择性建议，把可能出现的问题列出来，要我自己准备好。多年过去，我才知道在我离家的几年中，她虽担心到默默流泪，但也从未把我按在身边，而是给我选择的空间，同时也给了我强大的自信，让我长成最好的自己。妈妈，谢谢您。

因为太爱孩子，所以父母在和孩子讲话时常常无意中用雷达寻找他们需要提高的地方。这样往往好心办坏事，让孩子在有什么问题或疑惑时不敢找父母。曾经有位十年级学生神秘地告诉我："昨天我在朋友家吸烟了，我不喜欢那个味道，以后再也不会吸了。"我说："这是好事啊！妈妈知道了一定会为你感到骄傲！"他妈妈是我的同事，一位深受学生爱戴的老师。他马上大惊失色，让我千万别告诉他妈妈，因为妈妈听到前半句就会蹦起来，会急着追问："谁给的烟？在哪儿吸的？怎么能吸烟呢？"而不会看到他通过体验得出的结论能让他终身受益。

有位母亲打电话来，表示非常担心自己的儿子，说他才七年级，就明确地表示喜欢上了一位女同学，还要求妈妈周末开车带自己去和她见面。我告诉她，美国有近一半的高中生有固定的男/女朋友；孩子发育早晚有别，如果他们没有这个意识，我绝对不鼓励早恋；但如果他们已经有倾慕的异性，父母就只能顺势利导；压制非但不会掐断初恋的萌芽，还会让孩子感受到初恋的神秘感，更想追求，甚至步入歧途。这位母亲接受了我的建议，很睿智地没把自己的意见表达出来，还感谢儿子这么信任自己，恭喜他长大了。了解到儿子喜欢的这位女生家教良好、认真负责，她就更放心了，高高兴兴地载他赴约。后来，这位母亲还利用这个机会，告诉儿子健康关系的基础是相互尊重，给双方动力做到最好的自己，只有找到自己在社会中的位置，才可能更了解自己对人生伴侣的要求，并且教授给儿子社交礼节，一举多得。如果对孩子不信任，强烈反对、制止，不但会破坏亲子关系，还会错失学习宝贵生活经验的好机会。

如果父母把任何和自己的期待不相符的行为都归因于不良的性格或故意捣乱的意愿，负面的理念和不信任就会引发消极情绪，父母就很难做出有效的反应了。[①] 就像我对大卫，因为一直认为他自控力比同龄人弱，所以潜意识中的担心在出现任何问题时都会自然而然地流露出来，不问青红皂白，条件反射式地认为是他的问题；而不是让他体验无论发生什么，妈妈和他在一个战壕，会和他一起面对并解决问题。

如果孩子常常观察并体会到自己的父母不信任自己，他又怎么可能学会信任自己呢？积极心理学课的一位同学记录道："从小到大，母亲人前人后总说我不如别人，总说一些打击我和伤我自尊心的话，认为这是她为人谦虚的表现。这导致我从小就叛逆，而且这种消极的心理暗示让我严重自卑，总害怕自己不好，总感觉别人把自己看得不那么重要。我甚至总感觉自己不受欢迎，哪怕在一个微信群里我都总感觉自己是不受待见的，总觉得别人对我不屑一顾，总感觉别人在不需要我的时候就会一走了之，自己似乎永远都是一颗弃子。"

一个孩子关于信任的问题越多，他对我们动机的质疑就越多。

大卫很幸运，爸爸和哥哥给了他充分的信任，让他不至于绝望。他们也常指出我的偏见，让我反思自己对大卫的态度背后的认知偏差。

2018 年，大卫参加六年级校外科学营时，我接到了老师的邮件，写

---

① Kerr M., Stattin H., Özdemir M., "Perceived Parenting Style and Adolescent Adjustment: Revisiting Directions of Effects and the Role of Parental Knowledge," *Developmental Psychology Journal* 2012(48)，pp. 1540-1553.

道："虽然已经受到警告，但大卫仍然嘲笑同学，故因不良行为积 5 分①。"这次我镇定很多，等他回到家后问清楚，发现他确实嘲笑了一对互有好感的男女同学，在老师警告后就停止了。但那位男生坚持认为第二天大卫的眼神里还有嘲笑的意味，就动手打了他，并向老师告状。我和他爸爸约谈了老师，当着大卫的面讲明，他确实自控力弱，会有惹恼人的言行，但基本可以做到知错就改，极少再犯。老师也承认眼神不属于嘲笑范畴，也不知道当时那位男生动了手。加上几位同学作证，老师为当时没问清楚就给了处罚向大卫道歉。我看到大卫当时的眼睛是亮的，事后他谢谢我们相信他。

　　和孩子在一个战壕绝不是推卸责任。孩子做错了，该赔偿的要赔偿，该受责罚的要受责罚。我们讲明大卫嘲笑同学是不对的，坚持依旧计他不良行为 5 分。只有孩子理解自己为什么被罚，能感受到父母是对事不对人的，无论他犯多大的错都对他保持尊重和信任，信任他能从中汲取教训，下次做出更好的选择，处罚才真正有效。同时，在这些关键时刻体验自己知错能改的掌控权，孩子就更信任自己、信任周围的世界，增强积极的自我概念。

> **成长练习**
>
> 　　请反思自己对孩子的态度：哪些表达了对他们的信任？哪些来自自己潜意识中的担忧和焦虑？您相信自己的孩子会成长为有责任心、爱心、上进心的成人吗？请完成下面的句子。
>
> 　　我相信_____（孩子的名字），所以在出现_____情况时，我相信他/她是因为_____才做出_____的选择。和孩子谈过后他/她从中学到了_____。

---

① 积满 20 分的孩子就要去周六学校了。这是美国学校常用的一种处罚方式。

> 自信不能确保成功，但不自信肯定会导致失败。

（五）自我效能

2018 学年快结束时，我震惊地发现学区里最好高中的最优秀毕业生之一居然被所有申请的大学拒绝，去了社区大学（有些像国内的专科）。

这位学生我非常熟悉，因为他是威廉六年级和七年级"科学杯"队的主教练，成绩优异，尤其热爱数学和科学，是高中"科学杯"队长。在那两年的训练中，我有幸和他交流过多次，发现他有强烈的求知欲，爱好广泛，弹钢琴的水平达到表演级。

往年高中"科学杯"队长去的大多是斯坦福大学、普林斯顿大学等名校，谁也没怀疑过这位同学会被名校录取。所以消息一传开，震惊社区，大家都纷纷表示惋惜。

我最担心的是：他在心理上能否承受得住这个落差？2014 年 9 月，邻市一位类似背景的男生，数理化屡得大奖，SAT 满分，却自杀了。媒体报道的原因就是没能进入自己理想的名校，只被加利福尼亚大学圣地亚哥分校录取。而我熟悉的这位毕业生居然连加利福尼亚大学都没进。

2019 年 1 月，因为威廉所在的八年级"科学杯"队取得地区冠军，我联系了这位曾经的教练致谢，欣喜地发现他不但在社区大学继续成绩优异，而且因为在高中修了很多大学预科课，所以一年的学分就足够他取得副学士学位。同时，他还荣获了专为社区大学学生设立的研究奖学金，有机会做他心爱的科学研究。更巧的是，2018 年加利福尼亚公立大学系统设立新规定，社区大学第一年学费全免。两个月后，这位学生顺利接到多所名校的转学通知书，直接上大学三年级。换句话说，社区大学的经历为他节省了一年的时间和两年的学费。

是什么因素能让一部分孩子走出挫败，无论境遇如何都能获得成功，而另一部分却在挫败面前轻易放弃，甚至放弃生命呢？

斯坦福大学教授阿尔伯特·班杜拉（Albert Bandura）博士早在 20 世纪 70 年代就发现，人们对自身能否利用所拥有的技能去完成某项工作的自信程度显著影响行为表现。[①] 他致力于相关研究，其于 1997 年出版的《自我效能：控制的实施》把自我效能的定义更新为"人对于自己组织和完成指定任务的执行能力的评估，也就是对自己有能力完成任务的信心"[②]。自我效能直接影响我们做出的选择，尤其是面对困难时的动力和毅力水平。"大多数成功都需要持续的努力，所以低自我效能感成为一个自我限制的过程……要取得成功，人们需要自我效能感，并与适应力交织在一起，以克服生活中不可避免的困难。"[③]

换句话说，孩子对自己能力的评估及由此而生的完成任务的信心，对于最终成功起关键作用，而不是能力本身。

班杜拉教授的研究发现，自我效能体现在三个维度上。

一是水平，即能否完成不同难度和复杂度的任务。比如，有的孩子在棋赛中遇到比自己等级分低的对手时有较强的自我效能感，遇到比自己等级分高很多的对手时自我效能感弱。

二是强度，即确信自己能完成困难任务的坚定性，如孩子在面对挫败时的坚持性。

三是广度，即自我效能能否延伸到不同情境，如对足球训练的自我效能感泛化到学业学习中。

自我效能是积极自我的关键组成部分。

近年来，在为因严重违规而来到我们学校的三位学生做测评等服务时，我又一次被孩子在自我效能上的差距震惊。根据美国义务教育相关法律的规定，学生严重违反校规后，学区会把他从原来的学校调到另一所学校。我所工作的初中人数少，所以常接收学区其他四所初中严重违规的学生。他们中有卖过违禁品的，有频繁打架斗殴的，等等。虽然原因不同，但他们开会时的表现类似：不卑不亢，眼睛是明亮的，头是高昂的。不了解情况的还以为他们是正常转学呢。这些孩子都很有信心地表示：在新学校我一定能改进。而很多孩子，行为比他们端正，成绩比他们好，但在挫

---

① Bandura, A., *Social Learning Theory*, Englewood Cliffs NJ, Prentice Hall, 1977.

② Bandura, A., *Self-efficacy: The Exercise of Control*, New York, W. H. Freeman, 1997.

③ Bandura, A., "Self-efficacy," In V. S. Ramachaudran（Ed.），*Encyclopedia of Human Behavior*（Vol. 4），New York，Academic Press，1994，pp. 71-81.

败面前却自我效能很低。我身边有不少成绩优异、中规中矩的学生，得个 B 就垂头丧气，被留下思过就灰溜溜的[①]，被老师点名批评就夹着尾巴，看不到自己能改进的信心。2019 年 5 月至 9 月，仅加利福尼亚理工学院一所大学就有四位男生自杀。其中一位男生的读高中的弟弟在 3 月自杀，他极为优秀，三次在美国数学竞赛中入围美国高中数学邀请赛，本来有望进入国际数学奥林匹克美国国家队。这五位男生原本都是"别人家的孩子"。那么，要怎样在家庭生活中建设孩子的自我效能感呢？

自我效能根植于深厚的安全感，离不开父母的爱、尊重和信任。

威廉六年级时，有位同学因为母亲出差而父亲在国内，在我们家住了三天。有一次，威廉练完钢琴，我请他的同学也练一练。没想到，他灰着脸说不要，坚持自己不如威廉弹得好。我非常诧异，因为我知道他明明比威廉弹得好很多。从他的表情和肢体语言我能看出，这个孩子并不是在谦虚，他是真心觉得自己弹得不够好。为什么呢？他的爸爸对他的妈妈有家庭暴力行为（当时已分居），小时候也经常打他、批评他，亲子间的互动总是负面的。所以明明很优秀的孩子却总觉得自己不够好，做什么事都怀疑自己。他极度负面的自我评估和其能力不符，是从和父亲的相处中得出的结论。刚才提到的五位自杀男生中的兄弟俩，其极端选择和父亲的家庭暴力行为也不无关系。

2018 年的一项研究探讨了美国父母与子女之间的关系质量与大学生的学业成就和自我效能感的相关性。[②] 研究发现，亲子关系和自我效能感这两个因素都与大学生的学业成就显著相关。在欧洲裔美国大学生中，亲子关系的质量与自我效能感之间没有显著相关；而对于亚洲裔美国大学生来说，亲子关系与自我效能感显著相关。这些发现表明，欧洲裔美国大学生的自我效能感水平对亲子关系质量的依赖性较小，但对于亚洲裔美国大学生来说，自我效能感介导了亲子关系与学校成绩之间的关系。促进沟通和家庭支持很重要，因为家庭是亚洲裔美国大学生自我效能的资源。

关于亲子关系的提升，请参考"积极关系"介绍的内容。

建立自我效能最有效的方法还包括在生活和工作中充分因材施教，培

---

① 学生在放学后被留在校园思过半小时到一小时，这是美国中小学生因反复迟到或不礼貌等小错而受到的轻微处罚。

② Shu Yuan, Dana A. Weiser, & Judith L. Fischer, "Self-efficacy, Parent-child Relationships, and Academic Performance: A Comparison Of European American And Asian American College Students," https://link. springer. com/article/10. 1007/s11218-015-9330-x, 2019-10-25.

养自理和自立能力。自己能完成的事情越多，越能重复强化自我效能体验。下面这位家长的分享很好地证明了这一点。

我女儿10岁，儿子8岁。两个人的个子差不多高，但性格差异非常大。女儿独立性比较强，愿意学习新技能，但对她学会的技能不太愿意巩固，浅尝辄止，所以很多技能并不扎实。比如，她会游泳，但50米的泳池都不能不间断地游个来回；写作业时，她喜欢找比较难的题去做，而且可以做对，但简单的计算题却错得多。她的优势是心态好，在我们认为压力会比较大的时候，如考试、跟陌生人沟通等，她都可以从容应对，不太关注其他人的看法。儿子学知识则相对较慢，但他可以不断加深理解、不断锻炼，如游泳，自从学会后就跟着我游深水区。在学习上，他每次写作业都很细致，所以考试分数一般都高于姐姐。儿子非常在意别人的看法，两个孩子在一起玩的时候，姐姐一般是领导者，各种游戏或合作做某件事情都是姐姐出主意，分配弟弟去做，弟弟则心甘情愿地执行姐姐安排的事情。

针对两个孩子的不同特点，我们采取了不同的教育方法，增强他们的自我效能感。

一是给不同的人分配不同的任务。外出的时候尽量让弟弟去沟通，如去买东西时，如果不是他自己要的东西，他去看了之后会回来告诉你有没有卖的；你问他多少钱，他又跑回去问一遍，回来告诉你多少钱；你再问是否可以微信支付，他就又得跑回去一趟。这件事情如果是姐姐做，她就会一次性完成。通过这种训练方式，弟弟和陌生人打交道时越来越自信，做事也考虑得越来越周全。

二是奖罚分明，以奖励为主。家里制定了有奖有罚的制度，早上按时起床、按时洗脸刷牙、按时吃饭、按时写作业可以得到相应的积分，这些积分可以换到零花钱。如果发生打架、不按时完成作业等事情，就会被取消看电视的权利。为了提升他们的管理能力，我们安排了单双号值日的制度，由值日生督促另一个人完成各项工作。如果两人在某一天都表现得比较好，当天的值日生可以得到额外的奖励。

三是参与家务劳动。吃饭收碗的工作由值日生完成，值日生把碗收到厨房。在做打扫卫生、择菜等家务时我们也会带着他们一起干。这些家务劳动是没有奖励的，因为这是家庭运转的必要环节，需要大家分担。我们也想让他们体验劳动的成就感。

通过这些教育方式，两个孩子都能认识到自己的长处，清楚地知道他们的哪些行为可以得到更多的认同，体验克服弱点的控制感和完成任务的成就感，还拿到了自己可以自主支配的零花钱，这些都让他们体验到自己的价值。几个月下来，他们的成长很明显。我们不在家的时候，他们可以做面条、土豆饼等自己喜欢吃的食物。儿子对在学校或跆拳道馆的进步都会主动告诉我们，我们则会告诉他哪些地方他做得很好，他自己也会总结怎样可以做得更好。女儿从原来什么都不太在乎的心态，慢慢开始更关注她喜欢的读书等活动，在家里或外面对比她小的小朋友也会尽心照顾。

自我效能还离不开成长的心态。只有把挑战看作学习和进步的机会，才能客观全面地分析成败，从挫败中看到逆转的可能。

道格·亨施（Doug Hensch）在《如何成为一个抗压的人》（*Positively Resilient*）里描述过，有一次他的儿子在篮球比赛中带球失误，屡次被对方的防守球员抢去球，非常沮丧。球赛结束几小时后，他的儿子镇定下来，亨施问他是否知道为什么对方总能抢去他的球，儿子回答："因为我不够厉害。"亨施拿出一张纸，画下一个圆形，分成八等份，把"不够厉害"写进其中一份，然后继续问："还有哪些因素导致球被抢呢？大部分问题都会有多种原因。"儿子停了一下，说："我每次都往右边跑，所以对方的防守球员知道我的路线。"亨施把"每次都往右边跑"写进第二份。接着，儿子又想到其实他可以在到达中场区前把球传给队友，或者学会左手运球等其他可能性。等父子一起填满整个圆，儿子重获了力量，要求亨施陪他去练球，又有了提高球技的动力。

这和"积极情绪"部分介绍的"ABCDE反驳法"非常一致。培养成长的心态，归根结底就是理性分析挫败背后的原因，使掌控感握在孩子手中，这对自我效能感的水平、强度和广度都会有帮助。真正的乐观是不否认消极面，把精力和能量专注于可控因素的心态。①

成长练习

　　根据孩子特点，从下面三个层面入手，设计能落实在家庭生活中的自我效能感建设步骤。

　　①在爱、尊重和信任中建设健康的亲子关系。

　　②培养自理和自立能力。

　　③把挑战看作学习和进步的机会，培养成长的心态。

① ［美］道格·亨施：《如何成为一个抗压的人》，北京，北京联合出版公司，2019。

> 说话浮躁的，如刀刺人。智慧人的舌头，却为医人的良药。

（六）语言和自我概念

2018 年感恩节前夕，孩子和他们的爷爷、爸爸出去吃饭，我出去购买第二天需要用的物品，结束后去接他们。一进车，大卫就大哭道："爷爷说我是什么也不懂的笨小孩！他是对的，我就是什么也不懂的笨小孩！"

事情是这样的：下午大卫去最喜欢的蹦床乐园，玩得很高兴，但离开前做抓玩具的游戏时不顺利，出门时摔了门；虽然他马上就表示后悔，也回到前台向工作人员致歉，但一直内疚得很，晚饭时情绪也不佳，遭到军官出身、严于律己律人的爷爷的批评，这进一步触发了他的难堪和自责。

永远不要低估我们的话对孩子的影响。孩子的自我建设显著受周围人对自己言行的反馈的影响。健康的人际关系建立在良好的沟通上，在这一过程中孩子也在建构自己。特别是在孩子有失误、需要指正时，他们的记忆更敏感，对我们的交流方式会留下更深的印象。

孩子的感受和行为有直接联系：对自己感觉好，行为就好。[①] 接纳孩子的感受不只会让孩子和我们交流顺畅，还会让他们感觉自己值得尊重。而在孩子的感受不断被否定时，他们会感到困惑和愤怒。例如，我先生最不喜欢听到孩子哭，一听到就马上大叫"安静"，而这只能激起孩子的挫败感和怒火。

行为主义心理学家 B. F. 斯金纳（B. F. Skinner）博士早在 20 世纪中期就通过实验证明，因良好行为而获得奖励的动物，比因不良行为而受惩罚的动物学得更快。人类也是如此。约翰·戈特曼博士做的婚姻稳定性研究

---

① ［美］阿黛尔·法伯、［美］伊莱恩·玛兹丽施：《如何说孩子才会听，怎么听孩子才肯说》，北京，中央编译出版社，2007。

三、积极自我

发现，婚姻稳定的关键因素是夫妻交流中积极性表达与消极性表达的比例是否至少保持在 5∶1。组织心理学家玛西奥·洛萨达（Marcial - Losada）博士采用了戈特曼博士对人际交流性质编码的方法，发现在企业中上下级之间交流的积极性表达和消极性表达的比例在 3∶1 与 6∶1 之间时，效绩最好。[①] 这个高度预测团队成功的积极性表达与消极性表达的比例被称作"洛萨达比例"（Losada Ratio）。积极心理学家芭芭拉·弗雷德里克森博士的研究进一步确认，收到的积极反馈大于消极反馈的 3 倍的学生，其心理健康状况显著好于其他同龄人。这些发现在其他场合，如疗养院等，也都得到了证实，被引用多次。其实，类似的发现早在 20 世纪 80 年代就得到了验证，比如，研究发现，老师赞美与批评的比例是 4∶1 时，及时并具体的积极关注和反馈会提高孩子的上进心，让孩子学习更专心，并减少问题行为。[②] 父母给孩子反馈时的原则也一样，一味批评只能让孩子失去前进的动力，就像孩子常有的疑惑："为什么做数学题时，一听到妈妈说答案不对，我就会很生气，要很长时间才能继续答题？"如果妈妈在指正孩子的错题前先给两三个鼓励性反馈，如："真佩服你这么自律，每天都给每一科安排好学习时间，总能按时完成作业！"那么孩子在被指出错题时就更容易接受。不然，孩子很容易把数学题和负面记忆挂钩而失去学习的动力。

清华大学彭凯平教授曾分享道："13 种语言正面和负面表达的研究发现，过去 200 年中文的负面表达是全世界最明显的。很多国家是正面偏向，讲好话要多于讲负面的话，如西班牙语 200 年来讲好话多一些。英文在中间。但我们中文是负面偏向的，你要讲负面的话，大家觉得有道理；你要讲正面的话，大家可能说你虚伪，这就是一个很重大的社会心态问题。"[③]

我们常用的反射性自动化反应方式，使洛萨达比例于家庭生活中的落实在文化上更加困难，如以下这些我们常用的表达。

责备——"你怎么又这样了？"

谩骂——"把屋子弄得这么脏，跟猪窝一样！"

威胁——"我数三下，再不结束游戏，我就把网断了！"

---

① "The Power of Positivity，In Moderation：The Losada Ratio，" https://www. happierhuman. com/losada-ratio/，2019-10-26.

② Brophy J.，"Teacher Praise：A Functional Analysis，" *Review of Educational Research*，1981(51)，pp. 5-32. Beaman R.，& Wheldall K.，"Teachers' Use of Approval and Disapproval in the Classroom，"*Educational Psychology*，2000(20)，pp. 431-446.

③ 彭凯平：《为什么幸福是 21 世纪的重要话题？》，https://zhuanlan. zhihu. com/p/41168314，2019-10-27。

命令——"马上把垃圾拿出去！"

说教——"你难道不知道好的行为习惯对你的未来有多重要吗？己所不欲，勿施于人！"

警告——"爬那么高，你想摔下来吗？"

控诉——"是谁每天起大早给你们做饭、接送你们？结果你们对妈妈这个态度！"

比较——"你怎么不能像你哥哥那样早早把功课做完呢？"

讥讽——"明天考试了还把书落在学校！你那么聪明吗？"

预言——"撒谎的下场是什么？是没人会相信你！"

陈虹博士在其所著的《教师积极语言在课堂中的运用》中提出了"HAPPY模式"。[①] 根据预想的积极品质特征，给予孩子正向、具体、有目标效果的引导，使预想、期待的积极品质可操作化。[②] 这对家庭生活中的交流方式、建设孩子的积极自我也很有启发意义。

期望（hope）：思考一下我们要讲的话是否传递了对孩子积极品质的期望，如"下午发生的事让我看到，你期望自己有更强的自控力"。

行动（action）：对积极品质的期望具体化到孩子可操作的行为。比如，大卫反思道："我常提醒自己生气的时候不要发泄，可出事的那一瞬间就是管不住自己！"我回应道："你的观察是准确的。研究情绪的实验发现，只要能在出事后的 10 秒内保持冷静，我们就不会被愤怒绑架。"大卫说："那下次再有任何让我生气的事，我就马上坐下来，数到 10 再反应。"

关键点（point）：选择能提高孩子动机、目标和希望导向的言语，如"这样做你的自控力一定会越来越强"。

过程（process）：交流过程中关注孩子的心理需求和情绪变化，让孩子感受到父母的爱。

收益（yield）：协调认知、情绪和行动，建设积极自我，加强健康的关系。

社会心理学研究还发现：区分人际关系的好坏，回应好消息的方式是

① 陈虹：《教师积极语言在课堂中的运用》，天津，天津教育出版社，2013。

② 陈虹：《"积极语言 HAPPY 模式"关键假设、建构思路、基本解释、语言层次》，http://blog. sina. com. cn/s/blog _ 9d4885d20100zzdx. html，2019-10-28。

否合适也很重要。①

有一次，大卫在棋队比赛后冲进家门，兴奋地脚不沾地！

"妈妈，我两场都赢了！现在小组领先！"

"太棒了！上周你做了那么多棋谱练习题，一分耕耘，一分收获啊！"

我拉着他的手坐下来，说："快告诉我，你都是和谁下的？怎么赢的？"

他看着我的眼睛，把关键的棋路复述了一遍，还详细描述了队友的热烈反应。

在孩子分享一件好事时，如"我被篮球队录取了"，我们的回应一般有四类。

> 主动积极式——"太棒了！这么多同学去参加试练，你是怎么脱颖而出的？会打什么位置？什么时候开始训练？"
>
> 被动积极式——"不错。"
>
> 主动消极式——"听说训练占用的时间很多啊！有比赛时还得耽误最后半节课。万一因为篮球而作业完不成怎么办？"
>
> 被动消极式——"今天我在回家路上差点被人撞了……"②

这些差别日积月累，形成截然不同的亲子关系，直接影响孩子对自我的看法。每天能主动积极地回应孩子至少三次的家长能显著提升孩子的幸福感。相反，如果家庭交流中负向的反馈远远多于积极的反馈，这就不只会破坏亲子关系，还会影响孩子的上进心。曾经有一位高中生告诉我，她和姐姐天生喜爱音乐，但两人都不会再碰钢琴，原因就在于每次看到或想到钢琴，屈辱和愤恨的情绪记忆就会浮现。她们的母亲钢琴弹得非常好，在她们练琴时马上可以听出哪里不对，所以总在挑毛病。失误是练习的必经之路，如果父母的反馈保持两三个鼓励性反馈和一个需要指正的地方这一比例，孩子才会有信心继续。父母可以说："真佩服你精益求精的精神，这首曲子弹了三个星期了，还每天坚持练习。你的谱子记得很快，节奏也很准，如果力度变化再控制一下，就更好听了！"孩子们的抗挫力等品性，除了天生的性格取向，无一不基于过去经验和记忆的积累，而父母能做到

---

① Gable, S. L., Reis, H. T., Asher, E. R. et al., "What do You do When Things Go Right? The Intrapersonal and Interpersonal Benefits of Sharing Positive Events," *Journal of Personality and Social Psychology*, 2004(87), pp. 228-245.

② ［美］马丁·塞利格曼：《持续的幸福》，杭州，浙江人民出版社，2012。

的就是在养育孩子的过程中多建设积极的记忆，不然就会"一朝被蛇咬，十年怕井绳"，让负面记忆绑架孩子。

提升积极性交流所占比例的方法还有以下几种。

> 让孩子自己做选择——"请问你计划几点开始做作业？"
> 尊重孩子的努力——"这个曲子的难度真的很大。"
> 不在细节上过多干涉孩子的生活，少问烦琐的问题。
> 慢点给答案——"这个问题很深刻，你怎么看？"
> 保留希望——"你想试试吗？这会是很难忘的经历。"
> 在需要做的事和孩子的意愿相背时，可以考虑以下方法替代否定性反馈。
> 提示——"我们 5 分钟后就吃饭了。"
> 接纳感受——"能看出来你不愿意离开，想继续玩。"
> 描述问题——"我也想留在公园，可电工半小时后会到我们家修电路。"
> 用肯定的表达替代——"当然可以，吃完饭就去。"
> 给自己时间，多考虑一下再回复——"让我想想。"

积极心理学只是反对习惯性地用否定来纠正孩子所有的失误行为，绝对不提倡对孩子完全不说"不"或不能提反对意见。我们要谨慎地说"不"，只有把否定保留在如危险的防范等无商量余地的事情上，否定才有效果。有关洛萨达比例的研究发现，如果一个公司的成员之间仅有赞美而没有建设性批评（积极性表达与消极性表达的比例大于 13：1），公司就将停止进步。亲子交流与之非常相似，在安全性等问题上父母必须明确自己的观点。正如下面这位家长的反馈。

> 在教育的过程中，有时必须要说"不"。我家的原则是：对于可以修复、不会造成不可逆灾难的事情，我们尽量少说"不"，让孩子自己去尝试，自己去弄明白什么事情是不能做的；但对于一些有可能造成终身伤害的、无法挽回的事情，我们一定要大声、坚定地对孩子说"不"。比如，女儿刚两岁时就像个发动机，满地乱跑，而且速度相当快。她对所有东西都充满了好奇。虽然我们把电源插座都用专用插片堵上了，把所有有尖角的地方都包上了，但还是担心。如果哪一天她发现电源插座的插片是可以拆下来的，我知道下一步她会做什么，所

以我们对她的教育是坚决说"不要碰电源"。虽然我到现在也不知道当时她是怎么理解的，但她始终离电源远远的。我们很幸运，女儿健健康康地长大了。每年都有小孩发生不幸事件，这对哪个家庭来说都绝对是个灾难。我现在回想原因，是不是这些父母对于涉及安全的问题说"不"说得不够坚决？

孩子阅历浅，做事常欠周全，成人容易看到他们需要提高的地方。当父母明明知道孩子选择做的事情无益，在交流中保持良好的积极表达与消极表达的比例真的很不容易，特别是在青春期。

在这种情况下，有没有办法在交流中增强孩子健康的自我概念呢？

父母得看到，如果仅加以指责，亲子交流的渠道就堵住了，只会让孩子更固执己见，根本听不进父母的建议。曾经有位母亲告诉我，她一直苦口婆心地告诉15岁的儿子学习和大学的重要性，可儿子特别反感，不但学习更懒散，还嘲笑母亲道："你拿到博士学位，不还是给别人打工吗？"

青春期的孩子认为自己长大了，独立欲强，常常反感父母好心的建议。关键是让他们看到父母的出发点是为他们着想。

一位母亲找到我，表示很担心自己八年级儿子的状况。原来很乖的孩子现在天天顶撞父母，家里的气氛像地雷区一样紧张，稍不留神就会引爆。另外，她认为儿子花在乐队上的时间太多，原本不错的数学成绩下降。还有，儿子经常熬夜。因为父母的话孩子完全听不进去，所以这位母亲让我和他谈谈。

四年前，我曾在棒球场上见过这个孩子，当时他和父母关系很好。这两年他是乐队的主角之一，经常演出。在校园里碰到他时，我请他放学后来我办公室一下，他马上就一脸警惕地说："我妈跟你发牢骚啦？"我说是因为学校正在抽查八年级孩子的时间管理状况（事实上，我和咨询老师也确实在非正式地了解如何帮助学生更有效地管理时间）。

放学后见到他，他的第一句话是："我还是有点怀疑。"但开始聊天后他就越来越放松了。他诚实地告诉我，自己做作业时常走神，效率低，但知道轻重，在自己最喜欢的科学课上还是花了不少时间的，因为有兴趣去大学学习神经科学专业，而电子游戏对他没太大吸引力。我马上匿名举了最近几位八年级学生在家玩游戏失控的例子，赞扬他的自控能力。得到赞美时他很吃惊，语气也更缓和了。他说，其实比起大多数同学的父母，自己的父母已经算很开明了。他说，同学中比他紧张的多的是，上各种才艺班，喘不过气来。同时，他也很不满父母不经他的同意就给他报了数学补习班。"我爸还整天说让我上加利福尼亚大学戴维斯分校，根本不问我的意见！"我夸他有主见，这么小的年纪就知道自己将来深造的方向，难得！孩子也更专注，认真听我讲长期睡眠不足对学习、情绪和行为的影响，答应以后做作业时把社交软件关上，从而提高效率，也提早休息。

给他妈妈回电话时，我告诉她孩子对将来方向的规划，指出他很有自己的思想，懂事，也了解父母的爱，他妈妈非常欣慰。同时，我提出父母应在几件小事上多给孩子积极反馈，如称赞他对乐队的投入，让孩子体会到父母对他的尊重和爱。因为孩子认为父母总怕他浪费时间，只会给他找事情做，所以我建议父母这样说："注意到你最近睡眠时间少于六小时。我们商量一下，看看哪些活动可以取消，如钢琴课，反正已经花了这么多时间在乐队上，钢琴也就没必要继续了。"再就是不再安排孩子不感兴趣的补习班或夏令营，把课外活动的自主权还给孩子，让孩子体会到父母对他的信任。比如，父母可以说："好的夏令营二月就截止报名了。你现在大了，自己去研究一下对什么课感兴趣，爸妈都会全力支持。"同时，问问孩子对这个暑假有什么期待，想去哪里旅游。大家可以一起计划假期，顺便参观几所大学，不再把选择局限在加利福尼亚大学戴维斯分校上。

一周后，这位母亲打来电话，说上次谈话后，孩子对父母的态度缓和很多，看上去更自信了，家里的气氛放松了，关系融洽了。我告诉她，不是外人的帮助，而是父母和孩子更积极的交流，让孩子更相信自己，同时也增进了亲子关系。

成长练习

请留心观察家里夫妻之间和亲子之间交流中的积极性表达和消极性表达的比例，记录常用或典型的言语，并刻意在以后的日常互动中保持 3∶1 的比例或更高。

积极性表达：＿＿＿＿＿＿＿＿＿＿＿＿＿＿＿＿＿＿＿＿＿＿。

消极性表达：＿＿＿＿＿＿＿＿＿＿＿＿＿＿＿＿＿＿＿＿＿＿。

> 一个人对自己的评价，将直接影响到他的核心价值观以及是否有积极的心态，思维方式、情绪、希望及人生目标。①

（七）男孩的自我

我知道自己做事粗枝大叶，不会织毛衣、编头发、搭配衣饰等，所以两个儿子出生时我着实松了一口气。

儿子们小时候果然省心，不用考虑衣服搭配，给什么穿什么，反正一天下来都是土，膝盖上永远有洞。羡慕女孩子花样繁多的小辫子、美丽的蝴蝶结时，我也不得不承认儿子们的头发只有每年照全家福的时候才需要梳理，方便了手拙的我。

小朋友到家里玩，我都不用准备，反正什么拿在手上都是武器，加上嘴里的配音，就开始对打。就连"书虫子"威廉只要有朋友在，都会跑来跑去，玩儿得满头大汗。男孩子天生喜欢打闹，只要不故意伤害人，只是玩，我倒不过度担心假装的武器。

养儿子，神经需要强大，这一点他们从小就教会我了。比如，好好的滑梯，人家都从上往下滑，他们从下往上爬，遇到桶形的滑梯还一定得从壳子外面往上爬。他们在幼儿园时，每次接到他们，看到四肢还完整，我都觉得是奇迹。

到了学龄期，男孩和女孩的差异愈发明显。老师和家长向我反映的自控力差、注意力不集中的孩子，十有七八是男孩。虽然也有很多男孩很好地适应了学校，但从总体上看，美国男孩的表现堪忧，主要表现为：因不

---

① Branden，N.，*The Psychology of Self-esteem：A Revolutionary Approach to Self-Understanding that Launched a New Era in Modern Psychology*，Hoboken，Jossey-Bass，2001.

同原因而接受特殊教育服务的学生中，男孩是女孩的 2 倍；男孩比女孩辍学的概率高 30％；学士学位获得者中女生占 56％，硕士学位获得者中女生占 57％。[①]

性别差异在大脑发育上很明显。[②] 大多数男孩的语言和沟通能力比女孩发育晚。男性在他们感兴趣的领域更专注，女性遇到问题时能更灵活地结合左右半脑的优势，合作、管理和协调能力强。我常听到小学高年级男生抱怨老师在班里偏爱女生。其实不偏爱太难了，谁会不喜欢上课更专心、更听话、更会察言观色的学生呢？

著名男孩教育专家，迈克尔·汤普森（Michael Thompson）[③]提醒家长，在学校里男孩没有足够的机会四处活动，大多时间被要求坐着，传统教育模式不太适合大多数男孩子的发育特点。

虽然很难一概而论，但男孩的教育从整体上讲确实有独特的挑战。家长该怎样更好地结合男孩发育的特点，帮他们建设积极的自我呢？

首先，要先了解并接受男孩的前额叶皮层成熟得比女孩晚，也就是说，他们判断危险和冒险、控制冲动和计划等功能更常出现问题。男孩在学校里比女孩更容易因纪律问题而受到处分。[④] 我所工作过的初高中学校里，因打游戏上瘾而迟到、旷课并严重影响到学业的学生清一色是男生。男性青少年因犯罪被捕的数量曾是女性青少年的 4 倍，目前是 2 倍。[⑤]

美国疾病预防与控制中心的数据表明，男孩被诊断为注意缺陷多动障碍（ADHD)的比例(13.2％)是女孩(5.6％)的 2 倍多。[⑥] 男孩更容易被认

---

① Mark J. Perry, "Women Earned Majority of Doctoral Degrees in 2017 for 9th Straight Year and Outnumber Men in Grad School 137 To 100," https://www.aei.org/carpe-diem/women-earned-majority-of-doctoral-degrees-in-2017-for-9th-straight-year-and-outnumber-men-in-grad-school-137-to-100-2/，2019-10-29.

② Kaczkurkin A. N., Raznahan A., & Satterthwaite T. D., "Sex Differences in The Developing Brain：Insights from Multimodal Neuroimaging," https://www.nature.com/articles/s41386-018-0111-z，2019-10-29.

③ 《男孩的养育书(0—7 岁)》的作者，中文版由江苏凤凰科学技术出版社于 2018 年出版。

④ John M. Wallace，Jr.，Sara Goodkind，et al.，"Racial, Ethnic, and Gender Differences in School Discipline among U.S. High School Students：1991-2005," http://www.ncbi.nlm.nih.gov/pmc/articles/PMC2678799/，2019-10-30.

⑤ "Girls and Boys in the Juvenile Justice System：Are There Differences That Warrant Policy Changes in the Juvenile Justice System?" https://www.njjn.org/uploads/digital-library/Girls_and_boys_in_the_JJ_system_The_Future_of_Children_.pdf，2019-10-30.

⑥ "Data and Statistics about ADHD," http://www.cdc.gov/ncbddd/adhd/data.html，2019-10-30.

为是多动的。精力过于充沛的男孩，父母一定要多安排体力活动；小学时和老师多交流，让他们有机会在进教室前去操场上跑一圈，或者在课堂上有发资料、送考勤表等跑腿的机会。初高中时，按孩子的生理规律，如果有选课的自由，就把体育课放在最能帮助他们的时段上。

那些新奇的、没有固定答案的、违反常规的事物对男孩也更有吸引力。比如，大卫所上的小学旁边有条小溪周围杂草丛生，8岁的大卫天天放学后忍不住去那里玩，腿上被划破过多次。我知道，告诉他不要去小溪那里他并不会听，便在保证安全的情况下，给他时间把小溪彻底探索一遍，他自己就不再去了。不然，越是禁止，越会增加小溪的吸引力。

男孩的行为特点会负面影响周围成人对他们的印象，甚至掩盖真实的能力水平。男孩需要家长更多的耐心、理解和支持。虽然很多研究发现男生智力超常的比例比女生高，但1976年以来，女孩在"天才教育"项目中的人数始终超过男孩。[1] 曾有一位男生在认知能力测评中的得分达到了天才儿童的标准，但老师明确地告诉家长，绝不推荐他去接受资优教育，因为他上课不能专心听讲，有时还破坏课堂纪律。家长很开明，不让去就不去。初中时，这位男生还常常因为自控能力弱而到教室外面罚站。父母顶住压力，坚持尊重和信任孩子。随着高中阶段年龄的增加和选课自由度的增大，这位男生的自控力逐年提升，超强的学习能力得到发挥，同时他在校高尔夫球队任队长，毕业时顺利被普林斯顿大学录取。这让当年不看好他的多位老师大吃一惊。如果当初他得不到父母的理解和支持，形成消极的自我概念，那么他在高中自信地找到感兴趣的课程和课外活动、发挥潜能的概率就小很多了。

其次，要理解男孩喜欢自己做决定，过度保护或过多建议更容易引起逆反，甚至折断他们的翅膀，造成心理问题。曾经有一位父亲找到我，他的儿子已经30多岁，没心思找工作，更不要提成家。他把自己一生的失败都归因于父母，因为在他的成长道路上父母按照自身意愿干涉得太多，他内在的上进心渐渐消磨。他怨恨父母坚持要他读工程专业，又没有勇气追求自己钟爱的摄影。父母好不容易把他安排进亲戚的公司，他在紧张疲惫中也没能做多久。这位父亲给我看孩子高中时一脸阳光的照片，他忍不住老泪纵横，后悔莫及。还有多位男生在升入私立高中或大学后因无法自己管理时间、不能跟上课业要求而被劝退，究其原因，都是成长过程中家长

---

① "Gender Equity in Education," http://www2.ed.gov/about/offices/list/ocr/docs/gender-equity-in-education.pdf，2019-10-30.

尤其是母亲照顾得过多，他们从没锻炼过自我管理、判断的能力，这十分令人可惜。其中一位男生悲愤地告诉我，虽然自己曾多次告诉母亲不要进他的房间，但没效果。他说自己连房间里的垃圾桶怎么摆都没自主权，因为母亲总会放到她所认为的最合理的位置。

在合理的规则下，让男孩子多为自己的课外活动做出取舍、选择课程、交朋友、管理时间等，会激发他们学习的积极性，为自己的教育和未来负责任。前文提到曾经有位母亲找到我，她的儿子已经处在十二年级下半学期，常晚归，作业拖拉，成绩开始下滑。这位母亲担心已经录取他的大学会收回录取通知书。和孩子见面时，我发现他待人接物彬彬有礼，丝毫看不到他母亲所描述的逆反。他告诉我，母亲为了限制他外出的时间，到现在都不给他家门的钥匙，每次给车加油都只加四分之一缸，这样他不能走太远；他回家不能太晚，因为需要母亲开门。可以理解母亲担心孩子的安全，但不给钥匙这一行为传递的不信任感只能阻碍亲子之间的交流，让孩子更被朋友吸引，因为在朋友那里可以感受到他需要的尊重和信任。母亲态度改变后，能心平气和地和孩子分享自己的担心，而孩子也更能体谅母亲，时间管理更合理，顺利毕业，进入大学。

再次，面对男孩，不要把"安安静静，循规蹈矩"作为衡量优秀的标准。曾经有位家长忧心忡忡地向我抱怨，他儿子在高中，从校长到清洁工，没有一个不认识他的。我说，这难道不是好事吗？多少美国高中生成绩优异，但到申请大学时找个能给他们写推荐信的老师都困难，因为他们在课堂上安安静静地拿高分，从不和老师打交道，老师连他们的名字都记不住。这位社交和组织能力出众的男生果然被慧眼独具的名校录取。

最后，男孩要有同性的正确引导。汤普森博士自己曾接受过多年的男校教育，认为和理解自己的同性伙伴及老师一起成长非常重要。我在生活中也观察到，两个儿子小时候更依恋我，但 10 岁后爸爸在生活中的分量越来越重，爸爸的意见他们更能听进去，也更喜欢和爸爸单独活动。哈佛大学医学院对几百位男性历时 70 多年的跟踪调查显示：儿时和父亲温暖亲密的关系，与被试在 75 岁时对生活的满意度的相关性最强。[①]

妈妈太容易注意生活中的细节，如衣服有没有放整齐，而不容易体会男孩思考问题的重心。相比之下，爸爸或哥哥和男孩的沟通更顺畅。比如，童子军里的拉练，路线等都是孩子自己设计的，孩子走错时作为领队

---

① Vaillant，G.，*Triumphs of Experience*：*The Men of the Harvard Grant Study*，Boston，Belknap Press，2012.

的成人也不可以提醒，需要他们自己发现并纠正，哪怕多走几千米。如果母亲参与，恐怕很难做到。现在的公立中小学老师绝大多数都是女性，媒体对男孩教育的担忧也不无根据，因为多数女性老师较强调书桌的整齐、坐姿、注意力等男孩往往不擅长的地方。

两个儿子当年让我头痛心疼的行为，有很多都变成了最可爱的回忆。帮助男孩建设积极的自我有独特的挑战，也有独特的乐趣。每次他们做出出乎意料的举动，我总是安慰自己：一定活到他们做父亲的那一天，我要享受他们为自己的儿子头疼再大笑的过程。

成长练习

如果您家有男孩，请参考下面几个方面，考虑哪些可以落实在家庭生活中，建设男孩的积极自我。

①多安排体力活动。

②提供新奇的、没有固定答案的、违反常规但安全的活动。

③在合理的规范下，让男孩多为自己的课外活动做取舍、选择课程、交朋友、管理时间等。

④有同性的引导，父亲、男性教练等多参与男孩的成长。

> 对一件事情我们必先接受它，才能改变它。

（八）过去不决定现在

威廉刚起床就问："妈妈，你怎么一大早就这么生气？"

我很疑惑："我没生气啊！"

我刚戴耳机听完一篇关于信心的文章朗读，非常感动，怎么会生气？

可照镜子看看自己的表情，确实是皱着眉头的。

没事总皱眉，自己却浑然不觉——在好心的大学室友的提醒下我才发现自己的这个习惯。

阴沉的脸是我人生前 16 年在家里常见的父亲的表情。即使对此很反感，自己额头上也有明显的"八"字纹，无意识中抄下了童年的印记。这几年我努力改进，但不经意间流露出来的表情，仍常被孩子们看在眼里。

不能否认成长经历对自我概念的影响。

2002 年暑假，我在教情绪智能夏令营的第一课"自我概念"时，要求十几位二三年级的小朋友从旧杂志上找到能代表自己的词语或图片贴在墙上，如果找不到，就拿彩笔写或画上。孩子们兴高采烈地参与，很快，墙上贴满了色彩鲜艳的图片，以及"出色""喜乐""独特""无畏""乐于助人"等积极的词汇。可一位男生的自我概念图上只有自己画的一张黑脸和一个大大的词：邪恶！交谈后他告诉我，自己选择"邪恶"是因为总被老师指出上课时坐不住、不专心听讲、打扰讲课，还被送到校长办公室。他不加质疑地说："我是坏孩子！"

孩子怎么看待自己、形成什么样的自我概念，与周围环境对他的反馈和态度有很大关系，但同时也不可忽视基因的影响。有的孩子先天比较乐观，在生活中更容易记住并内化积极的经历，如某次被表扬；更容易积累积极的自我概念，如自己受同伴欢迎等。但有些孩子先天对负面的经历更敏感，如果父母或老师等反应太激烈，会让他们夸大后果。

我打电话给这位孩子的妈妈，她承认，因为大儿子向来在学校里表现优良，所以第一次因为孩子的负面行为而被叫到校长办公室时，她的心理承受了一个较大打击，愤怒羞愧下，回家后对小儿子的训斥超出了寻常。孩子天生心思重，不表达出来，但这对他内心的影响还是很大的，以致他对自己的看法蒙上了阴影，掩盖了自己其他很多优秀的地方。

美国疾病控制与预防中心和恺撒医院把不良童年经历（adverse childhood experiences，ACE）划分为十类：情绪虐待，身体虐待，性虐待，家暴，家庭药物滥用，家庭成员中的精神疾病，父母分居或离婚，有家庭成员坐牢，情感需要被忽视，身体需要被忽视。[①]

一项研究调查了 1.7 万多名病人，有 64％报告了至少 1 种不良童年经历，有 12％报告了 4 种不良童年经历。不良童年经历评分是参与者报告的不同类别的不良童年经历的总和，用于评估累积的童年期压力源。研究结果揭示，随着不良童年经历数量的增加，问题的风险也会增加，包括酒精中毒或酗酒、抑郁、工作表现不佳、成绩不好、财务压力大、家暴、自杀未遂等。比如，有 4 种不良童年经历可使患心脏病和癌症的风险增加 1 倍，自杀未遂的风险增加 12 倍。[②]

这项研究对促进儿童保护等领域的意义重大，但对儿童成人后的状态绝对没有 100％的预测准确性。

不良童年经历研究最大的缺憾之一是没有控制基因对不良童年经历和成年后健康状况之间的相关系数的影响。比如，我母亲在不幸的婚姻、不顺的工作中总能保持积极的心态，她的积极基因则影响了我的幸福感的设定范围。

另外，不良童年经历研究也没包括创伤可能带来的成长：对生命更珍惜、更好的人际关系、精神世界的深化、拥有更强的心理素质等。[③]

儿时的我有 3 项不良童年经历，但 46 岁自测《牛津幸福感问卷》（Oxford Happiness Questionnaire）时，我的平均分是 5.7 分，远远超过美国抽查的平均分 4.3 分，接近满分。以下为《牛津幸福感问卷》的具体内容。

为下面 29 道题打分，打 1 分为强烈不同意，2 分为基本不同意，3 分

---

① "About the CDC-Kaiser ACE Study," https://www.cdc.gov/violenceprevention/acestudy/about.html，2019-11-01.

② "ACEs Science FAQs," https://acestoohigh.com/aces-101/，2019-11-01.

③ ［美］马丁·塞利格曼：《持续的幸福》，杭州，浙江人民出版社，2012.

为有点不同意，4分为有点同意，5分为基本同意，6分为强烈同意（其中有12道题是反向计分，即1分为强烈同意，2分为基本同意，3分为有点同意，4分为有点不同意，5分为基本不同意，6分为强烈不同意；总分除以29后的分数是此问卷的得分）。

①我很不满意自己的现状。（反向计分）

②我对他人很感兴趣。

③我觉得自己的生命非常有收获。

④我几乎对所有人都感到温暖。

⑤我很少起床后感到精力充沛。（反向计分）

⑥我对未来并不觉得乐观。（反向计分）

⑦我觉得大多数事物都很有趣。

⑧做事我总是全力投入。

⑨生活很美好。

⑩我不觉得这个世界有什么好。（反向计分）

⑪我笑口常开。

⑫我对生活中的方方面面都很满意。

⑬我不认为自己有吸引力。（反向计分）

⑭我想做的和我已做过的事大相径庭。（反向计分）

⑮我很幸福。

⑯我能从一些事物中发现美。

⑰我总能让身边的人开心。

⑱想做的事，我总能找到时间去做。

⑲我觉得无法控制自己的生活。（反向计分）

⑳我觉得自己可以尝试任何事。

㉑我时刻警醒。

㉒我常常体验喜乐和高昂的情绪。

㉓我很难下定决心。（反向计分）

㉔我觉得生命没有意义和目标。（反向计分）

㉕我精力充沛。

㉖我对周围的事总能产生积极的影响。

㉗我和周围的人玩不到一块儿。（反向计分）

㉘我的健康不尽人意。（反向计分）

㉙对过去我没有什么正面的记忆。（反向计分）

《牛津幸福感问卷》这29道题和塞利格曼教授总结了20多年的研究后所定义的幸福的5个维度一致，即积极的情绪，投入，人际关系，意义，成就感，简称PERMA，是积极自我的显示。

幸运的人一生都被童年治愈，不幸的人也可以在治愈童年的过程中成长，甚至把负面经历变为财富。

初中时我没有学习的方向和动力，成绩差，自我期待值低，自我概念消极；但从高一下半学期开始，我尝到了学习的快乐，成绩突飞猛进，从此对自我的期待越来越高，自我概念越来越积极，到今天年近半百，我依然保持强烈的求知欲。我虽不是时时情绪高涨，但自我效能高，不畏艰难，生命中有目标，为了目标能专注地投入，常常收获成就感，同时还和家人、同事、朋友等有良好的人际关系，这些都产生了有意义的积极体验，所以幸福感高。

谴责并不能把我们从困扰中解脱出来，只会使之加剧。[1] 过去的不良经历不决定我们现在的自我概念。父母恶劣的关系、初中学不好的经历等，都是化了妆的祝福，让我更能体会与我相似的家庭、学生的心理，更能感同身受地帮助他们。

很多孩子在成长的道路上经历了大大小小的创伤性事件，走了些弯路，但只要有足够的支持，最终都能建设出健康的自我。

比如，朋友的女儿在七年级刚开学时，因为没完成家庭作业而被班主任要求罚站，敏感又倔强的孩子从此强烈逆反，初中三年拒绝写作业，直到高中才恢复了对学习的热情，考上了理想的大学。她的逆转离不开睿智的父母的信任和尊重，没有在她拒绝写老师布置的作业时施加压力，而是在家里营造宽松的气氛，让孩子在课余时间博览群书、持续学习。

还有一位朋友，由于长得矮小、是留守儿童等，小学期间长期遭受霸凌，养成了逆来顺受的性格；没想到，初中时偶然接触了美术，发现了自己的热爱，在美术比赛中的一次次成功体验建立起他积极的自我概念，带动了更主动进取的处世方式，成人后成为权威专家，和儿时判若两人。

我的一位大学同学，四年同窗，我从没在课堂上听过他发言，进出教室时他总是低着头。20年后再见，我完全认不出他了，他已经是意气风发的某大学博士生导师。我才知道他当年因为自己家境贫寒而极度自卑，总觉得自己的长相不佳，所以不敢和女生讲话，再加上有口音，从不敢在课

---

① C. G. Jung & Cary F. Baynes，*Modern Man in Search of a Soul*，Eastford，Martino Fine Books，2017.

上发言。毕业后，他凭借自己的勤奋，跨专业考上研究生，学术上一步步的成功、工作能力的提高让他对自我的评价越来越积极。

这样的例子数不胜数。

建设积极的自我，什么时候开始都不晚！哪怕曾有过消极经历，只要有父母(或身边其他人，如老师、教练等)的信任和支持，成功的新体验都会成为孩子成长的力量源泉，开启未来无限的可能。

成长练习

接纳过去是建设积极自我不可缺少的一步。如果您的孩子曾经被挫败打击过，请邀请他/她列出影响过自我概念的经历。

我曾经因为＿＿＿＿＿＿＿＿＿＿＿＿＿＿＿＿＿＿＿而感觉

＿＿＿＿＿＿＿＿＿＿＿＿＿＿＿＿。过去不决定现在。今天，我的自我概念更积极，因为：

①＿＿＿＿＿＿＿＿＿＿＿＿＿＿＿＿＿＿＿＿＿；

②＿＿＿＿＿＿＿＿＿＿＿＿＿＿＿＿＿＿＿＿＿；

③＿＿＿＿＿＿＿＿＿＿＿＿＿＿＿＿＿＿＿＿＿。

四、积极投入

人将兴趣、好奇心、专注力、决心与活力投入学习和生活。[①]

---

① 曾光、赵昱鲲等:《幸福的科学:积极心理学在教育中的应用》,20页,北京,人民邮电出版社,2018。

> 你现在只在这里；你只活在当下这一刻。

（一）正念育儿

我收到了一封积极心理学同学的信："中午我从办公室到餐厅的路上，春光明媚，在日光浴下行走，沉浸在欢喜中。一个和我逆向的人已经骑车过去了，突然返回来，要送我到餐厅。和他在这家公司共事快两年了，几乎没有交往。他能返回来送我到餐厅，我很高兴。到餐厅后，发现厨师做的菜有七个品种，包括两个我最喜欢的菌类。用餐时我特别感谢了餐厅厨师的用心，还将各种菜排好，拍了一张照片。厨师的笑脸很温暖。用餐后回来的路上，我看到的也都是笑脸：先是两位同事夸我；走几步遇到了仓储部经理，他停车示好；再走几步遇到的笑脸来自烧锅炉的领班。请教老师，是积极心理学课让我细心体会这些日常但以前觉察不到的幸福感，还是因为我的正念吸引了如此美好的笑脸？"

这位学员还发给我一张植物的照片，说："老师，办公室门口满树都是这个，现在有点掉花粉，地上都是淡绿色的，香气浓郁。奇怪的是，为什么这么多年我都视而不见呢？"

哈佛大学心理学家马修·凯林斯沃思（Matthew Killingsworth）和丹尼尔·吉尔伯特（Daniel Gilbert）的研究收集了 25 万个关于人在生活中的想法、感受和行为的数据点，发现人们一天里用清醒时间中的 46.9％来想和自己当下在做的事情无关的东西。[①] 与其他动物不同，人类花费大量时间思考的不是眼前发生的事，而是过去发生的、将来可能发生的甚至根本不会发生的事。"走神"似乎是人脑的默认操作模式。

---

① Matthew A. Killingsworth，& Daniel T. Gilbert，"A Wandering Mind Is an Unhappy Mind," http://www.danielgilbert.com/KILLINGSWORTH％ 20&.％ 20GILBERT％ 20 (2010). pdf，2019-11-01.

想要提升当下的感知力和幸福感，正念是有效途径。

正念减压疗法创始人乔·卡巴金（Jon Kabat-Zinn）博士把正念定义为"有意识地、不带评判地觉察当下"[①]。自 1979 年卡巴-金博士在马萨诸塞大学医学院发起正念减压课程以来，正念练习已慢慢在医院、学校、职场等领域推广。不同研究一致表明，正念练习可以提高注意力、自控力、情绪适应力、记忆力、免疫力等。例如，在进行正念练习后，人在应对情绪（尤其是恐惧之类的强烈情绪）时的杏仁核被激活的程度较低，灰质密度也较小。同时，进行正念练习后，掌管情绪调节和决策能力的海马体和前额叶皮层更加活跃。[②] 这三年来，积极心理学课中的多位同学把正念加入公司的日程，和同事们在固定时间一起练习，不仅提升了专注力和工作效率，而且办公室气氛更和睦了。

近十几年来，越来越多的学校引进了正念练习课程。在不同地点收集的针对不同类型学生的数据一致显示，正念练习在提高儿童幸福感方面具有巨大潜力。[③] 例如，奥克兰市的"正念学校"课程结束后，学生在专注力、自控力、课堂参与和对他人的尊重四个方面的行为表现都有显著改善，而且这些进步在七个星期后的追踪调查中仍得以保持。

正念练习还被证明可使美国教育工作者受益。随机对照实验发现，学习了正念课程的教师报告自己的工作效率更高，并且可观察到他们在课堂管理上给孩子更多情感支持。[④]

我所工作的学区的小学三年级班级每周在午饭后进行 15 分钟"正念练习"。最基本的练习是正念呼吸：闭目，双手放在腹部，慢慢地吸气，集中精力，觉察吸入的气体如何从鼻孔进入肺，又让上腹微微鼓起；然后慢慢地呼气，觉察呼出的气体如何让上腹自然下垂，经肺到达鼻孔后离开。正念呼吸能快速把呼吸频率降低到每分钟 4～6 次，也就是说，每次呼吸用 10～15 秒。这可以激活前额叶皮质，从压力状态调整到自控状态。[⑤]

除正念呼吸外，"正念学校"课程还有 15 个主题，孩子们都非常喜欢。

---

① Jon Kabat-Zinn, "Defining Mindfulness," https://www.mindful.org/jon-kabat-zinn-defining-mindfulness/，2019-11-01.

② "Research on Mindfulness," http://www.mindfulschools.org/about-mindfulness/research/，2019-11-01.

③ "Mindful Schools," https://www.mindfulschools.org/home-quickstart，2019-11-02.

④ "Further Reading," http://www.mindfulschools.org/about-mindfulness/research/#reference-15，2019-11-02.

⑤ Kelly McGonigal, *The Willpower Instinct: How Self-Control Works, Why It Matters, and What You can do to Get More of It*, New York, Avery, 2013.

比如，"正念聆听"练习后，孩子们反映他们能听到原来从未注意过的声音，像课间时风吹过树叶的声音和鸟儿的鸣叫。"正念看"练习提升了孩子们的观察力，使他们注意到周围环境中常被忽视的细节。"正念品味"是最受孩子们欢迎的一课，用葡萄干做练习，让孩子们闻、触摸、舔后再慢慢咀嚼，充分关注味道。很多孩子课后告诉我，他们回家后对食物的颜色、气味等有了新的发现，做事时注意力更集中。

很多人问到正念和冥想的异同。两者最大的差异是：正念不需要打坐，只要能有意识地、不带评判地觉察当下，哪怕是在和人交谈或坐在公交车上，都可以进入正念状态。卡巴金博士强调，真正的正念练习是生活本身，要融入生活的每件事。吃饭、走路、穿衣服、沟通、聆听等，把专注力保持在每一件正在做的事情上，就会出现新的体验，就能充分发现并享受常被忽略的美好。

如《正念父母心》的译者、斯坦福大学整合医疗中心主任童慧琦博士所讲的，最需要正念的地方是我们的家庭，因为我们身处一个崇尚"产出"甚于"滋养"，崇尚"有为"甚于"存在"的世界；父母养育孩子时面临一系列的家庭、社会和文化的压力。[1] 哪怕意图再好，对孩子的爱再深，这种意图和爱多少都会"自动导航"般运作，并被我们反复无常的念头糟蹋。这些念头通常具有超乎寻常的"反应性"，且常常纠结于未被觉察的、永不停止的思考中。[2] 我们在生活中的许多时间都处于"自动导航"模式中，注意力具有选择性且颇为盲目，以自己的想象来处理诸多重要之事，甚至根本未曾注意它们，且往往以快速却未经检验、基于个人好恶与欲求的标准来评判所有体验。我们很容易感到被孩子控制或操纵，觉得全然无助，并极度愤怒。我们可能极容易冲他们发火，以此确定我们的权威，并重新掌控局势。

就像很多家长和我分享的那样："打孩子时，我像换了一个人，疯了一样，控制不住。"

究其根源，他们都在儿时经常被狠狠地体罚。童年时期或明显或微妙的背叛通常源于父母一方或双方在某种程度上的失控，父母把各种无法预期的恐惧、暴力、蔑视和恶意劈头盖脸地砸向孩子。这种失控多半来自父母本身所遭遇的创伤、忽视以及伴随他们的深刻不幸福。正如下面这位积

① 童慧琦：《正念养育，在和孩子相处的每一刻》，https://mp. weixin. qq. com/s/vuEd _ yokSIxLbq _ n-x4Ciw，2019-11-02。
② ［美］麦拉·卡巴金、［美］乔恩·卡巴金，《正念父母心》，北京，北京联合出版公司，2016。

　　我出生于一个普通家庭，妈妈是老师，爸爸虽然是工人，但他酷爱阅读，学识渊博。爸爸明白知识的力量，知道学习的重要性。他就是运气不好，属于前所未有的"老三届"，失去了高考的机会，所以爸爸一心想让我考上好大学，有个好未来。无奈，我天性调皮，根本不是爸爸期望的那样。爸爸对我时常施加暴力教育，妈妈虽然护着我，但也无可奈何。在高压家庭下，我渐渐失去了天性，变得唯唯诺诺，不敢有自己的主见。从大学毕业到工作数年，我一直处于这种状态。后来我强迫自己做出一些改变，但童年的阴影一直在我的心中挥之不去。

　　正念练习可以帮助我们对此刻保持觉醒，以感受和捕捉此刻可能的需求。正念养育通过发展觉知来尽量满足孩子的需求，觉知包括认识自己的困扰、不安和缺点，认识自己的界限和局限，认识自己最黑暗、最具破坏性的情感，以及那些淹没我们或支离破碎的情况。正念养育召唤父母留意自己的所作所为，包括觉察所做的选择，并持续检验这些选择对孩子和自身产生的影响。它是有意识地投入养育，穿透表面现象，允许父母更清晰地、由表入心地看到孩子的真实面貌，并基于所见，带着智慧和慈悲来行动。

　　正念养育的三个基本元素是自主权、同理心和接纳。正念养育的关键是通过尊重孩子的自主权，让他们得以完成两件事情——展现真实的面貌和找到自己的路。在正念养育中，父母不是为孩子做什么，而是让自己更能安于当下。实现这一点，父母需要做到两个方面。

　　一是接纳孩子不同阶段的行为。比如，青春期孩子的独立意识强，此时要求孩子言听计从不符合发育特点。接纳的背后是深沉的信任感，因为父母传递的信息是自己看到了孩子表达的真正需求。当父母能觉察孩子的行为让自己怒火冲天时，正念可以帮助父母在刺激与回应之间创造一个空间，做出更有爱意的回应。[①] 以一种非评判的、富于同理心的开放方式来看待孩子的困难行为，可以让父母保持与他们的联盟，哪怕并不喜欢他们的行为，也能与他们保持一种贴心的联结。

---

　　① 奥斯维辛集中营幸存者、畅销书《活出生命的意义》(*Man's Search for Meaning*)作者、奥地利神经与精神病学教授维克多·E. 弗兰克尔(Viktor E. Frankl)曾写道："在你的回应和外界的刺激之间有一个空间，在这个空间，你有选择的自由。"

二是尊重孩子的独特生命，和他们的生命产生联结，经常跟孩子表达爱，而不是强加期待。孩子在父母面前时，父母要与孩子有同在感，怀着同理心，不断编织并重建与孩子的联结，这是正念养育的基础。倘若一个孩子学会以内在的力量和信心来面对世界，拥有足够的安全感，知道自己被爱且值得爱，真实面貌得到接纳，那么这种对自主权的体验就会得到深化。

另一位正念大师杰克·康菲尔德（Jack Kornfield）对正念的定义是"爱的觉察"，英文就是 loving awareness。先要有觉察，觉察后要对觉察的现象有一个充满爱意的回应。童慧琦博士发现，很多父母看到孩子不好的言行时会反射性地回应"不可以这样做"。这是父母不能接受孩子行为的表现，因为孩子的行为不符合父母的标准。如果此时能有一个不加评判、充满爱意的回应，就会有一个正念的状态。童慧琦博士觉得，很多时候父母只是在照顾孩子，如催他们快点儿写作业，但这不是真正的陪伴，因为父母没有真正把关注点放在孩子本人身上，去察觉他们的感受和需要。焦虑的父母会有焦虑的孩子，因为孩子有敏锐的观察力，能觉察父母的状态。童慧琦博士强调，不要小看每天任何一个和孩子交往的时刻，因为大脑神经不断被我们自身的经验重塑。正念对神经重塑的作用在养育里非常值得重视，我们跟孩子在一起会有很多不断重复的时刻，大脑重塑发生在日复一日、点点滴滴的互动交流中。下面这位家长的反馈是一个很好的例子。

在接触积极心理学之前，我总觉得自己走过的桥比孩子走过的路都长，吃过的盐比孩子吃过的米都多。我的人生经验比孩子听过的、看到的、经历过的多得多，我总想以自己的人生经历为经，以自己所了解的专家、老师、其他家长和孩子的经验为纬，给孩子编织一张大大的网，完完全全地包裹她，让她在其中安稳地、顺畅地沿着既定的方向走下去。我以为这是爱她，是为她好，她可以在这么多经验的指引和教导下一帆风顺地飞奔前行。

然而，现实却非常"打脸"。那么软软、小小的她一点点长大，个性、脾气、主见、自我也在疯长。很快孩子就知道了自己的爱好和想法，开始坚持自己的意见。她坚持穿自己喜欢的衣服，吃自己喜欢的美食，听自己喜欢的音乐，看自己喜欢的书，学自己喜欢的乐器。这些都不是什么原则性或有很大影响的事情，随她就是了，我也不是霸道、固执的人，觉得没必要为一些小事发生太多争执。但我心中总归是伤心的，和孩子之间有很多隔阂、分歧甚至争执。我一直暗暗担心着：她不听教导，坚持走自己选择的路，一旦错了、走了弯路怎么办？

学习了积极心理学后，我的担心和忧虑慢慢少了许多，尤其是在她竹笛考级后。暑假，小朋友们有了一些可以自由支配的时间，一般都是先抓紧时间玩几天，然后纷纷加入课外补习、乐器考级的行列。我女儿的暑假也是如此，她利用暑假的自主时间紧急训练竹笛，准备一年一度的竹笛演奏等级考试。通过半个月的练习，她进步很快，但演奏时的情感表达不够丰富。因为时间太紧，还有一星期就要考试，所以我建议：考试时你不要穿学生装，不要显得长大了、太成熟，可以穿一套稍微显得幼小可爱的服装，印象分会高一点；并且老师很可能觉得你小，对你的要求会稍稍降低一点。

我原本以为，学习竹笛这么久，一年就这么一次考级机会，她会为了通过考级而配合一下服装搭配。没想到，她直接拒绝我，说还是穿自己觉得舒服的服装，考试时老师对自己严格一些也没关系，她还喜欢老师对自己严厉一些呢！顿时，我的心在炎热的夏日里冰冷了起来，感觉我的好心被她当作驴肝肺，气得差点直接吼起来。了解到情绪的影响力，我知道不能强迫她穿什么衣服。我告诉自己，衣服不是起决定性作用的事情，而且这是她自己的事情，她既然做了决定，那就让她为自己的选择承担结果吧。于是，我平静了下来，不再谈论这件事情，只看她自己为考级做准备工作。很明显，她自己知道要用心练习，每天挤时间演奏，对老师要求的重点部分做针对性练习，一一突破，跟着伴奏音乐一遍又一遍地练习节奏，重视情感投入，使表达更为生动丰富。到竹笛考级那一天，她按照自己的计划做好了一切准备，我只负责陪同。看着坚定自信的她走向讲台，从容不迫地演奏完考级曲目，我终于悟到了积极育儿的核心理念：爱、尊重、信任、自主权和接纳。我感觉自己心胸宽了，心放下了。

"养育是一面镜子，让我们看到自己最好和最坏的方面，看到生活最丰沛和最惶恐的时刻。"[1]只有对养育的每一刻保持觉醒，我们才会有机会真正看到、感受到并理解孩子和自己的需要，有可能让真实的自己持续成长。

---

① ［美］麦拉·卡巴金、［美］乔恩·卡巴金，《正念父母心》，北京，北京联合出版公司，2016。

童慧琦博士提醒父母，对自己也要不加评判，充满爱意。比如，当父母觉察到自己对孩子太严苛时，要接纳自己不是完美的父母，但可以知错就改、持续进步。如果每位父母都能做到自我关怀、善待自己，那么对家人、对世界的慈悲也会提升。如《正念父母心》提到的，父母这样的角色本身就不断寻找并表达自己所拥有的滋养、智慧和呵护，尽最大的努力，成为最好的自己。

成长练习

一天的工作结束后，在进家门之前，请练习"正念呼吸"，让意识在几分钟内集中在当下，面对孩子时保持觉醒状态。

如果孩子感兴趣，睡前请带孩子一起练习"正念呼吸"10分钟左右，坚持4个星期，观察孩子的专注力和情绪是否有变化。

> 我们唯一能看到、感到、表达、回应、学习、成长或治愈的时刻，就是当下。

（二）当下的陪伴

你们到来之前，

妈妈好像一直在奔跑，

从求学到求职，从成家到立业，

马不停蹄，

以为这，就是人生之道。

感谢你们的提醒，

原来修路的推土机，

震耳的消防车、救护车，

搬家的蚂蚁，结网的蜘蛛，

都值得停下来慢慢欣赏，

都那么重要。

感谢你们让我放慢生活节奏，

找出路边风景的美妙。

2012 年年底，威廉 7 岁、大卫 5 岁时，我有感而发写下小诗《如果没有你们，妈妈怎么会知道？》。上面展示的一节，和正念不谋而合。现代社会节奏越来越快，让我们在日常生活中总感到被推着往前走，常会忽略身边简单而真实的快乐。彭凯平教授总结的现代人幸福感的"杀手"之一是"急"。我们常常把心力放在新目标或已经发生的事上，不能享受现在。人们一天内用清醒时间中的近一半来想和自己当下在做的事情无关的东西，而思想游离当下的频率和趋势与幸福感呈负相关。①

每天拿出几分钟时间，关注当下的活动，如集中精力在刚出锅的面条上，闭上眼睛，吸进香气，观察菜叶在热汤中的颜色等，都会提升我们的幸福感。

这对家庭教育也很有启发意义。请问家长，上一次注意到孩子的眼神或讲话的语气是哪一天？

放慢速度，专心看孩子搭积木、一起追着蝴蝶跑等不但会让父母放松、享受亲子时光，而且使父母观察到孩子微小的进步或心理需要，同时让孩子感受到父母的关爱和重视。正如下面这位家长所分享的。

> 最近两年，我发现自己下班后不着急回家了，觉得家里太乱，孩子们太闹腾，渐渐对孩子们产生了疏远感。两周前，听了谢老师分享的关于孩子幸福感的研究，我心里很沉重，想到自己很久没陪孩子们做游戏了，跟他们的互动也越来越少了。我为自己定下三个原则：下班后要尽早回家，尽量每天晚上在孩子们休息前陪伴他们一会儿；每周最少抽出半天的时间陪伴孩子玩耍，或者带他们去户外活动；和妻子多交流，达成教育方式的一致性，并且多倾听，让孩子们感到被理解。儿童节当天，我带两个小家伙去石景山游乐园，孩子们都非常兴奋，一向比较胆怯的女儿在我的陪伴和鼓励下玩了很多惊险、刺激的游戏，不再像以前只玩一些文静的游戏，性格也顿时开朗起来，这是我没想到的。第二天，我早早回来陪孩子们吃饭，吃完饭做游戏，看他们喜欢看的电视，与他们交流里面的内容。第三天回家的时候我发现，孩子们一听到我回来的声音，就立刻放下手中的事情，跑过来和我拥抱，说："爸爸我好想你。"听到孩子们的话，工作的疲惫立刻无影无踪，感觉特别幸福。经过10多天的坚持，我很坦然地习惯了与他们互动的时间。现在两个孩子再怎么闹腾我也觉得是他们的天性，从孩子们的快乐中感受快乐。我也不再像以前那样，当孩子们做点自己想做的事情时，我就简单地认为他们在调皮，就想管教他们。我觉得这一切改变都是思想认知和观念的转变，落实在事情的处理上就有截然不同的结果，同时心情也完全不同。

---

① Matthew A. Killingsworth, & Daniel T. Gilbert, "A Wandering Mind Is an Unhappy Mind," http://www.danielgilbert.com/KILLINGSWORTH％ 20&.％ 20GILBERT％ 20 (2010). pdf, 2019-11-09.

四、积极投入

在日常生活中尽量增加快乐时光，不仅能提升父母和孩子的积极情绪，还是建设良好亲子关系的关键。斯坦福大学的"挑战成功"组织①提出的对孩子健康成长最关键的家庭因素之一，就是一定要有固定的家庭时光（family time）。每天全家一起散散步或打打球，周末一起去看场电影或享受美食，等等。在轻松的氛围中，父母和孩子有更多机会积极互动，使亲子关系的账户有更多"存款"。比如，大卫喜欢和我打乒乓球，打球的时间也是他最喜欢和我交流学校里发生的事的时间。

心理学研究发现，一旦超过临界值，收入和幸福感就不再有显著正相关。但钱可以用来为共同的经历提供支持，换来的亲子时光就无价了。比如，给孩子很多压岁钱，远不如用同样的钱带家人一起去旅游让孩子记忆深刻、影响深远。

芭芭拉·弗雷德里克森博士及其团队的研究发现：爱是由两人共同感受联结发展的微小时刻组成。家庭时光、父母的陪伴都是让孩子感受爱的时刻。例如，大卫所在的棒球队有几位父亲做义工教练，其中两位受伤后打着绷带还坚持协助训练，令人动容。威廉数学小组的教练也是热爱数学的两位父亲和一位母亲，他们在繁忙的工作中每周固定辅导六个孩子。还有童子军等活动，带队拉练、野营的父亲们看上去比孩子更享受。

父母只有经常参与养育子女的活动，慢下来用心观察，才能看到孩子真正的喜好和兴趣，才能在他们完成任务时及时提供应得的赞美和鼓励，让孩子体验到自己被重视。只有这样，在孩子需要引导和指正时，他们才能相信父母的出发点是爱自己、为自己好，才能接受意见。如果爱是土壤，父母给予孩子的专注陪伴时间就是雨水，滋养出来的成长常常出人意料，如下面这位家长的体验。

孩子的教育问题一直是我比较关注的，我也在不断学习。这周的积极心理学课对我启发很大。我的第一个孩子在心理建设方面比较欠缺，那时我不懂陪伴、沟通和幸福感建设的重要性，觉得让孩子吃饱、穿暖、不学坏就行。结果到了高中和大学阶段，我明显发现孩子虽然比较朴实，但缺乏表达能力和探索世界的愿望。在大学阶段进行弥补，从拥抱开始。因为是男孩子，所以从小我们就没怎么拥抱过，但后来我每次见到孩子都先拥抱他。一开始他不适应，现在已经习惯了。然后就是不再告诉他什么是不能做的，开始跟他讨论他和同学对

---

① "Challenge Success，" https://www.challengesuccess.org/，2019-11-09.

社会现象的看法，给他讲更多我身边发生的事……经过一系列努力，我感觉他有一定的成长。我也明白了只有从心理联结开始才能正面引导孩子的成长。

在培养二宝的过程中，我运用了很多积极心理学的原理，对她像对当成年人一样尊重，她5岁时就可以跟成年人讨论很多问题了。高质量的陪伴让孩子的幸福感极高，而且情商也非常高。虽然现在刚进学前班，但几乎所有老师都认识她，因为她跟每一个她记住的老师打招呼，而且也愿意跟老师们主动沟通。所有熟悉她的老师，包括课外班的老师，都特别喜欢她，她也因此受益。由于老师的喜欢，虽然有些课程对她来说有挑战，但她都能坚持练习，所以进步很快。我接触过非常多的家长，发现我们对幸福心理的教育太欠缺，这一代家长大多小时候的幸福感很低，成长起来后，社会对于幸福感的讨论和教育也非常少，导致家长们延续自己小时候的教育手段。本来我的二宝跟这些孩子的起点是一样的，结果随着我们的陪伴和时间的推移，她和同龄人之间的差距越来越大。

孩子大都天生想取悦父母，无故和家长对立的孩子极少。对立违抗性障碍（oppositional defiant disorder，ODD）的基本特征是违抗、敌意、对立、挑衅、粗野、不合作和破坏行为。由于环境、社会经济背景、性格特征、评估方法的差异，关于对立违抗性障碍患病率的报告存在较大的差异，我在美国公立学校观察到的是2%左右。绝大多数孩子不会达到病理的诊断标准。如果孩子不合作，则需要父母用心观察，只有这样才能从多方面因素中找到根源，如太累、提的要求不适合孩子的年龄或能力特征、同伴压力等，从而更有效地提升亲子陪伴的质量。下面是一位家长的相关经历。

受积极心理学的影响，我每天抽出时间送6岁的儿子上学，并尽量陪他玩。在一起的这些时间，我发现儿子已经很有主见、很有个性。我也发现自己和儿子都出现了积极心理学案例中的那些问题，比如，在他不听话、不讲道理或做一些不好的事情的时候，我用得最多的就是"不行""不可以""不要"。再如，不久前隔壁的小孩买了一个平衡车，我儿子看见了，回来非要求妻子给他买一个。当时妻子正在厨房做饭，马上就拒绝了。他为此在厨房里软磨硬泡，结果把妻子惹火了，开始训斥他。然后他就躲到书房里哭，很伤心。我下班回来后，他还躲在书房里。换到以前，我肯定站在妻子的立场上，继续训斥他："都有这么多玩具了，还要买，见不得别人有！"当然，这样的结果是他继续哭，而且会更伤心。我们以前认为，等他哭一段时间就好了，从没考虑过由此给他造成的负面影响。我这次尝试用积极心理学的方法，关注并理解他的情绪反应。我找到躲在书桌下的儿子，看到他伤心的样子，蹲下身来跟他讲："儿子，爸爸妈妈考虑到你特别喜欢平衡车，决定等你过生日的时候把它作为礼物送给你，好不好？"儿子一下子抹掉眼泪，马上就露出了笑容，问："爸爸，我的生日还有多久？"我回答："还有 5 个月。"他马上问："久不久？"我说："不算太久，我们可以做个得红星的游戏。这 5 个月，如果你一天中好好表现，按时睡觉、起床，而且每顿饭都吃饱，就可以得 1 颗红星。得满 150 颗后，生日就到了，就可以得到平衡车了。你觉得可以吗？"他摸着脑袋思考了一会儿，说："爸爸，我会好好表现，但你和妈妈一定要说话算话，我们拉钩！"我笑着说："一定说话算话，来，拉钩！"他马上从书桌下面爬出来，高高兴兴地跟我下楼了。这些天，为了得红星，他确实睡觉、吃饭都变乖了很多。

经典的育儿书异曲同工，如正面管教等，主题都是一致的，强调建立正面行为，同时预防不良行为的发生。毕竟"管"的目的是"教"，在于培养孩子内在的自制力、主动性和良好的习惯，而这些都离不了父母高质量的陪伴，传递尊重和信任。只有慢下来，才能真正看到孩子的心理需求，发现并及时鼓励、赞赏孩子微小的进步，强化孩子该有的行为。比如，用赞赏的语气描述所看到的："地板很干净，被子很平整，书都放在了书架上。"用赞赏的语气描述所感受到的："走进你的卧室，感觉很舒服。"把值得赞赏的行为总结为一个词："你看到草坪干了就给它浇水，这叫'主动性'。"

即使在孩子渴望独立的青春期，高质量的陪伴依然可以提升亲子的幸福感，如下面这位家长的经历。

在我自己都还处于懵懵懂懂的年纪时，女儿出生了。从孩子出生一直到她 8 个月大，我都是自己带她，那时能感觉到她对我浓浓的依赖。在女儿 8 个月大时，家里的老人不愿意到大城市生活，我又想有自己的事业，一家人商量后就决定把孩子送回老家给姥姥带。那几天她特别黏我，最后没办法，我只能偷偷地离开了老家。后来听我妈妈说，女儿哭了很久，我也伤心了很久。那时候的通信没现在这么发达，只能忍着心中的思念，放假的时候回去看一看。记得隔了两个月再回老家的时候，她看到我都不认识了，也不要我抱了，我的眼泪立马掉了下来。之后我每个假期都回老家陪她。后来，她慢慢长大了，知道我是妈妈，也慢慢跟我亲近了一些。我回老家时，她会要求和我一起睡觉，让我给她讲故事。我感觉她和别的孩子也没什么不一样，学习成绩很优秀，还学了钢琴、拉丁舞和画画。我以为她只是性格比较内向，不太爱和别的同学来往。就这样，我在北京工作，她在老家生活、上学，成了一名留守儿童，一直到她13岁。女儿13岁那年的9月，她从小学升入初中。在班会中，老师要求学生给家长写一封信，并在家长会上把信给家长。我因为在北京，从来没有去开过她的家长会，那次的家长会是她舅妈去开的。她在给家长的信中写到，她对自己的爸爸妈妈没有什么印象，感觉自己没有爸爸妈妈；她最喜欢的是带她长大的姥姥姥爷，他们才像她的爸爸妈妈。她舅妈把信拍照给我看，我看到后简直无法相信。我开始害怕了。她进入青春期后，我回老家时她也不再和我一起睡觉了，也不怎么和家里的其他人说话，大多数时间都是自己在房间里面，关着门，也不知道她在干什么，性格也变得暴躁了很多。我开始多和她交流沟通，可不管怎么努力，都没什么效果。她有一种很悲观的消极情绪，觉得不好就不好，不行就不行，小小年纪已经看不到活泼开朗的影子。

通过这些事情，我意识到了问题的严重性。过不了几年，她就彻底长大了，再也不需要我了。我开始想办法来解决这个问题，觉得一定要生活在她的身边。于是，我辞去了北京的工作，回到江西的一个县城工作，然后让她转学，在我身边上学。我开始了一边工作一边照顾她的生活，这样一起生活了一年多后，我感觉还是没什么太大的变化。我忙我的工作，她上她的学，不上学的时候就在家里待着。我想和她交流，她却不向我表达任何想法，甚至觉得在学校里过得很快乐，回到家里就很痛苦。亲子间的疏离感一直困扰着我。从听完第一周的积极心理学课开始，我试着先去了解她的想法、关注她的情绪，我想让她更快乐、更乐观地面对生活。我也反思了一下我对她的态度和与她相处的方式，确实存在问题，鉴于以前我们各自生活，我们有不同的习惯。我有时会以爱的名义以长辈的身份对她说教，有时会拿她和别的孩子做比较。虽然我已经特别注意比较这件事，但偶尔一不小心还是会说出类似的言语。她本身就比较敏感，我经常说这些自我感觉是为她好的话让她非常反感，也让她觉得有很大的压力。我意识到我们的这种状态需要改善，开始把积极心理学的理论应用到我们的相处中。

我从改变自己开始，慢慢调节自己的情绪，让自己的心态变得更积极乐观，在生活上忽略一些对她的刻意关注，对她做得好的行为给予鼓励。有时她不理我，我就不说话，一直微笑着看她，然后她会不好意思地看看我。我把与女儿说话的方式从经常用命令的语气转为更多地用商量或询问的语气。她开始表达自己的意见。重点中学开始录取时，她感到紧张和压力，因为虽然她的分数过了重点学校的分数线，但她的分数正好在心仪班级录取的边缘，所以她很怕自己进不了心仪的班级。原本我心里有点不快，但这次我没有像以前一样责备她，我微笑着对她说，你尽力了就好，即使进不去，你上高中后一样可以努力考好的大学。我试着问她想考什么大学，她没什么概念，也没有回答我的问题。我把我的想法说了一下，并向她强调那只是我的想法，她的人生可以自己考虑和选择。后来我才知道，那段时间她经常在手机上搜索全国各个大学的排名和历年的录取分数线，也跟我交流了一些上大学的问题，基本确定了她想考的大学。这说明她开始有想法了，我感觉这是一个很好的开始。最终她也以超过录取分数线0.5分的成绩进了心仪的班级。她开始主动在睡前和我聊天，我们的沟通更顺畅，相处也越来越愉快。

育儿的过程有挑战也有喜乐，只有放慢脚步，静下心来，才能看到孩子每天的成长，享受为人父母的幸福。

其他强化当下积极情绪的方法还包括和他人分享美好的经历，如把家庭旅游的过程做成影集或小视频，和朋友分享等。

世界上最有影响力的心理学家之一、诺贝尔经济学奖获得者丹尼尔·卡尼曼博士总结幸福感的秘密为"花时间陪伴你所爱的人及爱你的人"[1]。多品味当下的幸福感，需要父母以身作则，多关注和珍惜婚姻中当下的微小时刻。下面这位学员的感悟很有启发性。

婚前与婚后，确切地说更像两个公司重组的前后！过去不同的教

[1] Cohen B.，"Nobel Prize Winner Reveals Secret to Living a Happy Life，" https://www.fromthegrapevine.com/health/daniel-kahneman-ted-interview-podcast-secret-happy-life，2019-11-10.

育背景、文化、生活习惯等被放在一起，我必须学会适应并能在这中间处理得游刃有余，这是一件多难的事！婚后，我必须学会的事情包括：各种节日要精挑细选礼物送给岳父岳母；要确切地知道岳父岳母的生日；面对妻子家的重要亲友，要以最快的速度打成一片；对周围的邻居、各种不同辈分的人都要了解；对妻子惦念的各种美食至少要有个时间表，且要按表内的时间带她去吃；各种千奇百怪的化妆工具也要基本认识。在我强迫自己必须面对这些事情且要做得非常出色的时候，我发现这些事情带来的结果同样出乎我的意料。我学会了在不同角色之间做好自己的定位，学会了高效地处理人际关系，学会了积极健康的处事方式。我不仅是一个丈夫，还是一个家庭的担当。我不但要面对社会的纷杂，还要面对两个家庭之间的各种微妙的人际关系。这些技能在很短时间内就得到了锻炼和提升，同时我还得到了来自妻子的深爱，得到了双方家庭的赞赏，也得到了周围邻居的羡慕。这种幸福感是微妙的，是特别的。当我带着妻子享受一顿美食时，她欣喜和幸福的表情是有感染力的，我也收获了同样的幸福；当我帮助爸妈和岳父岳母做了很多自己力所能及而他们无法顺利完成的事情，得到了他们的赞赏时，我是幸福的，特别是来自岳父岳母的赞赏，那种喜悦是特别的。出差的时候有份来自远方的牵挂与思念，回家的路上有妻子的关怀和叮嘱，到家后有热气腾腾的可口饭菜。下班后，家里有了烟火气，一个人忙碌地准备饭菜，另一个人忙着打扫卫生、整理衣物，这种幸福是结婚后才有的。不再是一个人我行我素，而是一个家庭的整体考量。我不但更加成熟、更加有担当、更加有责任感，还有了使命感，有了期待和盼望！

成长练习

参考本部分内容，写下三个可以每天提高夫妻和亲子陪伴质量的途径，共享爱的微小时刻。

① _____。

② _____。

③ _____。

> 深沉的快乐，是严格的自律、集中注意力换来的。

（三）忘我的心流

威廉学前班刚结束的那个暑假，闲来无事，我把国际象棋介绍给他。国际象棋马上就吸引了他，他第一天一动不动地连续 6 个多小时在儿童国际象棋网站上了解规则、做棋题。接下来的 18 个月，他持续着这种痴迷的状态，把所有课余时间都花在国际象棋上。原来他是无书不读，但那一年半中他唯一阅读的书籍是棋谱。[①] 7 岁时，有一次他在美国历史最悠久的国际象棋俱乐部——旧金山力学研究所图书馆——参加棋赛，休息期间，他沉浸在一本棋谱中，一圈家长围着他啧啧称奇，他居然浑然不觉。

威廉常感叹："妈妈，下棋 2 小时感觉就像 2 分钟，过得怎么这么快？"

那是因为他获得了最佳心理体验：心流（flow）。

心流的概念是由积极心理学家、克莱蒙特研究生大学教授米哈里·契克森米哈赖博士提出的。他于 20 世纪 60 年代在对艺术家、棋手、攀岩者及作曲家等的观察中发现，这些人在工作时全神贯注地投入，经常忘记时间及对周围环境的感知，不受情绪干扰，沉浸在过程中，伴有高度的充实感和主控感。契克森米哈赖博士把它描述为："被当下的活动完全吸引，精力高度集中的状态。人会完全沉浸在他们正在做的事情中，无视其他事物存在，通常会忽略时间、饥饿、自我等。"[②]其实这种极致的心理体验在我国古代也有记载，如《庄子》中的庖丁解牛，庖丁就是在从事自己擅长又

---

① 谢刚：《我在美国做学校心理学家：走进真实的美国中小学生活》，北京，北京师范大学出版社，2016。

② ［美］米哈里·契克森米哈赖：《心流：最优心理学体验》，北京，中信出版集团，2017。

喜爱的工作时达到了那种物我两忘、酣畅淋漓的状态。心流这个概念随着契克森米哈赖博士于1990年出版的畅销书逐渐被世人重视。

2007年的一项研究发现，知识型劳动者平均每3分钟就会被电子邮件或其他的干扰因素打断1次，这会导致完成任务的能力下降。[①] 我们总感觉有事情没做完，而且总有原因中断手头的事，如手机振动了，又有一封新邮件了。犹他大学大卫·斯特莱耶（David Strayer）和杰森·华生（Jason Watson）的研究发现，每100人里只有2人能够毫不费力地把注意力分在多种任务上且不会对表现产生负面影响。[②] 但对绝大多数人来讲，同时做多项任务会降低解决问题和灵活思考的能力，因为人类的大脑结构是为单任务设计的。虽然我们认为自己可以同时处理多项任务，但实际情况是我们的大脑在不同任务之间来回切换。研究显示，长此以往大脑会感觉精疲力竭，还会降低人的认知能力。

人大脑里的念头，如果没有节制，就会处于混乱状态。契克森米哈赖博士指出，注意力是精神能量，是完成工作不可缺少的能量。"当精神能量（注意力）专注于实际目标，行动和时间搭配得天衣无缝时，就会出现心流。一旦进入心流状态，心理能量围绕一个主题组织起来，向同一个方向高效率地输出，表现最好。内在失序的现象会使我们分心，使效率大打折扣，不能完成目标。"[③]

这对家庭教育非常有启发意义。要想创造有利于孩子产生心流的家庭环境，父母要从家里的秩序做起。夫妻和睦，长幼有序，清晰、合理且一致的家规，能让孩子有机会集中精神能量（注意力）去探索世界，提升发挥潜能的概率。频繁的争执、模糊的规矩甚至没有规矩，只会使孩子不得不浪费自己有限的能量去寻找秩序。

契克森米哈赖博士在实验中发现，心流通常发生在一个人做他喜欢的活动时，如园艺、音乐、网球、烹饪等。兴趣也是宾夕法尼亚大学心理学教授安吉拉·达克沃斯（Angela Duckworth）博士强调的坚毅的四种心理资产之一，因为激情源于充分享受我们所做的事。[④] 下面这位积极心理学课

---

① 雷努卡·拉亚萨姆：《【会展视野】同时处理多项任务只是看上去很美》，https://mp.weixin.qq.com/s/AqnPrRsYJBIVpnkw7PCxMw，2019-11-09。

② 《一心多用：多任务处理的利与弊》，https://mp.weixin.qq.com/s/rTJ_uFggGoa-mI_5R1VkeSQ，2019-11-12。

③ ［美］米哈里·契克森米哈赖：《心流：最优心理学体验》，北京，中信出版集团，2017。

④ ［美］安杰拉·达克沃思：《坚毅：释放激情与坚持的力量》，北京，中信出版集团，2017。

同学的分享正反映了这一点。

> 小学三年级的时候，我是学校田径队队员，主练长跑项目。一次体育课，老师常规地让我们校队的队员绕操场跑10圈。小学的操场比较小，200米一圈。在其他同学跑完的时候，我继续跑，没想过停止。我完全忘记了时间，只有奔跑，只有每一次脚掌接触地面后再蹬离地面的快感！我完全意识不到其他人在干什么，意识不到除奔跑以外的任何事，身心得到了从未有过的愉悦、放松、欢快、兴奋等各种极致的体验！体育老师可能看出来我的这种状态，完全没有打扰我，就在旁边一直看着，一直到下课铃响起，我才被叫停。到现在我还清晰地记得当时的专注和结束后的幸福感。

兴趣与孩子的能力和性格特点相关。威廉从小身体协调能力较差，对体育运动不感兴趣，所以他在运动中获得心流的概率就很小。可他喜欢思考，从小就对图形、数字和文字非常着迷，一个美国各州地图的拼图，他两岁时就能仅看反面认出是哪一个州。因此，他一接触到国际象棋就那么热爱，我真的不意外，因为国际象棋综合了图形分析（棋路）和逻辑等他擅长的方面。

威廉是幸运的，6岁就获得了心流体验。对美国成人的调查发现，20%的人报告每天都会有几次心流体验，而大约15%的人从未体验过。这个比例在其他国家也得到了验证，比如，对6469名德国人的调查显示，23%的人常常体验心流，40%的人有时会体验心流，而12%的人报告从未体验过心流。[1] 契克森米哈赖博士的跟踪调查发现，13岁时能确认带给自己心流体验的活动的青少年，如足球、音乐等，4年后更能在这一领域坚持。[2]

达克沃斯教授强调，发掘兴趣不靠内省，而是由内驱力不断与外部世界互动引发。家长需要仔细观察孩子喜欢什么、关心什么。孩子10岁以前，家长以自己的观察为基础，提供机会让孩子多尝试。

如果孩子听到音乐就忍不住摆动身体，就试试舞蹈或音乐。

如果孩子喜欢涂鸦，就看看有没有激发创意的美术活动。

---

① Mihaly Csikszentmihalyi, "Finding Flow," https://www.psychologytoday.com/us/articles/199707/finding-flow，2019-11-13.

② Csikszentmihalyi M., Rathunder K., & Whalen S., *Talented Teenagers*, Cambridge, Cambridge University Press，1993.

如果孩子精力充沛且协调能力强，就试试武术、足球、滑冰等。

发现兴趣后要发展兴趣，心流是必经之路，因为投入后体会到的进步会从内心提供积极反馈，让孩子更能坚持。

心流经常出现在工作或主动参与的爱好中，如摄影，而极少出现在被动的休闲活动中，如看电视。因为心流是把我们的能力发挥到极致，做需要付出努力的任务，正如下面的体验。

> 我的职业是城市建设领域的电气设计工程师。不管是一幢建筑还是一条道路，是一座公园还是一座污水处理厂，所有项目的建设都需要我们电气专业的参与。每做一个新项目，我都要收集相关的规范和资料，制定设计方案。为了在设计期限内完成，我经常会废寝忘食地在电脑前设计图纸。我记得有一次在海口做一个酒店的项目，当时工期很紧，我和同事在办公室连续工作了一个星期都没有出门。等我们完成后走出去，才发现很多树都倒了。原来这几天刮了一次小台风，而我们都专注在工作中，根本没注意外面发生了什么。每完成一个项目，我都会感到筋疲力尽，但和内心莫大的满足感相比，这些辛劳都不算什么。

契克森米哈赖博士也注意到，就算没有兴趣，如果能集中精力完成一项任务，心流也能产生，不过有三个前提条件。①

①清晰的目标。知道自己需要达到什么目标、得到什么结果。

马里兰大学动机与领导力荣誉教授埃德温·A.洛克博士（Edwin A. Locke）和多伦多大学管理学院组织效能教授加里·拉瑟姆博士（Gary Latham）基于1000多项研究提出了目标设定理论，解释了如何使用目标来调节和改善绩效。② 他们发现，决定目标设定是否有效的条件包括必须对目标做出承诺，还有组织支持，如时间、设备等资源。下面这位积极心理学课的同学反映了这一点。

---

① ［美］米哈里·契克森米哈赖：《心流：最优心理学体验》，北京，中信出版集团，2017。

② Gary P. Latham, "A Theory of Goal Setting and Task Performance," https://www.researchgate.net/profile/Gary_Latham2/publication/232501090_A_Theory_of_Goal_Setting_Task_Performance/links/57d0e85108ae5f03b489170d/A-Theory-of-Goal-Setting-Task-Performance.pdf，2019-11-13。

我的童年物质极度匮乏，没有购买的玩具，都是自己制作的。记得那个时候，我们自己制作弓箭甚至弩，材料就是竹子、绳子，工具就是一把铅笔刀。要做好的弓箭或弩，就要从选料到制作都认真研究，否则射不远；没有别的小朋友的好，就没办法出去炫耀。做一个设计得漂亮一点的就更需要时间，做出来还要试一试，不满意就继续改进。制作玩具时，我往往觉得时间过得特别快，不知不觉就过了一上午甚至一整天，好像转眼间家人就叫我吃晚饭了。完成一个满意的玩具我就特别兴奋，开始想要与哪几个小朋友比一比、炫耀一下，接下来的一段时间都会沉浸在这种快乐中，并且记忆深刻。几十年过去了，我还会清晰地想起。

②及时的反馈。所做的事向我们提供了及时并准确的反馈。

决定目标设定是否有效的条件中首要的就是有客观的反馈来表明进度。这个反馈不是外界的评论或奖罚，而是活动本身让自己感受到的对错等，帮助我们及时调整下一步的努力水平和策略，正如下面这位同学的分享。

我感受到心流是在与吉林省最好的高中的学生对决的那场乒乓球比赛上。我的内心都是技术动作、对手回球击球的套路分析、腿部腰部发力的微调、进攻组合的一系列设计、战胜对手的目标。比赛是五局三胜制，第一局我输得很彻底；之后又输了一局；第三局通过每一分的拼搏，扳回一局；第四局又把比分扳平。到了决胜局，我更是一鼓作气，好像身心与球拍融为一体。我不知道那场比赛打了多久，但知道我连扳三局逆转！周围老师和同学的尖叫声让我觉得那一刻时间已凝结，我到达了心态的巅峰，有无以言表的满足感！那一刻的心情就是我一直想要追求的感觉！

③技能和挑战的完美匹配。

决定目标设定是否有效的条件也包括个人必须具有实现目标所需的知识或技能。太难的学习任务会让孩子很快产生挫败感，而太容易的则会导致无聊。最佳的状态就是孩子稍微努力一下就可以达到的程度。最近发展区（zone of proximal development，ZPD）是心理学家列夫·维果茨基（Lev Vygotsky）提出的概念，指孩子独立解决问题的能力所显示的当前发展水平与在成人指导下或与能力更强的同伴合作下能解决的问题所确定的潜在发展水平之间的距离。① 很多有意义的活动，如阅读，家长若疑惑为什么孩子坚持不下来，那么首先要检查的就是阅读资料是否在最近发展区里。孩子能够独立阅读的资料是 100 个词里生词少于 6 个。老师教的材料应该处于最近发展区，平均下来 100 个词里有 6～10 个生词。如果让孩子读 100 个词里生词多于 10 个的阅读资料，就会带来挫败感，很难产生心流。下面这位家长的经历是个很好的例子。

> 学前儿童的注意力不能长时间地集中在枯燥抽象的事物上，其认知思维是具体形象性占主导的，这决定了不能对孩子进行简单的知识传授，最有效的教育方式就是互动游戏，使孩子体验自主性、愉悦性和掌控感。上周我在家中与孩子玩踢足球的游戏时，他突发奇想，拿了 5 辆小汽车玩具并摆成一排，让我踢球，使球碰撞小汽车，碰出一个拿掉一个，直到全部拿完，有点像打保龄球。他感觉很好玩、很兴奋。我突然发现，可以趁机融入加减法则。我每次碰出 1 辆或多辆小汽车的时候，就问他还剩几辆，他就很认真地数。几次下来，他就理解了 5 以内的加减法（他很早就可以从 1 数到 100，但不会加减法）。我又让他不断增加小汽车的数量直到 10 辆，以同样的方式，他很快就学会了 10 以内的加减法，而且还沉浸其中、乐此不疲。他那种发自内心的快乐也感染着我。

郑也夫教授在为《心流：最优体验心理学》所写的序言中指出，人类神经系统过于发达，必须找到一项能长久凝聚自己注意力的活动，自建内心秩序。实验证明，全神贯注可减轻脑力负担，因为这时会对外来刺激进行筛选，只注意与这一刻有关的事物。如果一个人不能在独处时控制注意力，就不可避免地求助于简单的外在手段，如电视、游戏等。

再好的事情也要有节制。多位同学反应，在工作中因为热爱并且挑战和能力匹配得当，经常心流澎湃，长期加班，而忽略了家人。如果工作太上瘾，导致失去很多家庭时间，影响到家庭关系和亲子关系，就需要用心去平衡了。

---

① Vygotsky L. S., *Mind in Society*：*The Development of Higher Psychological Processes*，Cambridge，Harvard University Press，1978.

成长练习

　　结合本部分内容，从下面的因素入手，看看如何帮助孩子和自己建设产生心流的环境。

　　①兴趣。

　　②能力特点。

　　③清晰的目标。

　　④及时的反馈。

　　⑤技能和挑战的完美匹配。

> 心流对于家庭的维护和成长至关重要。①

（四）家庭生活中的心流

我正全神贯注、物我两忘、酣畅淋漓地批着作业，威廉突然走过来，说了一句："妈，我觉得你在工作中得到的幸福感远大于在家里！"

孩子，你观察得很准确。工作确实比家庭生活更容易引发心流体验。

心流产生的条件之一是技能挑战比，指完成任务所需的能力和任务的难度的比。任务难度太大，超出我们的能力，我们就会进入困境，引发挫折感或焦虑；如果难度太小，我们就会感到无聊。工作中我们更容易把握挑战难度和能力的匹配，激发最佳状态。求知欲是我的优势，而积极心理学课每周答疑中同学们提出的问题常需要我查资料寻找答案，难度刚好处于高于能力 4％ 左右的最佳点。求知欲被满足的过程让我的优势得到发挥，自然会带来更强的幸福感。

家庭生活就不一样了。我不擅长做饭，但每天必须做三餐；我是急脾气，但育儿需要很多耐心。这些逼着我提高短板，在过程中经历很多挫败。我喜欢独处、读书、思考，但在家里很难找到整块时间静下来。在两个孩子 4 岁前，先生说无法和他们交流，因为他极度理性逻辑的大脑在看到婴幼儿感性的言行时无法共情，换尿布等琐事更无法和他的"技能"匹配。孩子 6 岁后，他才开始享受和孩子们相处的过程，因为他的优势开始得到发挥，如棒球训练、象棋队的组织协调、历史政治的探讨等。

心流产生的另外两个条件——清晰的目标和及时的反馈——也是在工作中非常容易出现但在育儿过程中很难完成的。我在工作中投入 10 小时，

---

① ［美］米哈里·契克森米哈赖：《心流：最优体验心理学》，北京，中信出版集团，2017。

四、积极投入

基本可以保证批完 100 份课程作业或回复 100 个问题，这可以带来强烈的成就感，更不用说工作中常感受到的家长的信任、同事的尊重、同学们的感谢等，且月底还有工资可拿。在家里投入 10 小时，打扫房间或做饭等家务还好，可以立竿见影，但在育儿中就没准儿了。比如，辛辛苦苦、满心期待地带孩子们去颐和园，我的目标很清晰——让孩子们感受中国园林文化，了解历史。但孩子们并不领情，只记住了天气的炎热。一年又一年的爱和陪伴，18 岁孩子离开家后才能看出实效，过程中做得如何并没有及时反馈，以致对做得好坏多年后才明白，甚至后悔。

契克森米哈赖博士的调查发现：心流体验出现在工作中的比例（54％）大大高于休闲中的（18％），但他坚信，心流对家庭的维护和成长至关重要。没有心流，家庭最终会陷入僵局或脱离状态，因为只有在心流里，家庭成员才能一起成长，不但个体得到发展，而且建立联结，加深信任和亲密感。

其实，孩子小时候在玩耍或自由探索时很容易获得心流体验。当孩子被一项活动深深吸引时，父母应尽量确保他们可以在完成活动前不被打扰。父母可以邀请孩子规划家人都喜欢的周末活动，如一起锻炼、下棋、做手工等，在自己选的活动中更容易产生心流体验。父母在活动中应多关注当下，享受过程，而不是盯着结果，从而促进心流产生的因素。

创建更有利于心流体验出现的家庭环境，同时提升积极情绪和亲密关系，可以参考以下几个方面。

①长幼有序，界限分明。

在相互接纳、信任和尊重的家庭里，孩子能感受到父母无条件的爱，能无所畏惧地探索这个世界，把心理能量集中在发挥优势和创造上。这也是儿时健康依恋关系所形成的安全感对孩子的发展如此重要的原因。相反，在秩序混乱的家庭里，孩子的大部分能量都浪费在层出不穷的争执以及不让脆弱的自我被别人的目标吞噬的自我保护上。[①] 混乱的家庭关系会分散孩子的专注力，心流发生的概率就小了。

清晰合理的界限是家庭秩序的重要组成部分。下面这位家长的经历反映了这一点。

女儿刚上一年级。关于每天看电视的时间，我先请女儿和我坐在

---

① ［美］米哈里·契克森米哈赖：《心流：最优体验心理学》，北京，中信出版集团，2017。

一起，认真地告诉她看电视过多对小孩子眼睛的坏处。虽然她似懂非懂，但看起来也理解了一部分。然后我和她讨论："每天放学回来先检查作业，然后看两集动画片，看完之后妈妈和你一起去院子里玩球，好不好？"女儿特别喜欢在院子里玩，可以撒欢儿地跑。听到我可以陪她玩，她马上就很开心地同意了。接下来，我需要做的是提醒自己每天安排好时间来执行既定规则。我把需要集中精力完成的事情安排在女儿放学之前。女儿放学到家时，我请她给我看带回来的当天的作业，我会尽力把积极情绪带入作业过程，如经常惊喜地看着她写的作业，然后说："哇，我也可以写得这样好吗？"这个时候，她就会很骄傲地说："来，你跟着我这样写。"写完作业后，女儿有时会停留在画画或玩数字游戏的兴趣里，我就跟她一起玩。等她想看电视了，我帮她把电视打开，提醒她看完后妈妈要跟她出去玩。动画片快结束的时候，我就放下手里的工作，在旁边等着她，她会在结束的时候立马关掉电视，跳起来拉着我去院子里玩，而不是像以前那样抱着遥控器乞求道："我可以再看一集吗？"其实孩子的适应力比我想象的强很多。这样执行一周后，女儿放学回到家，会先打开书本，告诉我需要做什么；然后在看完规定时间的电视后，自己关掉电视，提醒我和她去玩。有的时候，她自己会提出不看电视，因为她想多在外面玩一会儿。带着女儿去购物的时候，我会先告诉她我们要去买什么东西，不需要的东西就不买。如果是给她买玩具，在出发前我会先跟她说好只能买一个，这样的话，当她在玩具店看得眼花缭乱时，我就提醒她选一个自己之前计划好的玩具，因为我们只买一个。如果她还想要别的，我就告诉她，下一次可以把别的玩具买回去，但这次不行，因为预算已经用完了。我发现，如果每次在做事之前，给女儿清楚的解释和明确的界限，她就不会越界或无理取闹。前提是我要认真遵守规则及履行承诺，并且记着在她每次表现很好的时候及时赞扬。

很多家长发现，给孩子划清界限的同时，自己需要做好榜样，只有这样孩子才更容易接受。有位家长反馈道："在给孩子列出时间计划的同时，我必须把自己的事情安排好，并在我自己的时间计划内完成，避免冲突发生。在让孩子学习管理自己的同时，我也变得更有条理。给孩子划清界限，让她清楚在她小小的世界里她所拥有的权限和责任，可以让她更自如地做好自己，少了很多疑问。在向父母提要求的时候，如果得到否定的回答，她也不再耍赖纠缠。我发现带孩子变得更容易了。"

相关的优质绘本等也可以成为帮助心流产生的工具，如《快乐儿童的 7 个习惯：要事第一·有序才有效率》等，可以在故事中让孩子更理解秩序的功用。

②专注于当下。

全神贯注是心流体验最显著的心理特征之一。不管家务事多琐碎，养成每段时间只做一件事的习惯都会为产生心流创造条件，正如下面这位同学的体验。

　　学习积极心理学前，我基本上工作和生活不分家。和孩子在一块的时候，如周末陪孩子去公园，我也会拿出手机处理工作事宜。现在我重新梳理了自己的工作内容，并制定了相应的小目标。我在单位办公时，在固定的时间做固定的事情，非常专注地完成工作，大大地提高了效率。我也特别享受在工作中的那种专注、忘我的工作状态，以及高质量完成工作后的成就感。回到家，我就把注意力集中在孩子身上，享受当下的生活和陪伴孩子带给我的愉悦，我也告诉孩子这样的方法：一段时间只能做一样事情，吃饭的时候不能玩、看电视等，不然就玩完、看完再吃饭。跟家人达成一致，我们都要在一段时间只做一件事，充分享受当下！经过将近两个月的实践，我发现孩子确实养成了专注的行为习惯，我和家人在一起时的愉悦感增加了。

③设立积极目标。

家人共同的目标，如一年后一起参加半程马拉松比赛等，可以启动家庭的心流体验。鼓励孩子每年为自己设立符合能力特点和喜好的目标也很重要，因为自主感是心流的主要成分之一。留心观察并重视孩子的兴趣，同时提供较大的自选空间，能提升心流产生的概率。专注不等同于心流，比如，有的学生看上去很专注，但如果学习的内容是乏味的重复，没有技能和挑战的匹配或选择，他们就不会享受努力的过程。有位家长给出了下面的反馈。

　　我发现，超过 30 分钟的学习常使孩子出现倦怠，我就利用这个时间段分享一些人生小故事，或者与他一起进行数学、语文或英语游戏，他的专注度就会高很多，对逻辑思维的理解和相关要求的响应度也会提高。尤其是那些我也是第一次知道并学习怎么玩的游戏，他会非常骄傲地分享，记得也非常扎实。其实，如果不把学校的课业看成负担，而把它变成与孩子在一起的高质量互动，那种两人联结的感觉就会促使心流产生。尤其是将这些瞬间记录在成长手册里面的时候，更加觉得双方的生活是同步的。

家长在日常生活中还可以开发一些微心流活动，如排队时给孩子出谜语、在他手心里写字让他猜等，来激发兴趣和专注力。

学会掌控内在体验的人能够决定自己的生活质量。[①] 彭凯平教授把心流翻译成"福流"，借用他的话："生活处处有福流！"[②]用心观察，专注于过程，我们一定可以在每一天体验心流，和孩子共享成长时刻。

成长练习

结合本部分内容，看看下面哪些因素有助于建设易于心流产生的家庭环境。

①清晰的家庭秩序。

②合理的界限。

③共同的家庭目标。

④当孩子被一项活动深深吸引时，尽量确保他不被打扰。

⑤邀请孩子规划家人都喜欢的周末活动，共享家庭时光。

⑥多关注当下，享受过程，而不是盯着结果。

---

① ［美］米哈里·契克森米哈赖：《心流：最优体验心理学》，北京，中信出版集团，2017。

② 彭凯平：《吾心可鉴：澎湃的福流》，北京，清华大学出版社，2016。

> 教育的首要任务是教给年轻人从正确的事情中寻找乐趣。

（五）学习能像游戏一样上瘾吗

一位家长问道："我家孩子五年级，学习不主动，尤其对语文不感兴趣，所有作业都一拖再拖，到我下班回家时还没开始做，即便我回家后他开始做，也拖拉磨蹭到很晚才勉强完成，家庭气氛每天都因做作业的事而紧张，常常有冲突。您课上讲到心理发展阶段理论，中小学期间孩子需要解决勤奋和自卑的冲突。根据对孩子的观察，他还是有积极进取之心的，想做得好，但每天不能自控，一放学就玩，即使现在放学后在学校多待一会儿写作业，也没怎么写。如何把孩子想学好的愿望转化为做好的行动呢？"

和家长交流时，我总会被问到类似上面的为何孩子无法投入学习的问题，甚至很多家长反映，孩子在六七岁时就开始出现厌学现象了。

学前和小学阶段正是孩子的求知欲、好奇心非常强的时候。刚开始上学就厌学，问题出在哪里？怎样在学习中增加心流的产生条件，让孩子享受学习的过程呢？

父母最先要做的是尽量使学习和孩子的兴趣挂钩，或者和日常生活中的实用概念相结合，把知识和学习过程变得更有吸引力，如下面这位家长的反馈。

我在孩子很小的时候就有意识地保护他的好奇心和兴趣点。他对于昆虫和植物由衷地喜欢，一直处于好奇心高涨的状态，喜欢法布尔，喜欢清顺。从他上幼儿园到现在，已经有 7 年时间了，他依然孜孜不倦。之前养过日本弓背蚁等，最近还写了一个书面请示给我，想要养一窝收获蚁，好研究它们如何吃种子。其实我内心多少还是有些抗拒的，因为这个兴趣完全脱离了我对孩子未来的规划，在传统观念中这些领域还是比较偏的。和爱人商量后，我们还是决定尊重孩子的兴趣。

兴趣可以驱动求知欲。孩子去图书馆、博物馆等地方查阅自己感兴趣的资料、请教专业人员的过程会锻炼阅读理解、交流等很多对学业有帮助的技能。我所工作的初中有一位男生酷爱植物。他因有读写障碍而在学习上比同龄人吃力很多，还在小学留过一级，但他的父母从未让学业困难引起他低人一等的耻辱感或焦虑，而是鼓励他研究自己热爱的事物。他家的卧室和后院种满了他从各个地方收集的植物。对植物的好奇心延伸出来他要去大学深造植物学的目标，让他心甘情愿地在功课上投入别人的两三倍的时间。虽然困难，但清晰的目标让他能在做作业的过程中有超强的专注力，乐此不疲。

如果不是孩子感兴趣的科目，心流的产生则可以参考孩子自身的学习风格。

早在 1907 年，蒙台梭利教育法的创始人玛丽亚·蒙台梭利（Maria Montessori）博士就发现儿童对不同信息的吸收能力不同，开始使用不同的教学材料来强化他们的学习风格。20 世纪 70 年代的 VAK 理论把学习风格分为听觉、视觉和动觉三种。[①] 没有人只用其中一种，但大多数人都会有明显偏向。虽然学术界对 VAK 理论有些争议，但我 20 多年在学校中的工作证明它基本正确。传统教育模式比较强调听力理解和处理能力，研究发现，擅长用听力处理能力来学习的人（auditory learners）不到一半。大部分孩子需要一些视觉辅助，比如，学地理时需要画个图，学历史时需要画个大事表等，才能记得更清楚。还有小部分孩子通过触觉学习效果最好，如动手做模型。

孩子各有特性，当孩子的能力特点与传统教育的要求或父母的期待不吻合时，父母则需要在养育过程中多观察和接纳孩子，找到最适合孩子的信息交流方式。对于讲座式教学，只有不到 10％的孩子能理解得顺畅，绝大多数孩子需要在练习、与别人讨论或重复教给别人的过程中吸收知识。对于刚上学的孩子，父母可以在家里准备一块白板，鼓励他们当老师，把

① Sree Nidhi S. K. & Chinyi Helena Tay, "Styles of Learning VAK," https://www.researchgate.net/publication/317305325_Styles_of_Learning_VAK, 2019-11-15.

四、积极投入

课堂上学到的知识教给家人，这不但可以提高学习的乐趣，同时可以加强理解。

哈佛大学心理系教授霍华德·加德纳（Howard Gardner）博士依据对脑损伤病人的研究，于1983年提出了多元智能理论。① 他指出除了广为智力测试和学校教育所认同的语言智能和数理逻辑智能，还有多种其他智能存在，包括音乐智能、运动智能、空间智能、人际智能、内省智能、自然智能。

用心观察一下不难发现：有的孩子坐车出去时，对地图、路线记忆得特别好，显示空间智能强；有的孩子听一下曲调就能重复，显示音乐智能强；有的孩子词汇量特别大，语言表达能力非常强，他的听力处理和语言智能往往出色。

帮助孩子找到自己的能力特点和学习风格，提供相应的信息交流方式，能让孩子更享受学习的过程。比如，听力处理强的孩子，押韵的儿歌、带表情和语气的课文朗读等对他们有吸引力；对于视觉型学习者来说，博物馆、纪录片等方式更能增强记忆并提升他们的学习乐趣。不要小看体育活动，它能帮助孩子控制自己的身体、集中注意力，锻炼协调能力和抗挫力。音乐让孩子领受精神世界中美妙的秩序。成绩不一定必须领先，但每个孩子都有权利享受求知的乐趣，哪怕方式和领域不同。

技能和挑战的匹配也在心流的形成中起关键作用。当孩子在学习上遇到困难，采用的第一个测评就是测试孩子在阅读、数学和写作上达到了什么水平，看看当前的作业要求是不是远超孩子的能力水平。很多情况下，逃避、拖延等都是孩子的学习任务和他的水平不相符造成的。如果是这样，就需要孩子在课后补上他缺失的内容，要不然上课听不懂，作业做不出来，长此以往，厌学是自然的结果。

在学习上多少有些困难的孩子在每个班中都会占20％左右。5％左右的学龄儿童会达到学习障碍诊断标准，他们在学业学习中更难产生心流，因为挑战（学习任务）远远高于技能（当下的能力水平）。美国公立学校提供的特殊教育服务并不能提升他们的认知和信息处理能力，只是换成更适合他们特点的方式去教，比如，老师提供阅读材料的音像版，或把孩子说出来的答案替他写下来等。② 但这并不阻碍孩子在自己爱好的学习中体验心流，如厨艺、运动、美术等。

---

① ［美］霍华德·加德纳：《智能的结构》，北京，中国人民大学出版社，2008。

② 谢刚：《我在美国做学校心理学家：走进真实的美国中小学生活》，北京，北京师范大学出版社，2016。

心流离不开专注力。一般情况下，我们只有在做自己喜欢的事情时注意力才会高度集中。正常情况下，如果从事新颖、有趣的活动，年龄为6～7岁的儿童维持注意力的时间可长达30分钟，但同龄的孩子在参加指定的课堂活动或完成老师布置的作业时，专注力只能保持6～10分钟，特别是他们觉得无趣或无法独立完成的任务。作为指导原则，研究推荐使用年龄作为儿童可以专注于他人指定任务的起点分钟数，如7分钟对应7岁。

注意力集中是心流的关键特征，对孩子学习的影响非常大。美国4～17岁的孩子中被诊断为注意力缺陷多动障碍的比例逐年上升，现在已经达到11％左右了。[1] 而且注意力障碍对学业的影响随年龄增长越来越明显。提升孩子的专注力可以参考以下几点。

①按时休息，保证8～10小时的睡眠，睡眠的质量会直接影响孩子的专注力。

在学校里工作时，常常有老师来找我，怀疑自己班上的某位学生有注意力缺陷多动障碍。我对此的第一个问题总是："您知道他头一天晚上几点睡的觉吗？今天早上有没有吃早饭？"睡眠和饮食都是影响孩子注意力的生理因素。劳逸结合会提高学习效率。孩子即使放学后留在学校做作业也几乎没做的原因，很大程度上是在一天的课程中没有充足的消耗体力的活动给大脑合适的休息。我所工作的学校原来每周有两天在放学后给需要帮助的学生补课1小时，结果发现效果非常不好，因为孩子在上了6小时课后无法继续集中精力学习，最终这个措施被取消。磨刀不误砍柴工。如果孩子放学后有机会跑跑跳跳至少1小时，吃点零食后再开始做作业，效率会更高。

②制定清晰且合理的目标。

如果把每天的作业分成几个小部分，孩子看到能够在短时间内完成一项任务，则会提升规定时间内的专注度，这比虽坐在那里两小时但都在走神儿好得多。比如，家长可以和孩子讲好，如果在15分钟内把一页作业做完就可以休息15分钟，便可以在一定程度上避免拖延的发生，孩子更容易在做事的15分钟内保持专注，创造心流产生的条件。

③减少周围分心的事物，保持一致的学习环境。

在家里一定要有固定的学习地点，孩子每天在那里做作业，书桌上尽量不放和学习无关的东西。

---

① ADHD Numbers，"Facts，Statistics，and You，" https://www.addrc.org/adhd-numbers-facts-statistics-and-you/，2019-11-16.

④有意识地培养孩子的观察力。

在日常的交流中给孩子提一些关于观察力的问题，如"你今天去姥姥家，有没有发现家具有什么不一样?""小区草地的颜色有没有变化?"经常提醒孩子观察周围的事物、做找图片差异的练习等都会提升孩子的专注力。

⑤预习，提前了解课业内容使孩子更容易跟得上老师的讲解，有助课堂上保持专注力。

如果孩子在课堂上接触到的内容是完全没有听过的，而且自身的专注力不是很强，那么他跟得上老师的讲解、理解并且专注的可能性就小很多。

⑥教学方式多样化，能抓住孩子的学习兴趣。

经验丰富的老师会使教学方式多样化，包括笔记、图像、讲解、画图等，让孩子保持兴奋的状态。在家里如果孩子预习、复习时需要帮助，家长则可以结合不同的信息途径，如画图、手工、和父母轮流读课文等，孩子会更专注，理解和记忆也更快一些。

⑦利用辅助工具来提升专注力，如计时器。

如果孩子专注在某项有意义的活动中，如拆鲁班锁，家长就可以给孩子充足的时间保持投入的状态。但如果5岁的孩子在做作业时只能独立专注5分钟左右，那么他在做老师指定的任务时就需要通过计时来提升专注度。从6分钟开始，计时器响的时候孩子可以选择停下来喝点水、休息一下再回来，然后慢慢延长计时器的时间。

另一个影响学习中心流产生的因素是孩子对待挫折的态度。孩子暂时还不会的题目或犯的错误暴露了他需要继续学习的地方。如果这些失误成为被训斥的理由，孩子就会把学习看作挫折感的来源，能躲就躲。"积极情绪"部分的"ABCDE反驳法"可以使家长调整对待成败的心态，积极对待孩子在学习中遇到的困难，帮助他们享受学习的过程，正如下面这位家长所反映的。

目前在生活中我最烦心的就是陪孩子学习。这个暑假，我们很担心孩子在开学时跟不上一年级的课程，就给他报了幼小衔接班，进行为期16天的拼音、英语、美术学习。在这期间，每天晚上我都要看孩子的拼音练习，完成录视频并上传的任务。看到孩子学起来吃力，我尝试和他一起读，却发现孩子只会跟着读但总记不住。我们购买了白板，与他边写边读，但孩子还是记不住。我心里很焦虑，所以尝试使用"ABCDE反驳法"调整情绪。

不好的事（A）：孩子在拼音练习、拼读上总是记不住，反复读写也不能顺利录完视频，以至于孩子闹情绪，我也很无奈，就想打骂他。第一次学习a、o、e的四个音调的拼读时，连续三天妻子跟他读到23：00才完成。老师看到视频上传得这么晚，要求我们21：00前让孩子休息，培养良好的习惯。

理念（B）：我不知道孩子是怎么回事。其实也不是第一次这样了，我们早就发现他学习速度慢，但这次幼小衔接的拼音学习，我确实没想到会这么慢。看到孩子没有用心听和读，再看到微信群里做得好的孩子，更觉得自己的孩子很笨。

后果（C）：我觉得很难过、很失望，甚至产生打孩子的冲动。妻子总埋怨我，认为孩子小时候说话说得晚而我没有及时寻求专业人员的帮助，责任全在我。这让我着实感觉很无奈，更不愿意搭理孩子和妻子。孩子喊"爸爸教我"，我都不愿意搭理他，心里憋着火，无处释放。

辩驳（D）：由于我工作上的原因，孩子跟着妻子在老家待了一段时间。家里的孩子少，又缺少沟通，孩子一个人玩玩具的时间多些，在两周岁时才会喊爸爸妈妈，这让我们担心了很长一段时间，也进行过测试，差一点要做治疗。孩子胆小，不主动接触新事物，但一旦喜欢上了就会很努力地做，书写和画画都进步很快。孩子现在刚上幼小衔接班，很愿意听老师的话，只要坚持读，学得慢一点，只要能耐心陪着，就一定可以赶上来。我的反应有点过了，没有把更多的精力放在孩子的身上。每次我能耐心一点、乐观一点，让孩子不害怕读错、大胆读时，孩子就能放松跟读，也能很快地把视频录完，完成老师的任务。

激发（E）：我开始觉得有信心了，可以更耐心地陪着孩子读书。我下决心多陪陪孩子，就当作亲子时间、了解孩子的好机会。

后记：孩子上一年级后，对老师布置的作业能按时完成，看起来很有学习兴趣。老师交代的需要他自己做的事情，他也不会让我们帮忙，自己独立完成，并愿意把在学校做的事情跟我们分享。

如果我们能常常看到并肯定孩子在学习中努力的过程，如："这一章你做的笔记很详细，昨天晚上花了很长时间把这章的内容都复习了一下，还做了提要，对今天的考试确实很有帮助啊！"提醒孩子看到学习过程中的努力对最后结果的影响，便能赋予他们掌控感，他们会更愿意付出。总担心因学不好而被惩罚的心态很难让孩子投入学习。

我观察过很多在学习中常有心流体验的孩子，无一例外的是，学习的过程给他们带来了成就感，而且学习中与同学、家长或老师的互动加强了他们健康的人际互动。相反，如果反复体验挫败感，孩子则会逃避学习。

曾有位家长问："孩子上小学一年级，做事拖延，尤其是写作业，特别慢。感觉他心里压力很大，7 岁的孩子，看上去一直在纠结，不想写，不愿意写，溜号，望天，手里拿着玩具摆弄……10 分钟的作业，要写 1 个多小时，对学习没有兴趣。而且孩子坐不住，总动来动去，心里长草，静不下来。该怎么办呢？"

我询问家长后发现，对一样事情孩子特别专注——玩乐高；除了乐高，其他任何事情孩子都坚持不下去。

从小学一年级开始，学校学习对读写的要求就比较高。可若一个孩子最喜欢和擅长的是动手活动，那么结合手眼互动技巧的任务则最容易催生心流体验，而读写这种作业对孩子来说比较辛苦，甚至带来挫败感。同时，学起来比较困难或写课堂作业比较慢等表现也许会让老师或同学对他有不太积极的反馈，那孩子就有双重挫败感了，这种情况下走神和逃避就很自然了。

对于学习任务和自身能力特点不匹配的孩子，该怎样提升学习中的专注度呢？可以从孩子喜欢的事情出发。比如，孩子喜欢乐高，家长就可以找一些关于乐高的书，让孩子看到阅读是吸收有用知识的一个途径。他喜欢动手操作，就让他用一块块乐高来演示数学计算题。另外，可以把孩子想做的活动和要完成的任务结合在一起，如："把作业在 7 点前做完，就可以去乐高俱乐部了。"这些都是结合孩子的特点来提升学习中的专注度的途径。

引发学习中的心流状态，积极情绪也会有帮助。做作业前肯定性的话语、愉悦的表情和温暖的氛围都有助于孩子更专注于眼前的学习任务。

成长练习

根据这部分内容，看看下面方法中的哪些可以帮助提升孩子的学习专注力、激发心流。

①按时休息，保证 8～10 小时的睡眠。

②健康饮食。

③从孩子的兴趣点、能力特点、学习风格入手。

④减少周围分心的事物，保持一致的学习环境。

⑤有意识地培养观察力。

⑥预习，提前了解课业内容。

⑦教学方式多样化。

⑧制定清晰而合理的目标。

⑨利用辅助工具，如计时器。

⑩培养成长的心态，善对挫折。

⑪做作业前肯定性的话语、愉悦的表情和温暖的氛围。

> 自由不是想做什么就做什么，而是不想做什么就可以不做什么。

（六）新体验打破无意义的心流

孩子一天到晚不吃饭、不睡觉，迷恋打游戏，打也打了，骂也骂了，不起作用，怎么办？

儿子才7岁半，已经时刻离不开游戏了！为了这事，我没收过他的平板电脑，打过他，不理他，等等。现在，他无论拿到谁的手机都会去下载游戏，甚至有朋友的手机还为他的游戏付了费！

积极心理学课每次进行到"心流"一节都有很多同学发现，电子游戏提供了所有心流形成条件：清晰的目标（如升级），及时的反馈（打得好坏马上能见分晓），技能和挑战的完美匹配（如果一个游戏太难，就换另一个符合自己水平的）。而电子游戏成瘾也完全符合心流的心理特征，如注意力高度集中；陶醉其中，发自内心的积极、快乐和主动；忽视外在所有的影响；物我两忘，自我意识暂时消失，此身不知在何处；时间飞逝；等等。

契克森米哈赖博士在《心流：最优体验心理学》一书中明确地提出，任何有乐趣的活动都会上瘾，不再是发于意识的选择，而会干扰其他活动；当一个人沉溺于某种有乐趣的活动，不再顾及其他事，就丧失了最终的控制权，产生心流的活动就导致负面的效果；一旦上瘾，自我就沦为某种特定秩序的俘虏。

这就是我们必须区分有意义和无意义的心流体验的原因。

不论是在国内还是在国外，电子游戏上瘾都是普遍的问题，而且上瘾的年龄越来越小。

根据《中国青少年健康教育核心信息及释义（2018版）》，网络成瘾是：

在无成瘾物质作用下对互联网使用冲动的失控行为，表现为过度使用互联网后导致明显的学业、职业和社会功能损伤。在一般情况下，相关行为至少持续 12 个月才能确诊。2018 年世界卫生组织将"游戏成瘾"列入精神疾病范畴。《第 46 次中国互联网络发展状况统计报告》显示，截至 2020 年 6 月，我国网民规模达 9.40 亿，其中学生群体占比为 23.7％。[1]

我第一次意识到电子游戏的威胁是在 2014 年 4 月，我无意中发现 9 岁的威廉半夜起来玩电子游戏。之前他热爱阅读、数学、象棋等，所以我一直以为电子游戏不会对他的学习产生威胁。但那天晚上，我看到自己低估了电子游戏对未成年人的吸引力。

近几年我接触到了很多被电子游戏困扰的家庭，让我有机会对这个问题做深入研究。有的家长坚持这是个社会问题，要求我从专家的角度去抗议电子游戏的开发，从学校的角度禁止学生玩电子游戏。

首先要澄清一下：网络的普及是科技发展的潮流，为生活和学习带来无数便利，我们不能逆流而上。《中国青少年互联网使用及网络安全情况调研报告》指出，八成以上的青少年具备较强的网络使用能力，接近半数的青少年每天上网时长能控制在两小时以内。[2] 中国青少年网络协会、中国传媒大学调查统计研究所发布的《中国青少年网瘾报告（2009）》发现非网瘾青少年中以"学习和工作"为主要上网目的的比例达到 45.5％。[3] 父母完全不用谈网色变，因为若使用得当，网络则可以成为孩子学习的得力工具。越来越多的学校开始应用电子教材，远程教育逐步成为 21 世纪的重要教育方式。

各国青少年达到网络上瘾诊断标准、严重影响到生活和学习的比例在 3％ 与 10％ 之间，这些孩子确实需要接受专业治疗。[4] 但大多数青少年只要在小时候养成正确的学习态度和责任感，课外有健康的爱好，即使一时被电子游戏吸引，也可以在生活中引导改进。《中国青少年网瘾报告（2009）》发现，经济发展水平较低的城市，如贵阳、银川等，网瘾青少年的比例是北京、上海等发展水平较高的城市的二到四倍，原因就是发达城市青少年

① 《第 46 次中国互联网络发展状况统计报告》，http://www.gov.cn/xinwen/2020-09/29/5548176/tiles/1c6b4a2ae06c49da353495e.pdf.

② 《中国信息安全》编辑部：《中国青少年互联网使用及网络安全情况调查》，载《中国信息安全》，2018(6)。

③ 《2009 年青少年网瘾调查报告》，https://mat1.gtimg.com/edu/pdf/wangyin-baogao.pdf，2019-11-17。

④ "Internet Addiction Statistics - Facts, Figures, & Numbers," http://www.techaddiction.ca/internet_addiction_statistics.html，2019-11-17.

的教育及课外活动资源相对丰富，课余时间可以参加更多与网络无关的活动，并且对网络的认识和使用更成熟。而发展相对落后地区的青少年如果在学习上没有积极体验，也没有其他更有意义的活动使其投入精力，就更容易被电子游戏捆绑。电子游戏不仅为青少年提供视听上的享受，随时间而积累的等级提高、及时积极的反馈等都可以弥补孩子在生活中缺失的各种心理需要，如掌控感、成就感等。

网络是为人服务的，不能让它绑架了我们的生活和学习。赶走黑暗最有效的方式是光明。净化网络环境当然重要，但使生活中有更有趣且有意义的活动，吸引孩子的注意力，带来真实的自主感、成就感和归属感，是消除网瘾隐患的方法。良好的亲子关系是第一道防线。父母多花时间与孩子一起在生活中找到可以带来积极体验的活动，如读书、音乐、美术、棋类、运动等，网瘾发生的概率就会小很多。我的另一本书《我在美国做学校心理学家》中的"E时代：孩子真的要输给网络了吗？"部分指出，造成网瘾的环境原因包括环境没有界限，并列出了一些干预方法。

①制定规则。

和孩子一起商量：每天最多玩多长时间的游戏；什么时间可以玩，如完成作业和课外活动后；如果超过了规定的时间，后果是什么（逻辑后果是第二天没有玩游戏的权利）；等等。对青少年来说，家规一定要取得他们的同意，不然他们不会在执行上合作，自己定的规则更容易遵守。

②一致地执行规则。

威廉在被发现晚上偷玩游戏后，一周内玩游戏的权利取消，他心服口服。特别是第二天他参加了一场棋赛，取得了一年来的最差成绩，这给他上了直观生动的一课：睡眠不足对棋技有负面影响。从那以后，家里没再出现过半夜起来玩游戏的现象。

③父母以身作则。

当孩子看到父母花很多时间看手机时，父母让孩子控制上网时间的话就会很无力。父母尽量在孩子面前多做更有意义的活动，如一起打球等，引导作用比说教更有效。

要打破网瘾中的无意义的心流体验，我们还需要了解改变的机制。

"对于改变而言，理智提供方向，情感提供动力。"[1]我们的情绪和行为选择受被强化了的经验支配。旧经验根深蒂固，因为我们熟悉应对环境的固有方式，如放学回到家就打游戏让自己感到放松。这种控制感带来的安

---

① 陈海贤：《了不起的我：自我发展的心理学》，北京，台海出版社，2019。

全感建设了心理舒适区，而这个舒适区不能让我们根据当前的要求（如高中学习任务重）来选择合适的应对方式，只会根据熟悉的应对方式来建构当前的行为。改变失败往往是因为缺乏新经验的支持。重复新行为可以创造出新经验，获得新的强化。只有理智上的理解和想象（如知道高中时间管理的重要性），而没有新行为带来的新经验，就不可能实现长期的改变。

哈佛大学教授罗伯特·凯根（Robert Kegan）博士提出："和生理免疫系统一样，人也有心理免疫系统，它排斥我们采取新的行为方式，以此来维持心理结构的平衡和稳定。"[①]它本质上是一套焦虑控制系统，新的行为方式会让我们感到不安或焦虑，而为了避免焦虑，我们就会用老办法。凯根博士设计了"心理免疫的 X 光片"，通过四个步骤帮孩子看清心里害怕的东西。

第一，希望达成的行为目标。比如，少玩电子游戏，多花时间在学校课业上。

第二，与目标相反的行为。比如，一到家就玩电子游戏，平均每晚玩两三个小时。

第三，潜在的好处。比如，释放白天学习的压力。

第四，内心假设。比如，如果我不玩游戏，压力就无处释放。

改变的本质是通过做不同的事来获取新经验，让新行为反复显示"内心假设"的不可靠性，从而产生新的感悟，并整合到孩子的心理免疫系统中，促使改变发生。比如，如果孩子喜欢运动，放学爸爸接上孩子就先去打半小时篮球，过程中伴有愉快的交谈，释放白天上课的压力。如果孩子喜欢音乐，就可以让孩子回到家后有机会听半小时自己挑的音乐，同时吃些水果等。如果孩子喜欢美术，就可以让孩子先画画或做手工等。只有根据孩子的喜好，让孩子反复体验更有建设性的减压方式，才能打破原有的不良行为习惯。不然，只靠说教或惩罚，即使有效果也不会持久，正如下面这位家长的体验。

> 我看到孩子沉迷电子游戏的部分原因是在学校成绩不好，但他又拒绝去补习班。所以我利用各种休息时间学习他的课本，再辅导他不会的题目。虽然自己很累，但孩子看见我努力"啃书"，逐渐被感动了。我辅导了他两个月的数学，他进步巨大。当时，孩子眼睛亮亮地

① Kegan R., *Immunity to Change：How to Overcome It and Unlock the Potential in Yourself and Your Organization*，Boston，Harvard Business Review Press，2009.

看着我，发自肺腑地向我道谢。老师开始夸他了，孩子明显更自信、更快乐，也更愿意学习了。期末考试竟然在班上十分突出！

心流能提高工作效率，带来极致的心理体验，但如果方向错了，也会让我们成为"瘾君子"。只有帮助孩子在有意义的学习和活动中体验心流，才能让心流为他们的成长助力。

成长练习

　　如果孩子每天花在电子游戏上的时间超过两小时，影响到课业学习或课外活动，请参考以下方法，结合孩子的特点，看看如何将它们落实在生活中，通过建立新经验来脱离电子游戏的控制。

　　①良好的亲子关系。

　　②生活中可以带来积极体验的活动，如音乐、美术、棋类、运动等。

　　③针对孩子沉迷电子游戏的原因提出对策，如针对课业困难提供高质量的补习服务。

　　④和孩子一起制定规则。

　　⑤一致地执行规则。

　　⑥父母以身作则。

五、积极成就

人们在工作、运动、游戏、爱好等不同领域中追求潜能的发挥、技能的掌握和成功。①

---

① PERMA™, "Theory of Well-Being and PERMA™ Workshops," https://ppc. sas. up-enn. edu/learn-more/perma-theory-well-being-and-perma-workshops，2019-11-20.

> 照原样对待一个人，他将保持原样。按其所能对待一个人，他将会变成如其所能的那样。

（一）期待效应

2019 年 6 月，我在北京做亲子讲座时，有位家长很诚恳地提了个问题："2016 年凭'裸分'考进北京大学和清华大学的只有 30％；2017 年凭'裸分'①考进这两所大学的占 15％；2018 年凭'裸分'考上的还没公布，估计都不到 10％。我的孩子在上七年级，成绩一般，看不出什么特长。您可以帮我为孩子规划一下吗？"

如果有专业人士在七年级时为我规划，以我当时的成绩，最佳出路应该是打零工。

小学时因为母亲管得严，再加上一点小聪明，我的成绩一直名列前茅，但考初中（那时初中入学还要经过考试）时发挥失常。虽然幸运地靠语文竞赛一等奖加了 3 分，勉强进入好初中，但学习的信心全无。再加上初中三年父母关系继续恶化，母亲没有精力再管我。我像脱缰的野马，上课不专心听讲，下课不复习，作业不好好做。三年下来，除了语文都不及格。母亲不甘心看我从此断了求学的路，想尽办法把我送进了重点高中。刚到那里时，我更不知道该怎么学了。首先，荒废了初中三年，落下了太多知识，没有良好的学习习惯。其次，周围的同学都是各初中的"尖子生"，让我更加没信心。第一个期中考试，除了语文，其他科目仍然不及格。

按当时的情况，我必定连高中都毕不了业，怎么可能先后在三所不同的师范大学或教育学院连续读了 11 年，拿了两个硕士学位和一个博士学

---

① "裸分"即没有任何加分的考试成绩。

位，如今在工作之余还不停地自学，继续享受学习的乐趣呢？

一切改变，都源自 1986 年冬天高一班主任进行的一次半小时家访。班主任询问了家里发生了什么事影响到我的学习。他的信任让我无地自容，从此开始直面学习，并发现只要一步一个脚印地走，进步是可能的。高一期末考试中，我从垫底升到第 14 名。当时的兴奋清晰得恍如昨天。哪怕以后两年期中期末考试的排名基本保持前 3 名，哪怕大学每年拿一等奖学金，也不能和那个第 14 名相比，因为那是质的蜕变——尝到了努力的果实，找回了曾失去的控制感，也越来越体验到学习的乐趣。

1993 年，我有机会到北京师范大学修读心理学硕士，才发现自己是皮格马利翁效应的受益者。皮格马格翁效应，也叫期待效应。[1] 早在 20 世纪 60 年代就显示，老师的赞美、信任和期待能增强学生的自我价值，使学生获得积极向上的动力[2]。

如果老师一次尊重和信任的有效表达可以增强我对自己的信心，改变对学习的态度，改写我人生的道路，那么家长日复一日的爱、尊重和信任，能创造多长远的前进动力和奇迹呢？

我诚实地回答那位提问的家长：孩子的职业兴趣等 10 多年内都处于探索中。美国本科生中有 60% 左右在大学至少换过一次专业，50% 以上毕业后从事的工作和大学专业无关。孩子的成功离不开个人优势的发挥。我绝对支持按孩子能力和品性的特点提供机会去培养爱好。但对孩子教育的真正"规划"，是根植于父母深厚的尊重和信任的积极自我概念，是对孩子无论成绩高低都永远保持对世界的好奇心和求知欲的保证，是乐观的心态、感恩的习惯和坚毅的品格。

塞利格曼博士和彼得森博士从 24 种品性优势中总结出最能预测孩子未来生活满意度和高成就的 7 个因素，具体如下。[3]

- 好奇心
- 坚毅
- 自控力

---

① Rosenthal R. & Jacobson, L., *Pygmalion in the Classroom*, New York：Holt, Rinehart & Winston, 1968.

② 谢刚：《我在美国做学校心理学家：走进真实的美国中小学生活》，115～118 页，北京，北京师范大学出版社，2016。

③ Tough, P., *How Children Succeed：Grit, Curiosity, and the Hidden Power of Character*, London, Mariner Books.

- 热忱
- 乐观
- 感恩
- 社交智能

这些都离不开对自我积极的期待。

人的行为受情感的驱动，且易被积极情感触动，比如，爱、信任和期待会带来孩子前进的内驱力。哈佛大学历时 70 多年的研究证明，孩子成长过程中如果得到至少 1 位成人的信任，那他将来成功的概率就高很多。丹尼尔·科伊尔在他的畅销书《一万小时天才理论》中也写到，对 120 个在网球、钢琴和游泳上有突出表现的人的研究发现，他们启蒙老师的才能并不出众，但共同特点是对学生非常耐心，及时发现并鼓励微小的进步，和学生关系好，增强学习的乐趣，从而激发了学生前进的动力。[1]

马斯洛博士广为引用的需求层次理论提出，成功人士在达到"自我实现"前，除了基本的生理和安全需求，一定要先满足爱和尊重的需求。[2] 如果没有认同、接纳和尊重，人就容易产生强烈的孤独感和疏离感，很难有开发自我潜能的动力，正如下面这位家长的讲述。

暑假里，我给女儿报了两个兴趣班：画画和跳舞。上了两天课后，女儿告诉我，她喜欢画画课，但不想去跳舞了。我很奇怪，因为她上课的时候明明很投入，眼睛紧盯着老师，跳得很认真。我问她："能告诉妈妈你为什么不想去跳舞吗？""我不想去，压腿的时候很痛，反正我的身体不够灵活，跳不好。"她说着说着就开始掉眼泪。她的话让我大吃一惊，她是从哪里来的"身体不够灵活"的想法呢？这个肯定不是她自己想出来的。我告诉她："我们明天再坚持一节课，之后我们再决定要不要继续，好吗？"女儿点点头同意了。

我想了又想，终于回想起女儿的话出自何处——大概一年多前，有几次我和先生去幼儿园，在窗外观摩女儿上舞蹈课，回到家聊天时说到，她们班上有的小姑娘身体很柔软，动作一下就到位了，然后就半开玩笑地说看身体条件的话，女儿可能不太适合芭蕾这样对柔韧性要求高的舞蹈，可能更适合其他的。当时我们在说笑中没顾及在旁边

---

① Coyle, D., *The Talent Code: Greatness Isn't Born, It's Grown. Here's How*, New York, Bantam Books, 2009.

② Maslow, A., *Motivation and Personality*, New York, Harper, 1954.

玩的女儿，谁能想到那么小的孩子能把这些都记在心里呢？我感到深深地愧疚和自责，马上跟先生沟通了一下这个情况，决定第二天好好地弥补一下我们的错误。

第二天，在孩子开始跳舞前，我先和舞蹈老师沟通了一下，谈到孩子怕痛的问题。老师说，其实每个孩子都会经历这个阶段，大概一周多就能适应了。谈话的时候，女儿也在旁边。听完老师的话，她问："真的每个孩子都会痛吗？我真的适应了就不痛了吗？"老师告诉她，不哭的小朋友都已经练了一段时间，适应了。同时，老师还表扬了她作为一个新加入的小舞者做的动作非常棒。女儿听了很开心，但她悄悄告诉我说："妈妈，压腿痛的话我还是会哭。"我回答："你可以哭，但要尽量勇敢地坚持，好吗？"女儿点点头。

舞蹈课时，我在玻璃窗外看着她，她真的跳得很认真，看得出来她很喜欢跳舞。压腿时需要坐在地板上，俯下上半身去贴打直的双腿。老师帮着压了压每个孩子的背，女儿悄悄地哭了，但她牵了衣服擦了擦眼睛，继续保持着姿势。我当时很为她感动和骄傲。舞蹈课结束后，女儿笑着出来了，我给了她大大的拥抱，告诉她老师表扬她跳得越来越好，而且很勇敢。我还告诉她："你很小的时候，身体没有那么柔软，但现在你真的比原来进步好多！"女儿问："真的吗，妈妈？我也柔软了吗？"我告诉她："是的！"女儿看起来自信多了。我问她愿不愿意继续练习跳舞，她说愿意。这一件小事深深地触动了我，意识到我们对孩子的评价和期待，即便在不经意间，也会有积极或消极的影响力。

爱因斯坦曾说过：教育，是学校里教过的知识都忘掉后，自己还保留的东西。[①]

高中具体学到了哪些知识，现在我不记得百分之一。但班主任老师一次家访所传递的积极期待，让我重拾对自己和学习的信心，改变了我一生的道路。

那两年老师从来没有表扬过我，他看我时胸有成竹的眼神，好像一切进步都理所当然，让我觉得自己原本就该优秀。

但这个期待效应若用得不当，也能起反作用。

---

① Albert Einstein，"On Education，" http://www.cse.iitm.ac.in/~kalyantv/pdf/on_edu.pdf，2019-11-22.

《全国家庭教育状况调查报告（2018）》对 11 万余名四年级学生、7 万余名八年级学生及 3 万余名班主任的调查显示，96.2％的四年级学生和 95.8％的八年级学生表示家长对自己的成绩期望至少是"班里中等"。而实际情况是，每个班至少有 20％的学生在学业上处于下游。① 期待值需要和孩子的能力特点相结合。比如，高一班主任的积极期待可以改变我对学习的态度，但改变不了我的能力倾向。我在数学上再努力也顶多到中游，而在历史、地理、英语等科目上努力一下就能拔尖。另外，对孩子提高要求时传达的情感信息是爱还是嫌弃或失望，也决定了期待效果的好坏。

在美国公立学校工作的这 20 多年里，我接触过不少各方面都优秀的学生，但从未碰到过任何一无是处的孩子。只要多观察，孩子都有自己独特的地方。如果初中连续三年大部分科目都不及格的我可以持续成长，那么所有的孩子就都有无限的可能！只要家长和老师愿意，他们都可以给孩子机会发挥自己的长处，从积极的一面看待自己，成长为最好的自己，如下面这位家长的讲述。

　　我的孩子刚刚 4 岁，上幼儿园小班，不仅处于思维、语言、动作、身体发展的关键期，也处于心理发展的关键期。虽然了解到积极情绪有利于孩子的成长，但我有时还是忍不住过于关注孩子的不足，总想着尽快纠正，但常常适得其反。比如，前段时间，孩子的班级开展"一画一品"活动，第一次的主题是春天。孩子一开始画了一张路线图，我马上说不合主题，给他看了其他孩子的作品。他勉强又画了一幅，但主题和所做的介绍明显都是模仿别人的。我费尽力气想纠正他，想让他有自己的内容，但他哭着说不想再画，结果不欢而散。积极心理学关于教育的部分让我理解了只有信任和积极期待才能助力孩子腾飞。事后我进行了反思，在他参与第二次主题绘画的时候，我没有再在主题上纠结，告诉他妈妈相信他一定能画好。结果他画了一个大泡泡，由红色、蓝色混合成紫色的大泡泡，非常漂亮，并且讲了一个生动的故事，泡泡的形态和泡泡破掉的声音都抓住了。我对他能观察到泡泡的细节并能用语言将泡泡的成长过程描述得很生动进行了鼓励。孩子也很开心，开始经常在家里画，在绘画中找到了成就感。

① 《全国家庭教育状况调查报告（2018）》，http://m.jyb.cn/zcg/xwy/wzxw/201809/W020180927730230778351.pdf，2019-11-22。

年轻，充满了希望。父母、老师、教练等成人对孩子的每一条评语和每一个脸色所传递的信任与期待，就是滋养可能性的土壤。

如果我们愿意，每一位父母都可以成为皮格马利翁，给孩子机会成长为奇迹。

成长练习

请完成以下句子，并思考自己对孩子的期待如何影响孩子对自己的看法。

我相信_____（孩子的名字）将来会成为_____

_____的人！他/她目前暂时_____，但随着年龄的增长和正确的引导，他/她一定会持续成长，_____！

> 随事说造就人的好话，叫听见的人得益处。

（二）信什么，就看见什么

威廉六年级时，先生有一次告诉我，他已经连续好几天为威廉焦虑得睡不着觉了：象棋水平这两年停滞不前，作业敷衍了事，就连原来热爱的数学也很少像前两年那样自己钻研了。

先生问我该怎么办。

我建议他每天找到威廉三个值得欣赏的地方或微小的进步，并真诚地表达鼓励。

结果两天后再问，先生说他一个都没找到。

越是自律、成就高的家长，如五年里在麻省理工学院拿了三个学位的先生，越不容易看到孩子的优势或进步。那个在学习上根本没让我们操过心，小学期间在象棋、数学和科学上屡屡得奖的孩子，居然在爸爸眼里如此不堪。

老师和家长的期待可以增强孩子的自我价值，获得积极向上的动力。可这个期待是把双刃剑，如果不与尊重、赞美、信任结合在一起，不但会有损亲子关系，还会伤了孩子的志气，让孩子觉得永远达不到父母的要求，索性自暴自弃！同时，父母的焦虑情绪还会不自觉地流露在家庭互动中，负面地影响亲子关系。

生活在美国的华人中有 54％获得了大学文凭，27％左右有硕士及以上学位。① 而美国的其他群体仅 13％左右有硕士及以上学

---

① 《550 万在美华人数据全公开》，http://mp. weixin. qq. com/s/Pji00BSj-BnEhhqy6EqdDQ，2020-03-17。

位。① 美国硅谷以高科技著称，父母中更是"学霸"扎堆，这也造成了一旦孩子成绩不理想或考不上名校，达不到父母的期待，父母就会"愁"甚至"仇"的状况。这些孩子原本非常幸运，父母给他们提供了这么好的生活条件；但这也很可能变成压力，让孩子紧张、沮丧或自责，而且越自责，就越容易进入"破罐子破摔"的恶性循环。

天生自律、做事有条理、勤奋上进的孩子，虽然有，但占极少数。绝大多数孩子最终都会习得必要的技能，成长为对社会、家庭有用的人，虽然在这个过程中会跌几个跟头、走几段弯路。

在学校开会时见到家长，我常告诉他们："您的孩子是我见过的最懂礼貌、最合作的学生之一。"90%以上的家长会有大惑不解的表情，问我："你是在说我的孩子吗？他在家里完全相反！"

我们往往把最好的一面留给家外的人，孩子也一样。请相信，我们在家里看到的孩子不是他的全部；我们看到的现在，更不代表孩子的未来。请从成长的角度看待孩子当前的一些挑战。

父母只有对孩子的优良品行给予积极反馈，才能把它慢慢内化成孩子自己的衡量标准，有效地让好行为重复，正如下面这位家长的经历。

> 我的女儿3岁时，喜欢看书。以前她看完书就乱放，客厅几乎都要无处下脚了。和她说了很多次，看完一本放回原处再拿另一本，始终没有效果。但是，某一天，她看完了一本书，把它放回去后再拿另一本，并对我说："爸爸，我放回去了，又拿了这本。"我非常高兴，蹲下来对她说："知道把不看的书放回去，爸爸很高兴，女儿又长大了一点儿。"女儿也很高兴，表示以后不会再乱放书了。从那天起，她都是看一本拿一本，没有再乱放过书。3个月后，她开始在自己不玩玩具后收拾玩具，并把它们放回各自的盒子，我看到这些很是欣慰。孩子因为一句简单而明确的称赞而坚持了下来。
>
> 之前，在儿子的日常教育方面，他犯错或不听话时，我基本都采用惩罚的方式，对他称赞太少。这学期我修了积极心理学课，开始尝试使用积极评价。有一天一家人吃饭的时候，我看见儿子碗里吃得很干净，而且他自己面前的桌子上也没有饭粒，就马上说："儿子，你今天吃饭表现得真好，没有浪费一点米饭。"他很自豪地抬头望着我

---

① "About 13.1 Percent Have a Master's，Professional Degree or Doctorate," https://www.census.gov/library/stories/2019/02/number-of-people-with-masters-and-phd-degrees-double-since-2000.html，2019-11-25.

说："幼儿园老师也表扬我，我还得了小红星呢！"我又继续说道："儿子真棒啊！那你在幼儿园，老师还表扬你其他方面了吗？"他摸着脑袋想了想，说："还有呢，我昨天中午帮老师搬餐桌、收碗筷，老师又表扬我了。"我即兴说道："小时候啊，我也经常得到老师的表扬，而且在家里也经常得到你爷爷奶奶的表扬，你想知道为什么不？"他好奇地说："我想。"我就说："我小时候啊，每周都要帮你奶奶洗两次碗，你奶奶还表扬我碗洗得特别干净。"他一听就兴奋了，说："爸爸，我也要帮妈妈洗碗，我今天就要。"我说："好啊，今天我们两个一起洗，我洗第一道，你洗第二道，你看好不好？"他兴奋地说："好啊，爸爸！"就这样，我们父子俩在嘻嘻哈哈中，开心地把碗筷洗了，把厨房收拾得干干净净。感谢这次经历，让我感受到积极反馈的作用。从这以后，看到孩子的好行为，我都会及时给予鼓励。与孩子之间的合作显著增加，家里的气氛好多了。

孩子们成长的道路不同，暂时的成功不代表将来的荣耀，暂时的曲折也不应带来灰心。

曾经拖延症严重的男生，暑假去外地实习，第一程飞机晚点，转机时他以"破纪录"的速度跑到下一个登机口，从此开始深知时间的概念。

曾经被诊断为多动症，常被叫到教室外面罚站的孩子，现在谨慎成熟，爱运动，在大学如鱼得水。

先生因威廉在六年级时做作业敷衍了事而担忧，却没看到这是因为学校的功课太简单。他在对自己有挑战性的知识上，如"科学杯"的训练和比赛中，表现出强烈的求知欲，成绩不俗。威廉在象棋上虽然等级分停滞不前，但仍保持兴趣，还在坚持学习。对于家务，他也主动完成。

种一棵果树，如果只盯着金秋丰收的一天，则只会焦虑怎么长那么慢，甚至恨不得拔苗助长，而错过了所有风景——春天的芽、夏天的花。

养育孩子，如果只盯着教育的目标（优良的品行），而看不到孩子在这个过程中点滴的进步，就不仅享受不到为人父母的快乐，还会阻碍孩子正常的发展！

职场也一样。在整天只挑我们毛病的上司手下工作，我们的心情一定好不到哪里去，会严重影响潜能的发挥。

大卫四年级时，有一天下午我去学校接他，他一见到我就眉眼发光地宣布："我历史考试得了个 C，你为我感到骄傲吗？"

进入四年级后，老师极其重视学习习惯的培养，特别是条理性，一开学就给每位学生发了记事本，让天生条理性弱的大卫措手不及，老在记事本上记不全作业，结果两周内迟交了两个作业。老师马上要求家长每天晚上检查他的记录，并对照作业确认。好不容易作业稳定下来，没想到他头一天离开学校时历史课本忘带了，眼睁睁地看着记事本上写着第二天有章节考试，却没法复习，只能镇定地预测会得个F。我们商量好把这当作教训，反正才第一章，一学年内的考试多得是呢，有提高的机会。能在这种情况下得C，还有这么灿烂的笑容，太难得了！

论上学，大卫远不如威廉轻松，但书本知识只是成长的一部分。现在四年级，大卫以后的路还很长。大卫虽然目前专注力、自制力差点，成绩差点，但都在慢慢进步中。而且大卫好奇心和观察能力强，交流能力不差，责任心也越来越强，还从小有目标（做小学老师）。再说，我换个发型或买双鞋，家里只有他会发现并恭维我，将来做丈夫的本事能甩威廉几条街啊！只要做父母的对孩子的未来有信心，有发现优势的眼睛，孩子一定可以活出自己的精彩。

对孩子及时鼓励，绝不是提倡空洞、毫无根据的欣赏，那最终只会导向不切实际的自我概念，有损真正的对成功的信心。很多家长了解到反复体验挫败会引起习得性无助，殊不知习得性无助也会发生在我们无法控制的"好事情"重复发生的时候，正如下面这位积极心理学课同学的经历。

    我的母亲并非不爱我，恰恰相反，她太爱我，爱多得我无法承受，以至于我在上小学之前完全看不到自己的缺点。她将我保护得非常好，天天各种夸赞，从长相容貌到行为举止无一不好，别人也说不得我一句不是，以至于我认为自己就是最好、最美、最棒的，每一天都生活在糖罐子里。有很多人会说我们这一代大多是独生子女，父母大多这么宠孩子，但我的母亲是夸张到连幼儿园老师评分低一些都要去找园长理论的那种。那时候我还觉得自己特别厉害，老师见了都怕我。这样的结果可想而知：我盲目自信，目中无人，周围的同学和老师也不愿多搭理我。我那会儿觉得自己就是公主，大家都要对我礼让几分甚至俯首称臣。幼儿园我没有一个朋友，也没有任何同学邀请我参加生日会。到了小学后，我母亲依然是这样的作风，但似乎老师和周围的人都不太买账，直到学校舞蹈队选拔小演员刺激到了我。我说我要参加学校舞蹈队，我母亲就直接找到舞蹈老师让他录取我，但人家老师仅看了我一眼就说："回去吧，多锻炼身体明年再来。"我真的相信要明年再去选，还总让母亲给我买和舞蹈队小朋友相同的发饰和服装，最好连辫子都梳得一样，感觉自己就像个预备队员。后来我才知道，舞蹈老师看了我一眼就觉得我的身高、形体不适合跳舞，所以委婉地拒绝了我。但我整天还东施效颦似的，坚持和舞蹈队有相同的打扮，不知道被人家背地里笑了多少回。从那件事情起，我做什么都会有顾虑，也不像以前那样敢想敢说了，总将心事压在自己心里，上课时即便被老师叫到也不敢回答问题。我的小学班主任是这么评价我的："声音太轻，轻得像只蚊子。"我总怀疑别人的眼光：他们看我的眼神是善意还是嘲笑？渐渐地，我认识到自己是这么胆小、敏感、不自信、缺乏安全感。

我当时的性格很难与周围人相处，也不愿意多接触外界，感觉像在大海里被流放的小舟，无人问津。幸运的是，我遇到一位善于鼓励学生的作文班辅导老师。有次老师给的作文题目是《记一件最难忘的事》，我写的题材很简单：我的书包丢了，父母找了好几家书店才帮我买齐了教科书，丢书包这件事情对我来说是一个非常深刻的教训。没想到这篇作文居然被老师点名表扬，让我在全班同学面前朗读。我发现，老师对我的作文是逐字逐句修改的，而且还教会我用成语。最后，这篇作文在区竞赛中夺得了一等奖，为此我还上了校报。这件事情让我感触非常深。现在回想起来，是这位老师拯救了我。从此，我爱上了写作，爱上了看书，也有很多同学包括家长询问我怎么写作文。一下子我成了"小名人"，骄傲的情绪又上来了。一根稻草拉回了我脆弱的灵魂，没有让其沉入那万丈深渊。

称赞，只有和付出的努力相匹配时才有实效。鼓励，只有建立在积极的经验上才能扎根。空穴来风无法持久。

有的家长走向另一个极端，觉得孩子做得好是理所当然的，没必要鼓励，只有出错了才沟通指正，担心鼓励太多会让孩子变得太脆弱，经不起失败。有位既是家长也是老师的朋友还特意发给我一篇名为《为何美国的老师从来不用小红花奖励孩子？》，质疑积极反馈的重要性。[①]

美国的中小学教育不鼓励学生之间比较，从来不会有全班成绩排名，但奖励好行为无处不在。优秀的老师无一例外，都是从开学的第一天起，及时发现并鼓励学生的积极行为，如认真听讲、团结互助等，只有这样才

---

① 《为何美国的老师从来不用小红花奖励孩子？》，https://www.sohu.com/a/276241864_329714，2019-11-26。

能带动积极行为的持续。大多数小学老师都有自己系统的奖励制度，原则是发现每一位学生的闪光点。比如，威廉的二年级老师根据平时的观察每年自制 30 张不同主题的奖状，包括"最耐心奖""最乐于助人奖""最佳书法奖""最大进步奖"等，然后让班里的 30 位学生为每位同学投票，不重复得奖，这样每位孩子都能拿到最符合自己特点的认可。大卫棒球队的奖励也很典型：教练根据整个赛季的观察，在给每位队员留念的棒球上都写下他最突出的地方，颁发前还有一段声情并茂的肺腑之言。有的是进步最快的"新手奖"，有的是韧性强的"将来最能成功奖"，有的是"最听指令奖"，有的是"最热爱集体奖"等。每一位孩子拿到棒球时都同样自豪，有独特的荣誉感。小学每学年结束时，学校也会有颁奖仪式，每个班有几名"学业奖"和"品行奖"。有两者兼得的，类似于我们的"三好学生"。还有很多其他奖项，如"打字冠军"等。这些都是正面鼓励好行为的做法。值得一提的是，美国小学所有颁奖仪式都拒绝家长参加。

随着年龄增长，孩子的心理承受力增强，美国初中和高中的奖励不再像小学阶段那么面面俱到，但所有老师除奖励本班表现最好的学生外，每个月都会提名"明星奖"，标准是友爱、互助、诚实等优良品行，让学生们知道学业不是教育的唯一衡量标准，很多成绩单上体现不出来的素质对人生更重要。

如果我们相信自己的孩子将来会成长为独立、自信、上进、负责的人，那就从认可孩子的点滴进步开始，用造就这些品质的话充实孩子的每一天！

"不管多累，你都坚持每天把作业按时做完，我很佩服你的毅力！"

"今天这么闷热，你还不忘帮邻居奶奶取牛奶，爸爸妈妈为你骄傲！"

"感谢你每天放学后帮妈妈把弟弟接回家，你越来越有责任感了！"

我们发自内心的爱和认可，在日复一日的交流中传递出去，会转化为孩子前进力量的源泉。

2019 年秋季博雅小学堂"积极家庭训练营"的一位家长反馈道："自从参加训练营，就看到孩子浑身都是优点。以前觉得表扬孩子像拍马屁一样，心里不淡定，现在很从容，跟孩子聊天时总能发现赞美她的话题。孩子最直接的表现是：腻着我说东说西的时间增多，思路似乎变宽，学习积极性明显提高。考试刚结束，成绩特别理想。"

就像威廉对爸爸的质疑："如果我的父母都不觉得我好，世界上谁会觉得我好？我又怎么能相信自己有价值呢？"提升孩子的成就感，请先学会为他们喝彩！

成长练习

　　请每天找到孩子的至少三个微小进步或值得自己欣赏的地方，真诚地表达鼓励或赞美。

　　今天我看到你＿＿＿＿＿＿＿＿＿＿＿＿＿＿＿＿＿＿＿＿＿

＿＿＿＿＿＿＿＿＿＿＿＿＿＿＿＿＿＿＿＿＿＿＿＿＿＿＿＿＿，

＿＿＿＿＿＿＿＿＿＿＿＿＿＿＿＿＿＿＿＿＿＿＿＿＿＿＿＿＿

＿＿＿＿＿＿＿＿＿＿＿＿＿＿＿＿＿＿，我为你骄傲/自豪！

> 好奇心和游戏的目的是通过与世界的互动来建构知识。

（三）好奇心和求知欲

有次表外甥女给我看她写的日记。

2018 年 3 月 19 日，周一，晴

再过 4 天就要播我喜欢的《中国诗词大会》了。这个节目从 3 月 23 日一直播到 4 月 1 日，每天 19：30 到 21：10，所以我要计划好，每天放学前都把作业写完，回家后抓紧吃晚饭、练琴，这样就能赶上看了。这个节目会有两次广告，利用第一次洗脚，利用第二次洗脸刷牙，播完后就上床睡觉。洗澡可以在周末。可是，没时间写日记了怎么办？

小姨全家都热爱古诗词。小姨父做了一辈子语文老师，退休后倾尽 10 年心血完成《中华历代名篇品读》，难怪在他身边长大的外孙女莞莞入一年级之前就熟记 200 多首诗词，而且把学习古诗词当作享受。看到 7 岁的她为看《中国诗词大会》制订的周密计划，不得不佩服！

20 多年中，我接触过上千位孩子。暂时专注力弱、学习习惯不好或某科目有困难的孩子，只要好奇心和求知欲强、自信，我就不担心。担心的反而是那些目前看上去也许各方面都不错，但细问之下发现做事完全靠外力推，被问到"如果有选择，会学什么？"时，答案是"不知道"的孩子。

还记得孩子刚开始学步、学说话，孜孜不倦地探索周围世界的勤奋吗？摔了，爬起来再走；脖子能转了，就不停地左看右看；看到什么有趣，就要动手摸一摸，或放到嘴里尝一尝。曾看到一篇报道，说三四岁的

孩子平均每天要问上百个问题。想了解自己不知道的，是我们与生俱来的欲望。学习对大脑，像食物对身体一样重要。

可惜的是，对这种强烈的好奇心和求知欲到高中时还能保持的人是少数。

2009 年，斯坦福大学对旧金山湾区近 5000 位高中生的调查发现，有 62％说自己学习很努力，但只有 10％ 回答自己享受学习的过程。[①]

请教资深的初高中老师，他们也观察到很多学生在课堂上唯一的目的就是拿 A，对所学知识并没有深入的兴趣，更没有勇气去挑战现有的理论。

可 21 世纪知识更新的速度前所未有，不保持好奇心和求知欲，不成为终生学习者，就算不被时代淘汰，成长的空间也会被限制。

作为一种心理现象，好奇心和求知欲从 20 世纪初就吸引了心理学史上最有影响力的人物的兴趣。心理学奠基人之一威廉·詹姆斯早在 1899 年就把好奇心定义为"通往更好的认知的冲动"，就是对了解自己不知道的东西的渴望。[②] 现在对好奇心的普遍看法是：它是一种特殊的信息寻求形式，其特征是源于内驱力。[③] 研究证明，好奇心有遗传成分。有些人比其他人更好奇，就和有些人具有音乐天赋而另一些人没有一样；但除了那些非常沮丧或有某种脑损伤的人，所有人都有好奇心。[④]

心理学家和神经科学家近年来开始对好奇心进行广泛且系统的研究来解开其奥秘。脑神经科学的研究发现，尾状核和额下回的大脑活动与自我报告的好奇心相关，而这些结构由对多种类型奖励的预期激活。[⑤] 研究还发现，如果能引发好奇心，即使是人原本并不感兴趣的任务，也会激发中脑和伏隔核活动，学习效率会显著提升。[⑥] 激发孩子的好奇心能带来比外

① "Stanford Survey," https://www.challengesuccess.org/schools/school-surveys/, 2019-11-26.

② James W., *Talks to Teachers on Psychology*: *And to Students on Some of Life's Ideals*, New York, Henry Holt & Company, 1899.

③ Loewenstein G, "The Psychology of Curiosity: A Review and Reinterpretation," *Psychological Bulletin*. 1994(1), pp. 75-98.

④ Adam Wernick, "Why are humans so curious?" https://www.pri.org/stories/2017-08-27/why-are-humans-so-curious, 2019-12-16.

⑤ Kang M. J., Hsu M., Krajbich I. M., et al., "The Wick in the Candle of Learning Epistemic Curiosity Activates Reward Circuitry and Enhances Memory," *Psychological Science*. 2009(8), pp. 963-973.

⑥ Gruber M. J., Gelman B. D., Ranganath C., "States of Curiosity Modulate Hippocampus-Dependent Learning via the Dopaminergic Circuit," *Neuron*, 2014(2), pp. 486-496.

部的奖励更强的学习动力。比如，一项研究要求3～5岁的孩子完成一个无聊的任务——把25个高尔夫球座放在钉板中，每做完一遍就能看到一个新奇的图案。[①] 孩子被随机分为4组：第一组得到承诺，完成任务后会得到一个贴纸；第二组什么奖励都没有；第三组得到有关这个新奇图案的少许信息；第四组则得到关于这个图案的丰富且有趣的信息。结果显示，没有奖励及得到少许信息的孩子平均完成了1.5个钉板任务，被承诺会得到贴纸的孩子平均完成3个钉板任务，而得到丰富且有趣信息的一组平均完成了4个钉板任务。换句话说，能获得丰富且有趣的信息对孩子来说比贴纸更有吸引力。

这些研究发现对如何在家庭生活中启发并保持孩子的好奇心和求知欲有借鉴意义。

第一，在学前期，家长应提供安全的探索环境，如拨浪鼓等适合年龄发育特点的玩具，让儿童自由探索并观察其行为的效果，但不要给自由玩耍时间以结构或规则。无规则的游戏是孩子的动机、学习和发展的基本要素。

2015年，从旧金山回北京的飞机上，我的旁边坐了一对年轻的父母和他们18个月左右的孩子。近12小时的旅途，父母没给孩子带任何玩具，只带了一摞绘本。孩子明显对绘本不感兴趣，父母就不停地鼓励他重复几个英文字母的发音。孩子心不在焉地按父母的要求重复字母，手却不是玩自己的鞋子就是抓爸爸的眼镜。

著名认知心理学家皮亚杰博士提出的认知发展理论指出，认知发展是个体在与环境不断的相互作用中实现的。0～2岁是感知运动阶段，婴幼儿需要通过他们的动作和感知觉来了解世界，如吮吸、抓握、看和听之类的基本动作。最能吸引他们的注意力、引发好奇心的是实物，而不是绘本上的图片或抽象的字母。当爸爸不耐烦地拨开孩子抓他眼镜的手，又不给他任何能拿在手中探索的玩具时，孩子怎么可能继续对周围世界保持好奇呢？

第二，在孩子自由探索时家长要给予足够的时间以体验韧性。[②] 当孩子被一项活动深深吸引时，父母应抵制总想去"帮助"孩子的自然冲动，确

① Aubry L. Alvarez, Amy E. Booth, "Motivated by Meaning: Testing the Effect of Knowledge-Infused Rewards on Preschoolers' Persistence," https://srcd. onlinelibrary. wiley. com/doi/abs/10. 1111/cdev. 12151, 2019-12-16.

② "Motivating Learning in Young Children," https://www. naspcenter. org/parents/earlychildmotiv_ ho. html, 2019-12-16.

保他们可以在完成活动前不被打扰。如果有时限，请在玩之前就告诉孩子，如"时针走到 8 的时候，我们需要放好玩具去洗澡"。

第三，家长应提供孩子可以接受的挑战。对孩子来说，适度困难的活动更有推动力，并在完成时带来更强的成就感。

有关好奇心的不同理论一致显示：已有部分认知的信息最能激发孩子的好奇心。比如，适度差异假说发现，婴儿优先关注"最佳差异"的刺激，就是那些与自己已经拥有的心理表征相差适中的刺激。[1] 选择/偏好理论也显示，学习者寻求与自己喜欢的复杂程度相匹配的刺激，并且随着他们获得更多知识，吸引他们的刺激的复杂程度会增加。[2] 正如下面这位家长的讲述。

> 在选择要开展的工作或阅读时，我会从入门级的简单读物开始，往往带着一个问题，或者从目前工作生活中遇到的需要解决的困难开始；然后随着自己能力的提升，逐渐寻找更难的、更有挑战性的信息，直到最终解决这一问题，甚至成为爱好，成为该领域的专家。对于孩子，我也采用这种模式。开始时，我女儿往往不会表现出对某个事物很感兴趣，我就会买来某个玩具，或者跟她做某个游戏，讲某个道理，带她去博物馆之类的。当她渐渐对某个事物熟悉时，往往会产生独特的兴趣，然后开始追问，开始自主地寻求知识，练习与提升。之后我再循序渐进地提高难度，就能观察到她不断地提高技能、知识水平和思考能力，并享受这一学习过程。

第四，对孩子提出的好奇的问题，家长一定要耐心对待，可以考虑先提供部分信息，然后给孩子资源去自己寻求答案。好奇心旨在减少对世界感知的不确定性，所以学习者对其不了解的刺激会表现出更多的好奇心。这在发展心理学研究中得到了验证。例如，研究发现孩子更喜欢玩违反预

---

① Kinney D. K., Kagan J., "Infant Attention to Auditory Discrepancy," *Child Development*, 1976(47), pp. 155-164.

② Dember W. N., Earl R. W., "Analysis of Exploratory, Manipulatory, and Curiosity Behaviors," *Psychological Review*, 1957(64), pp. 91-96.

期的玩具；① 如果不给出明确的解释，孩子会表现出更强的好奇心。② 在一项研究中，实验者给孩子一个新颖的玩具，但只对玩具的工作原理给了部分指导，结果孩子玩了更长的时间，并发现了玩具的更多功能。还有多个研究一致证明，当因果机制不清楚时，孩子会构建他们的游戏以排查变量，去发现规律到底是什么。③

父母自己的好奇心对孩子有强大的榜样作用。父母有时间时可多安排和孩子一起探索、互动的活动，父母可以面对面地示范、观察并引导孩子的游戏和活动，从而使好奇心延续。

第五，因为好奇心的特征是源于内驱力，所以无论结果如何，家长一定要对孩子付出的努力表示赞赏，探索带来的快乐或成就感会激励他们学更多。在幼年时获得适当支持和鼓励的孩子更有可能保持自己的好奇心，成长为终生学习者，因为他们体验到任务本身具有吸引力，对技能的掌握才是回报。而竞争性过强的学校气氛、过度强调成绩而不看重学习过程等都和内驱力相背而行。这也是为什么曾经有教育心理学家提出来世上没有无动力的青少年（unmotivated teenager），只有不满意的父母（unsatisfied parents）。④

第六，美国学校心理学家协会建议给孩子机会来评估自己的成就，如问孩子："你觉得怎么样?"当孩子相信自己在取悦自己，则更愿意去学习并记住信息。孩子永远不需要问："我做得好吗?"他应该知道并对自己的成功充满信心。而当孩子根据他人的标准来判断自己的价值，或被提供外在动机(如考到前10名有物质奖励)时，长远来看就很容易失去内驱力。

在一项经典研究中，实验者为学前期儿童提供了极具吸引力的彩色马克笔，告诉一组孩子玩完马克笔后可以获得带有金色印章和缎带的证书，而另外两组中的一组没有任何奖励，另一组在玩完马克笔后得到事先没告诉他们的奖励。实验者预期在玩之前知道自己可因玩马克笔而获得奖励的

① Bonawitz E. B., van Schijndel T., Friel D., Schulz L., "Balancing Theories and Evidence in Children's Exploration, Explanations, and Learning," *Cognitive Psychology*, 2012 (4), pp. 215-234.

② Bonawitz E. B., Shafto P., Gweon H., et al., "The Double-edged Sword of Pedagogy: Teaching Limits Children's Spontaneous Exploration and Discovery," *Cognition*, 2011(3), pp. 322-330.

③ Denison S., Bonawitz E. B., Gopnik A., et al., "Rational Variability in Children's Causal Inferences: The Sampling Hypothesis," *Cognition*, 2013(2), pp. 285-300.

④ Carl E. Pickhardt, "Motivating Your Adolescent to Perform," https://www.psychologytoday. com/us/blog/surviving-your-childs-adolescence/201005/motivating-your-adolescent-perform，2019-12-17.

儿童对玩的兴趣会大大低于另外两组。[①] 对100多个此类研究的分析发现，外在奖励会破坏各种任务的内驱力，哪怕任务非常有趣。[②] 这并不意味着永远不能用物质条件奖励孩子，只是说需要策略性地使用。如果我们想教孩子一些需要他们持续多年的东西，如学习习惯、责任感等，请一定远离外在奖励，否则会因为缺乏内驱力而无法坚持。父母赞许和信任的眼光、积极的言语，结合活动本身带来的成就感，足以给好奇心和求知欲持续的动力。

其他有助于好奇心和求知欲的因素还有教学方式多样化，如穿插讲解、画图、动手等信息输入方式，让孩子保持情绪高涨、智力振奋的状态。好为人师是很多孩子的特点，家长可以在家里准备一块白板，让孩子当老师，把自己当天学到的知识教给家人。这不但能加深孩子对知识的理解，还能激发他们继续前进的动力。

成长练习

请结合孩子的特点和爱好，看看如何从以下几个方面入手，落实对好奇心和求知欲的支持。

安全的探索环境：＿＿＿＿＿＿＿＿＿＿＿＿＿＿＿＿＿。

足够的自由探索时间：＿＿＿＿＿＿＿＿＿＿＿＿＿。

可以接受的挑战：＿＿＿＿＿＿＿＿＿＿＿＿＿＿＿＿。

耐心对待好奇的问题：＿＿＿＿＿＿＿＿＿＿＿＿＿。

对孩子付出的努力表示赞赏：＿＿＿＿＿＿＿＿＿＿。

给孩子机会来评估自己的成就：＿＿＿＿＿＿＿＿＿。

教学方式多样化：＿＿＿＿＿＿＿＿＿＿＿＿＿＿＿＿。

---

① Lepper M. R., Greene D., Nisbett R. E., "Undermining Children's Intrinsic Interest with Extrinsic Reward: A Test of the 'Overjustification' Hypothesis," *Journal of Personality and Social Psychology*, 1973(1), pp. 129-137.

② Vanessa LoBue, "Motivating Children without Rewards," https://www.psychologytoday.com/us/blog/the-baby-scientist/201806/motivating-children-without-rewards, 2019-12-17.

┌─────────────────────────────────┐
│   不积跬步，无以至千里。   │
└─────────────────────────────────┘

（四）成就，是成功之母

大卫从小挑食，吃饭比吃药还难。于是，每顿饭我只用小盘子把蛋白质类、维生素类的饭菜每样放两三口，这样他能完成，喜欢可以再加，总比准备一大盘而他一口也不吃强。

得寸进尺效应，又叫登门槛效应，指通过让人接受一个需付出较小代价的要求而使接受需付出较大代价的要求的可能性增加的现象。就像《菜根谭》中说的："攻人之恶毋太严，要思其堪受；教人以善毋过高，当使其可从。"①

为什么家长好心建立的"一百天不发火"规则没有一个能坚持下来？因为目标太大，太难实现。一旦失败一次，就容易丧气，失去继续努力的动力。如果改为"一天不发火"，坚持下去的成功率一定更高。就像最有效的戒酒方法就是设立"一天"的目标，答应自己只要今天的 24 小时内不喝酒就实现"一天"的目标，避免"一辈子不碰酒"这种太大的承诺。设定的任务太大，我们会因感到不堪重负、心烦意乱而无法踏实地落实在生活中。

登门槛效应是一个让我们有动力行动起来的策略，其机制和生物学里的胜利者效应类似，最早是在动物身上发现的。1961 年的实验显示，让蟋蟀两两对战，胜者总能在接下去的战斗中继续获胜，而败者则"一路输"。而且动物在战胜一些较弱的对手之后再与更强的对手较量时，胜算会比直接面对强敌大得多。②

胜利者效应的生理机制由浙江大学胡海岚教授和她的科研团队验证。

---

① （明）洪应明：《菜根谭》，30 页，北京，光明日报出版社，2007。

② ［爱尔兰］伊恩·罗伯逊：《权力如何影响我们：胜利者效应》，南京，译林出版社，2014。

2011 年，他们在《科学》上发表的论文解释了大脑中"胜利者神经回路"的存在。其实验发现：两只小白鼠打斗后，失败的一只再遇到胜利的一只时会自动退让，但如果刺激失败鼠大脑的内侧前额叶皮层，它就可以重新战斗并打败之前的胜利鼠。2017 年，胡教授及其团队提出胜负经历重塑丘脑到前额叶皮层回路以调节社会竞争优势，进一步把"胜利者神经回路"定位在中缝侧丘脑与前额叶皮层之间。[①] 增加这一回路的神经元突触强度，能成功操纵胜利者效应。他们还发现，与强者社会等级相差越多的小白鼠，需要越多的神经激活剂量来帮助自己完成逆袭；而成功逆袭 6 次以上后，小白鼠大脑中"胜利者神经回路"的连接强度足以独立逆袭，不再需要外界神经激活。换句话说，6 次以上的胜利经验能让大脑发生质变，形成更有利于再次获得胜利的状态。

都柏林圣三一大学伊恩·罗伯逊教授在《权力如何影响我们：胜利者效应》一书中揭示，这个效应对人类同样适用。成功会改变脑中的化学效应，使人更能集中注意，更聪明、自信且更具攻击性。这个效应同药物一样效果强大，并且获得的胜利越多，人越能够持续下去。

成就，是成功之母。

这个心理现象在不同领域得到验证。哈佛商学院特蕾莎·阿马比尔的研究涉及创造力、生产力、创新及工作中所经历的情感、感知和动机的融合等。她和史蒂文·克雷默在《激发内驱力：以小小成功点燃工作激情与创造力》一书中列出的数据表明：工作中哪怕只是一个微小的进步，都是最有力的激励因子；那些每天都感到能将任务向前推进一步的员工，动力和抗压力也更强。换句话说，当人感到自己有能力，则更容易将难题看成机会。

这个心理现象和习得性乐观的机制有类似的地方。习得性乐观的研究始于习得性无助的发现。塞利格曼教授和史蒂文·迈尔在 1967 年对动物行为进行研究时发现，大多数经历过无法逃避的电击的狗，即使被放在可以轻易越过障碍物避免电击的情境下，也不肯尝试。[②] 这种现象也出现在其他动物和人类实验中。例如，如果被试在第一轮实验中被分配到无法控制噪声的操纵杆，他们中的大多数不会在第二轮实验中继续尝试控制噪声。

① Tingting Zhou, Hong Zhu, Zhengxiao Fan, et al., "History of Winning Remodels Thalamo-PFC Circuit to Reinforce Social Dominance," https://science.sciencemag.org/content/357/6347/162, 2019-12-18.

② Seligman M. E., & Maier S. F., "Failure to Escape Traumatic Shock," *Journal of Experimental Psychology*, 1967(1), pp. 1-9.

赛利格曼教授在后续实验中发现，当人学会更具建设性的解释方式，并体验更积极的内部对话对情绪和行为的作用后，能有效缓解习得性无助，形成习得性乐观，更好地发挥潜能。[1]

孩子在学业学习或才艺训练的过程中如果经常经历失败，就会更容易放弃，阻碍潜能的发挥。如果我们能在教育的过程中根据孩子目前的水平设立合理的小目标，让他们重复体验达到目标的成就感，就能有效地增强孩子继续努力的动力。

"SMART目标设定法"首次出现于1981年11月的《管理评论》杂志上，被广泛应用于工商管理界。[2] 近年来发展出不同版本，最常用的版本如下。

S：具体的(specific)。

M：可量化的(measurable)。

A：努力即可取得的(achievable)。

R：现实的(realistic)。

T：有时间限制的(time-based)。

这个方法对教育很有启发性，因为总管前瞻性的前额叶皮层在青少年期间还未成熟，造成孩子往往在做计划时眼高手低，而达不到不现实的目标会引发挫败感，和胜利者效应背道而驰。我们可以引导孩子在长远目标下落实更具体可行的小目标，因为短期目标的设立让孩子更容易频繁地体验胜利的感觉，更有动力和信心完成长远的目标。

比如，"这学期我要提高阅读水平"这个大目标可以具体为以下小目标。

每天做完作业后阅读(T)。

跟随×××阅读网站阅读(S)。

看×××书5页并做相关阅读理解练习题10道(M、A、R)。

比如，"这学期我要提高英文成绩"这个大目标，可以具体为以下小目标。

每天早晨起床后15分钟和睡前半小时读英语(T、M)。

每天记5个生词，大声朗读或听×××英文书(S、A、R)。

对每天的作业也可以如法炮制。如果今天共有4科12页作业，那就可

---

① ［美］马丁·塞利格曼：《活出最乐观的自己》，沈阳，万卷出版公司，2010。

② "What is a Smart Goal ?"，https://www.smart-goals-guide.com/smart-goal.html，2019-12-18.

以分成 4 个部分，从自己最喜欢的科目做起，一项项地完成。每完成一项，孩子就可以做一个自选活动，如跳绳、听音乐或玩乐高 20 分钟。特别是小学低年级的孩子，看到很多页的作业时容易失去信心，进而导致拖延。但如果分成小部分，每次眼睛只看 1～2 页，他就会更有信心在短时间内做完，更能专注，从而提升学习效率。

2019 年秋季"积极家庭训练营"的一位家长反馈道："儿子之前不能完成作业，现在每天把作业记录下来，拆分成小部分按时完成，自己定的小目标都能做到，而且对学习有了主动性。太舒心了！"

小目标完成的新体验带来的改变对父母的育儿过程同样适用。当我们跳出原来"管孩子"反射性反应的舒适区，体验到积极教育的效果，小的进步就一定会导向更持久的改变，正如下面这位家长的反馈。

换作往常，孩子若 10 点半还没睡觉，我就会直接烦躁地吼他，不管他在忙什么。但通过"ABCDE 反驳法"，我会下意识地想一想：我为什么要烦躁呢？睡觉前搞得心情糟糕有意义吗？时间又不会因为我吼几下而倒退。情绪就能控制住了。然后跟孩子交流的效果就好很多。比如，昨天晚上，孩子在我提醒几次后还没上床，结果发现他自己在那里熨校服。我就先平定情绪，换到他的角度看这件事：明天是周一，规定穿校服，为了让洗皱的衬衫平整，有必要熨一下。所以我没打断他。等孩子满意地收好衣服，我表扬了他能主动负责自己的生活，同时也提醒他以后要提前安排，不影响休息。孩子心情愉悦地接受了我的建议，而我也高兴地体验到"ABCDE 反驳法"的有效性，以后会常落实在生活中。

小目标的胜利，可以搭成通往成就感的阶梯！

成长练习

请参考"SMART 目标设定法"，和孩子一起按这五个维度设立这学期某个大目标下可行的两个小目标。

学期大目标：_____。

小目标①：

S（具体的）_____；

M（可量化的）_____；

A（努力即可取得的）_____；

R（现实的）_____；

T（有时间限制的）_____。

小目标②：

S（具体的）_____；

M（可量化的）_____；

A（努力即可取得的）_____；

R（现实的）_____；

T（有时间限制的）_____。

> 人不制伏自己的心，好像毁坏的城邑没有墙垣。

（五）自控力

2001 年，我用业余时间帮心理公司做关于智商的研究，碰到了一个聪慧过人的 7 岁小姑娘，一对一的智商测试结果超过 140 分，也就是说，100 个同龄孩子里面出现这么高分数的不到 1 个。父母提到她在二年级的班级里常被老师批评不专心，布置的课堂作业不做。

我立刻断言："她肯定什么都懂，老师讲的东西对她没有吸引力。智商这么高，跳级啊！"

结果，父母兴奋地找到了校长，却碰了一鼻子灰："跳什么跳？二年级要做的功课在规定的时间内还完不成呢，转到三年级肯定跟不上！"

现在想想当年对智商的盲目崇拜，真的很惭愧。

在公立学校做心理学家的 20 多年中，我越来越发现智力会影响掌握新信息的速度，但绝不等同于学习结果。我把它叫作"学习的硬件"，包括记忆力、理解力、词汇量、推理能力等。影响"学习的硬件"能发挥到什么程度"学习的软件"之一是自控力，它也被列为积极心理学所发现的最能预测孩子未来生活满意度和高成就的七个因素之一。

美国小学的成绩单中关于"行为"的内容占到每学期考核标准的 40％左右，还有校区把标题直接换成"成功的习惯"，如以下几项。

- 专心听讲
- 做事独立
- 遵守指令
- 按时完成并交上作业
- 遇到困难尝试不同方法去解决

· 积极主动地参与学习过程

· 做事有条理，作业质量高

这些学习习惯和我国中小学的要求非常相似，都离不开自控力。

2005 年，美国研究成功因素的知名专家，宾夕法尼亚大学教授安吉拉·达克沃斯博士和塞利格曼博士研究了 164 名八年级学生，发现自控力对孩子学校成绩的预测力是智商的两倍。[①]

很多研究从不同角度验证了自控力对孩子表现和成就的影响。比如，对新西兰 1000 多名年轻人长达 30 年的跟踪调查显示，孩子从 3 岁到 11 岁测出的自控力指数和他们 32 岁时的表现，包括吸烟情况、健康状况、信用、违法记录等相关性显著。[②]

我曾经问中学生："你是喜欢遵守规则，还是我行我素?"大部分中学生选择后者。很感动的是，有几位高中生列出了自己选择前者的理由，包括安全等，如"没有交通法，你敢开车上路吗? 没有校规，你敢上学吗?"

在不影响他人利益并且安全的情况下，我们当然鼓励孩子发表自己的意见，有创意地解决问题。但一旦涉及行为底线，如诚信、公德等，"不听话"的孩子绝对走不远。

澳大利亚心理学家迈克尔·霍顿博士在《自控力成就孩子一生：儿童行为问题管理手册》和《自控力成就孩子一生 2：青春期行为问题管理手册》两本书中强调，要想帮助孩子提高自控力，父母首先要学会控制自己的情绪。很多孩子自控力差的行为其实不是故意捣蛋，而和大脑发育的程度相关，因为掌管判断力、预测力、时间管理等自控力的前额叶皮层要到 25 岁后才发育成熟。这也是 80%～95% 的大学生存在学业拖延状况的原因。[③]他提出一定要把烦人却不严重的行为和不可接受的行为区别对待。霍顿博士还指出，孩子在强烈情绪体验下会因为情绪过载而失控，出现反击或逃离的反应。只有倾听并试图理解他的感受和体验，帮助孩子疏导负面情

① Angela L. Duckworth, Martin E. P. Seligman, "Self-Discipline Outdoes IQ in Predicting Academic Performance of Adolescents," https://pubmed. ncbi. nlm. nih. gov/16313657/, 2019-12-19.

② Terrie E. Moffitt, Louise Arseneault, et al. , " A Gradient of Childhood Self-Control Predicts Health, Wealth, and Public Safety," http://www. pnas. org/content/108/7/2693. full, 2019-12-19.

③ Brennen Hubbard, "Study Finds up to 95 Percent of College Students Procrastinate," http://thebluebanner. net/study-finds-up-to-95-percent-of-college-students-procrastinate/, 2019-12-19.

绪，自控力才能恢复。他建议的具体步骤包括用同理心感受孩子当下的体验，找到合适的语言描述孩子的感受，倾听并解决问题。这和情绪教练非常相似，对培养孩子的自控力及管理自己的情绪都有很好的帮助。

在根据斯坦福大学广受欢迎的心理学课程编写的《自控力》一书中，凯利·麦格尼格尔博士把自控力定义为驾驭"我要做""我不要"和"我想要"这三种力量的能力。[①] 自控力无时无刻不影响着我们的行为选择。提升自控力最有效的途径在于厘清失控背后的生理和心理机制。

①自控力有生理基础。

大脑前额叶皮质位于额头和眼睛后面的神经区，控制我们关注什么并掌控行为。过去 10 多年中，神经学家发现，人脑对经验有超乎想象的反应，会根据要求重新塑型。像肌肉锻炼一样，应用会让某些区域的密度变大，连接更紧密，聚集更多的灰质，从而更快地传递信息。比如，前文介绍过的正念，持续 8 周的练习会使前额叶皮质的灰质增多。把呼吸频率降低到每分钟 4～6 次也可以激活前额叶皮质，从压力状态调整到自控力状态。其他能提升自控力的生理因素包括以下几点。

一是低血糖饮食，如瘦肉、坚果、豆类、麦片、水果、蔬菜等。

二是绿色锻炼，如每学习 40 分钟左右就到户外绿色的空间走 5 分钟。

三是 8～10 小时的睡眠，长期睡眠不足会影响体内葡萄糖的吸收，而葡萄糖是能量的主要存储方式。能量不足时身体会感到疲惫，更容易感到压力，受到诱惑时则更难控制情绪或集中注意力，正如下面这位家长的反馈。

　　13 岁的女儿暑假时按计划练习钢琴准备考级。我同女儿一起和老师约好了一对一上课的固定时间，但她经常不去，整天在家里睡觉。对她这样的行为，我不能批评，一批评她就大发脾气，跑到房间关上房门。这让我感觉自己很失败，我们的关系越来越糟糕。后来我才注意到，原来安排的钢琴课是早上 8 点半开始，但她喜欢睡觉，所以一旦起晚了就干脆不去了。我和老师沟通后帮她把上课时间改到了下午和晚上，这样她早上可以睡懒觉。调整后，她每次不用我提醒就自己骑车去上课了，安排得很好。通过了解她的需求，一直困扰我的问题解决了。

① ［美］凯利·麦格尼格尔：《自控力》，北京，文化发展出版社，2012。

五、积极成就

《全脑教养法：拓展儿童思维的 12 项革命性策略》通过脑科学研究推荐的"整合上下脑提高自我控制"的机制也类似。下脑包括脑干和边缘区域，负责与生俱来的反应和冲动、强烈的情感。上脑由大脑皮层各个部分构成，特别是前额叶皮层。当孩子丧失了与上脑的接触，一种帮助他们恢复平衡的有效方式是让身体动起来。改变身体状态，如保持微笑一分钟、缓慢地深呼吸、一起出去骑车等，让上脑重新获得控制。

②积极情绪提升自控力。

在焦虑、愤怒、恐惧、自我怀疑、孤独等负面情绪下，大脑进入寻找奖励的状态，确信只有获得那个奖励才能得到快乐。所以面对压力时，诱惑会变得更有吸引力。这也是家长越严厉地批评指责、讥讽反对，孩子就越失控的原因。自我批评会降低积极性和自控力。相反，路易斯安那州立大学和杜克大学的研究证明：自我谅解、摆脱罪恶感让人更有自控力；增强责任感的不是罪恶感，而是自我谅解。可以利用奖励机制来增强自控力，把孩子总拖延的任务与促进多巴胺分泌的事联系在一起，如边喝热巧克力边做作业，或边听音乐边收拾房间等。

③重复唠叨会强化父母想消除的行为。

实验证明，当人努力不去想某件事时，反而会比没有试图控制自己的思维时想得更多，因为有认知偏差，一个想法的频繁出现会让人认为它重要且真实。这个效应在人处于紧张、疲劳或烦躁状态时最为严重。比如，在品尝测试前被要求努力不去想巧克力的人，吃下了相当于有机会表达自己想吃巧克力的欲望的人两倍多的巧克力。换句话说，越想通过抑制想法来抵制诱惑，自控力就越弱。父母可以引导孩子接受或表达自己的想法，意识到这种想法和感觉并不受自己控制，但他可以选择是否把它付诸实践。同时，使用积极语言，如把"我不要"变成"我想要"，把"不要迟到"变成"提前 5 分钟到校"，把"不要打游戏"变成"做完作业后可以打半小时游戏"。

④压力削弱自控力。

这可以解释为什么备考压力最大的时候往往是高中生打游戏最失控的时候。体育活动、音乐、有创意的爱好等健康的抗压机制都会提升自控力。另外，把"应该做"变成"我想做"也会减轻压力，比如，按时完成作业是我为了自己的目标(考上理想大学)而想做的事情。

⑤"10 分钟法则"开启良性循环。

下决心会让人有放松感和控制感，但不切实际的目标和乐观只会带来一时的快感，接下来若没达到预期目标则会感到失落或产生自我怀疑。帮孩子练习做个"乐观的悲观主义者"，如预测什么时候最容易受到诱惑而早上起不来，思考采取什么行动更有可能抵制诱惑（如把闹钟定好后放在自己手够不到的地方）。相比于对未来奖励的预期，即时奖励更能激活最原始的奖励系统，所以神经科学家推荐"10分钟法则"，因为10分钟会在很大程度上改变大脑处理奖励的方式。告诉自己先坚持做10分钟作业然后可以去打游戏，结果往往是只要开始做作业就会一直做下去。

⑥榜样作用。

身边自控力强的人可以增强自己的自控力。鼓励孩子把提升自控力变成集体项目，和朋友或家人一起相互记录和鼓励，孩子则更容易实现自控力目标。因为大脑中的镜像神经元观察他人在做什么，别人的目标，特别是孩子喜欢的人，会激活他心中共同的目标，自豪等社会情感也能更迅速、直接地影响孩子的选择。孩子公开自己的自控力挑战，家人或同学、朋友观察并支持他的行为，进步就会更快。

《自控力》一书还列举了许多神经科学家的实验来显示自控力是有限的，通常早晨最强，然后随着时间的推移逐渐减弱。每次使用后，大脑的自控力系统的活跃程度会降低。因此，父母要引导孩子明智地使用自控力，不要试图控制所有思想、情绪和行为，不然会带来过重的生理负担。比如，考试前最好让孩子自由选择放松的活动，以保证考试期间的专注力和自控力，正如下面这位家长的做法。

> 女儿在高一期末考试的前一天对我说："妈妈，我压力太大了，很多地方都没有复习完，马上要考试了，怎么办？肯定考得很差。"我了解到，这周他们在学校没有上课，全都在教室复习，每天从早到晚，弦都是绷紧的。于是，我安慰她说："考前的担心是你关心学习成绩的表现。适度的压力会帮助我们在考试时精力更集中，发挥得更好。不想看书，就休息一会儿。我听说×××每次考试前都会去打打篮球，释放一下压力，而且每次他都考得不错。所以，找个适合自己的方式去放松一下吧！"孩子开心地点点头，当天没再复习，而是在自己的房间里唱了一下午的歌。虽然去考试的时候心里有点忐忑，但心情总归是愉快的。令我们都没想到的是，这次考试她取得了从未有过的好成绩，我们全家都很开心。开心的不仅是取得了好成绩，而且是她及时地调整了心理状态，取得了意想不到的效果。

孩子越多地体验到自己可以控制自己的生活，越相信自己，自控力就会越强。所以，生活中孩子力所能及的事情就尽量交给他们做。另外，一些提高整体意志力的小练习，如偶尔让孩子用不常用的手刷牙、记录自己打游戏时间等，会让他们养成关注自己正在做的事情的习惯，驱使自己三思而后行，选择更难而不是更简单的事。

成长练习

结合孩子的特点，参考这部分内容，实践适用于您和家人的自控力提升方法。

①低血糖饮食，如瘦肉、坚果、豆类、麦片、水果、蔬菜等。

②绿色锻炼，每学习40分钟左右就到户外绿色的空间走5分钟。

③8～10小时的睡眠。

④利用奖励机制增强自控力，可以把孩子拖延的任务与促进多巴胺分泌的事联系在一起，如边喝热巧克力边做作业，或边听音乐边收拾房间等。

⑤引导孩子接受或表达自己的想法，意识到这种想法和感觉并不受自己控制，但他可以选择是否把它付诸实践。

⑥用积极语言，如把"我不要"变成"我想要"，把"不要迟到"变成"提前5分钟到校"。

⑦建设健康的抗压机制，如体育活动、音乐、有创意的爱好等。

⑧把"应该做"变成"我想做"，如按时完成作业是我为了自己的目标而想做的事情。

⑨"10分钟法则"开启良性循环。

⑩如想象未来的自己：5年后我会在_____，和_____一起做_____。

⑪把提升自控力变成集体项目，和朋友或家人一起相互记录和鼓励。

⑫用自我意识和专注力小练习来提高整体的意志力，如让孩子用不常用的手刷牙，记录自己打游戏时间。

⑬明智地使用自控力，不试图控制所有思想、情绪和行为。

（六）坚毅

2002 年，我为一位 9 岁男生做天才项目评估①时，他每回答一道题时都问我："对了吧？我聪明吗？"

可智商测试的设计，每组题目都是从易到难的，必须要在每个分测试中孩子连续错 3～5 题后才能换下一项任务。因为测试的年龄上限为 17 岁，所以这位 9 岁男生很快就遇到了回答不出的难题。每次他都马上灰头土脸，瘫在椅子里。

其实，他的智商高达 96，已经很出众了。但我心里忍不住叹息：孩子，如果成功真有起跑线，你就已经输在那里了。

什么因素能预测孩子成人后的成就？教育心理学界几十年的研究已经排除了智商、成绩等的决定性作用。②

达克沃斯博士和塞利格曼博士在 2005 年的研究中发现自控力对孩子学校成绩的预测力，之后很快发现只有意志力还不足以成功，取得长远成就的另一个必要因素是动力/内驱力。他们把两者的结合叫作坚毅。③ 达克沃斯博士在《坚毅：释放激情与坚持的力量》一书中提出坚毅的公式。

坚毅＝激情＋毅力

---

① 天才项目评估（Gifted and Talented Education，GATE）旨在测出智商为 130 以上的学生，提供更难的课程。

② 谢刚：《我在美国做学校心理学家：走进真实的美国中小学生活》，北京，北京师范大学出版社，2016。

③ ［美］安杰拉·达克沃思：《坚毅：释放激情与坚持的力量》，北京，中信出版集团，2017。

达克沃斯博士设计的坚毅量表目前包括 10 个条目，成人可以在网络上自评并得出分数，具体条目如下。①

①新的想法有时会让我分心，不能专注于正在做的事。

②挫折不会让我丧气，我不会轻易放弃。

③我常常立下一个目标但过后就追求别的去了。

④我很努力。

⑤我对专注于那些需要几个月才能完成的事感到困难。

⑥只要开了头，我就一定会把它做完。

⑦我的兴趣点每年都会变。

⑧我很勤奋，从不放弃。

⑨我曾经非常着迷于某个主意或项目，但后来失去了兴趣。

⑩我曾经战胜挫折，完成了一个很重要的挑战。

研究发现，坚毅量表的得分对美国西点军校新生能否通过严格的夏季训练兵营的预测力超过智力、领导能力和体能的测试得分。在"全美拼字比赛"中，坚毅量表得分高的选手晋级总决赛的概率也高。坚毅成为美国教育界近几年最被关注的概念之一。

不管智商多高、选择学习哪个领域，往前走都会碰到只有付出很多努力才能掌握的阶段。像前文所讲的孩子，随着年龄增长，他会遇到越来越多自己不能马上回答的问题。如果第一反应都是垂头丧气并放弃，他就会失去所有进步的机会，严重阻碍自己原本超前智力的发挥。人的潜力和能否发挥潜力，是两码事。

坚毅从哪里来？

品格会受到基因和经验两者的共同影响。一项针对 2000 多对十几岁的双胞胎的坚毅研究显示，遗传因素在毅力量表中约占 37％，在激情量表中约占 20％。坚毅的形成受天生气质的影响。② 确实有孩子天生责任心强，做事有恒心，遇到困难时的心态更积极乐观。但心理学界几十年的研究发现，品格的可塑性，比起记忆力、理解力等认知能力因素要强得多。

怎样培养坚毅、助力孩子的成就感？

---

① Duckworth，A. L，Quinn，P. D.，"Development and Validation of the Short Grit Scale (GritS)，" *Journal of Personality Assessment*，2009(91)，pp. 166-174.

② Thomas，A.，Chess，S.，*Temperament and Development*，Eastern Group Psychotherapy Society，1978.

达克沃斯博士列出了坚毅的人拥有的四种心理资产。

①发掘真正的兴趣——激情源于充分享受自己所做之事。

坚毅的前提是激情和兴趣，因为人很难在一个自己不感兴趣的事情上投入时间和精力。发掘兴趣的过程是由内驱力不断通过与外部世界的互动引发的。找到真正兴趣的人大多会经历不断的偶然或主动的尝试，正如下面这位家长的体验。

在孩子兴趣的培养上我也曾经盲目过，如钢琴、作文、奥数等，只要是课程就上。可我忽视了孩子自己的兴趣爱好，天真地以为只要一件事情做久了孩子自然会喜欢，有潜在的"小孩子懂什么"的心理，无视孩子的选择，更不要谈尊重了。不科学的育儿方法导致的结果就是三年时间白白浪费，孩子说宁死也不再弹钢琴一下。我反思以后支持了孩子的决定，询问孩子自己的心意，再结合我的观察，他留下了绘画一项。到现在绘画已经坚持六年了，且他乐在其中，在绘画课程中非常投入，明显地有心流产生。这就是用实际经验总结出来的揠苗助长、事倍功半，顺势而为、事半功倍的兴趣培养方式，也希望这个爱好能够陪着孩子，让他一生受益。

观察我身边能在某一领域坚持学习的孩子，兴趣和他们的能力特点不无关系。比如，威廉从小对数字感兴趣，3岁时就追着我们问比0小的数是什么，马上就理解了负数的概念。所以在5岁接触到珠心算课时，他不出意料地表现出热情。老师每周布置3页作业，他会一下子完成20多页，3周就完成了1年的教材学习。大卫则从小显示出良好的身体协调能力，所以他能坚持的项目都和运动有关，如少儿棒球、篮球和长跑。符合能力特点的活动更能让孩子产生兴趣，也更容易不断进步，带来成就感，形成坚毅的良性循环。威廉的少年棒球运动在四年级时放弃了，因为9岁后比赛强度增加，而他的球技提高得慢，就决定把时间放在自己更擅长的象棋上。

②持续的练习——今天要比昨天做得更好。

发现兴趣后会有一个更长的主动发展兴趣的过程，需要不断地体验、加强这个兴趣。瑞典心理学家安得斯·埃里克森教授的研究发现，不论是电脑、体育、文学还是艺术，预测一个人能否有成就，最强的因素为能否在那上面投入 1 万小时。① 也就是说，如果每天练习 1 小时，需要坚持近 30 年，每天练习 3 小时也需要 10 年。虽然最近普林斯顿大学对 88 个不同行业的分析发现"1 万小时规则"对商业等领域并不适用，但不得不承认的是，这个规则对相对稳定的领域的预测性还是很强的，如象棋、网球、古典音乐等。②

达克沃斯博士建议每位孩子有机会坚持学习一样自己热爱的事情，如乐器、书法、武术、球类等。她把这叫作"难事原则"，即做一件自己感兴趣但有难度、需要每天都刻意练习的事情，通过这个过程锻炼坚毅的品质。大量研究显示，有机会参与课外活动的孩子在任何可度量的方面都获得了更好的结果，如他们的学习成绩更好，有更高的自尊，也较少惹麻烦。

《全国家庭教育状况调查报告（2018）》指出，学生和班主任都认为家长最关注的是孩子的学习情况（四年级、八年级的选择比例分别为 79.8％、79.9％），其比例远高于对兴趣爱好或特长（10.8％、7.1％）、心理状况（6.5％、11.1％）等方面的关注。可关注度较低的这两项从长远来看恰恰对孩子未来的成功和幸福感有更大的意义。

全神贯注地练习，并通过及时的反馈来修正，进而有更大的提升，这和契克森米哈赖博士的心流有很多相似之处。更多刻意练习的人产生心流体验的机会也更多。威廉在做象棋练习题时常常进入物我两忘的状态，因为每道题完成后是对是错马上有答案，及时的反馈让他上瘾似的不断练习。每个周末的棋赛也是连续几小时，乐此不疲，因为输赢和等级分提供了反馈和目标。这些都帮助他持续进步。

③目标——确信自己的工作很重要。

下面这位积极心理学课学员的反馈很好地反映了这一点。

老师让我们在 30 秒内拍手，大家都摸不着头脑，但还是照做，使劲地拍了起来。当时在我看来时间仿佛凝结了，30 秒太漫长了。终于

① Brooke N. Macnamara, David Z. Hambrick, Frederick L. Oswald, "Deliberate Practice and Performance in Music, Games, Sports, Education, and Professions: A Meta-Analysis," https://scottbarrykaufman.com/wp-content/uploads/2014/07/Macnamara-et-al.-2014.pdf, 2019-12-20.

② Brooke N. Macnamara, David Z. Hambrick, Frederick L. Oswald, "Deliberate Practice and Performance in Music, Games, Sports, Education, and Professions: A Meta-Analysis"(2014) Psychological Science. https://scottbarrykaufman.com/wp-content/uploads/2014/07/Macnamara-et-al.-2014.pdf, 2019-12-20.

结束了，老师突然让我们写自己拍了多少下。我当时一惊，没有数，只得估一个数目写下来。老师又让我们写下一个自己期望的数值，然后再拍一次手。这一次我们都有了自己心中想达到的目标，拍得更快了。最后经过统计，发现绝大多数同学第二次比第一次拍得多。我才知道目标居然如此重要。

只有明白自己想要什么，才能在很长一段时间内坚持追求。达克沃斯博士发现，坚毅的培养离不开清晰的目标和方向性，其对目标的分层也可以启发孩子坚毅的培养，具体如下。

初级目标：如每天按时完成作业、按时作息，或每天练30分钟钢琴。

中级目标：如本学年的成绩比上学年进步，或钢琴过一级。

顶级目标：如将来在医学院毕业后做救死扶伤的医生，或上师范大学的音乐系并传播美育。

达克沃斯博士强调，思考自己所做的事情对他人、对世界有什么帮助更能引发激情，因为坚毅的人对追求有意义的、以他人为中心的生活的动机明显高于其他人。目标的层次越统一、协调，越能带来坚毅的动力；而目标结构不明晰、不连贯的人，其坚毅指数则较低。

④希望——从逆境中奋起，相信通过努力可以改变未来。

达克沃斯博士在其关于坚毅的演讲中指出，斯坦福大学心理系教授杜艾克博士发现成长的心态与坚毅有显著正相关。只有热爱挑战，把失误看作学习的机会，享受努力的过程，才能坚持练习，持续进步。

其他影响坚毅水平的因素还包括集体的力量，如老师、教练或同学的支持。威廉曾在二年级时连续六个月象棋等级分处于停滞状态，因为1300分以上的学员和初学者的棋赛有质的跨越。水平高的棋赛都是公开赛，不论年龄大小。1300分以上的对手都是远远大于威廉的孩子，甚至是成人。成人的注意力强，一盘棋坐两三个小时、一天连续下四五盘是不成问题的，可对一个二年级的孩子来说就难了。2013年1月，威廉哭着说再也不参加计分的棋赛了，因为在当天结束的公开赛中，他四盘里有三盘的对手是成人，另一盘的对手是六年级的学生。每盘都下了两小时，结束时已经晚上八点多了，他只平了一盘，其他三盘都输了。当一项任务的难度远远超过孩子努力就能达到的水平，带来的挫败感会是坚毅的很大障碍。难怪威廉即使那么爱象棋，也会哭着想放弃。没想到峰回路转，两周后威廉接到了同校棋手的邀请，组队去参加4月初举行的"超级全国杯"。威廉深感荣幸，同时这也激发了他继续学习的兴趣。4月5日到7日，他和队友在首战几乎全军覆灭的情况下越战越勇，最后以 0.5 分之差险胜，取得了 K-5 年级组全国冠军。这就是集体力量的彰显。象棋让我更清楚地看到，孩子在哪个领域的学习都不会一帆风顺，都会有遇到困难想放弃的时候。如果兴趣还在，再加上一点外力，如志趣相同的伙伴的鼓励，他们还是可以坚持的。如果没有队友的力量，威廉永远不会知道自己能在三个月内越过停滞了半年的 1300 分，三年级再次和队友一起荣获 K-6 年级组全国冠军，四年级有机会成为美国少儿棋队的一员远征希腊，五年级突破 2000 分。

达克沃斯博士指出，明智型家长更容易培养出坚毅的孩子。他们既支持孩子，也会对孩子提出合理要求，以帮助其潜力的发展。

我根据欧伯林学院心理学教授南希·达令博士的父母类型量表[①]，把"支持"和"要求"两个维度的具体表现列在下面，供各位家长参考。

支持：

我知道如果遇到问题，父母一定会帮助我；

父母会花时间和我交流；

父母会和我一起做开心的事情；

父母喜欢听我讲我遇到的麻烦；

父母常赞扬我做得好；

父母认为我有权持有自己的观点；

父母告诉我，他们的想法不一定完全正确，所以我有权质疑；

父母尊重我的隐私；

父母尽可能地给我选择权。

要求：

父母非常希望我能遵守家规；

父母不会让我逃避后果；

父母指出能让我做得更好的方法；

做错事时，我会受到惩罚；

即使事情很难，父母也期待我做到最好。

---

① Nancy Darling，"Parenting Style and Its Correlates，"https://www.academia.edu/33702619/Parenting_Style_and_Its_Correlates，2019-12-20.

在品格建设中，观察学习是主要途径，父母的行动比说教更有引导力。达克沃斯博士建议家长和孩子一起遵守"难事准则"，每年选择一件自己感兴趣但有难度的任务并坚持完成，如制订健身计划、学一样乐器、修一门外语等。这样全家人可以互相监督，共同提升坚毅水平。父母也要反省一下自己的生活目标是什么，是否有激情和毅力去实现目标。父母以身作则是对孩子坚毅培养的最好动力。

成长练习

结合孩子的特点，从以下六个层面入手，在家庭生活中落实坚毅的培养。

- 兴趣（挑选"难事"）：＿＿＿＿＿＿＿＿＿＿＿＿＿＿＿。
- 练习：＿＿＿＿＿＿＿＿＿＿＿＿＿＿＿＿＿＿。
- 目标（初级／中级／顶级）：＿＿＿＿＿＿＿＿＿＿。
- 希望：＿＿＿＿＿＿＿＿＿＿＿＿＿＿＿＿＿＿。
- 集体力量的资源（如和好朋友设立类似的目标相互督促鼓励）：

＿＿＿＿＿＿＿＿＿＿＿＿＿＿＿＿＿＿＿＿＿＿。
- 父母榜样的力量：＿＿＿＿＿＿＿＿＿＿＿＿＿＿。

六、积极意义

为他人和社会谋福祉而获得的崇高的内在价值的体验。[1]

---

[1] 曾光、赵昱鲲等:《幸福的科学:积极心理学在教育中的应用》,20页,北京,人民邮电出版社,2018。

> 幸福是一种有意义的快乐。

（一）是"愉悦"，还是"幸福"

忙碌的一周过去了，周末想给自己好好放一个假，采用平时自己最喜欢的方式进行放松。独自一人走向电影院，欣赏自己一直期盼的电影。两小时过去了，电影已经结束，但内心依然兴奋，回味着电影中精彩的画面。回到家中，简单梳洗后便休息。第二天醒来，继续回味昨天的电影。却发现已经不再那么清晰。那些当时觉得非常精彩的画面并没有深入我心，带来的幸福感也暗淡很多。因为看电影是在周五下班之后进行的，所以结束时已经是晚上12点半左右。驱车回家洗漱完毕，真正入眠的时间比平日晚了很多。由于睡眠不足，第二天早上的精神不好，甚至在下午的时候产生悔意，觉得不该在昨晚去看电影，而应该早回家好好休息。电影是自己一直以来所期望的，结束的时候确实给自己带来了很强烈的愉悦感，但无法持久。

我在积极心理学课程上布置了周作业：

①做一项让您觉得愉悦的事情，如吃自己最喜欢的食物；
②做一件帮助他人的事情；
③比较和总结上面两个经历，看看哪个给您带来更持久的幸福感。

赛利格曼教授于2002年提出了幸福的三个层次。[①]
第一，愉悦的生活。成功使自己被积极的情绪情感包围，如欣赏自然

---

① ［美］马丁·塞利格曼：《真实的幸福》，沈阳，万卷出版公司，2010。

之美、满足感官需求等。

第二，美好的生活。成功地运用自己的突出优势来获得充实的满足感，如常在工作或爱好中付出努力、体验心流。

第三，有意义的生活。利用自己的突出优势服务比小我更崇高的目标，如看到自己在工作中的付出和利他目标的关联。

我们常引用马斯洛博士的需求层次理论①，却很少有人了解他在研究后期发现需求金字塔并不止于自我实现（充分发挥潜能，实现自我的价值），而是止于自我超越（超越个人需求的满足，联结更崇高的目标）。② 这和有意义的生活异曲同工。

购物、美食等捷径可以迅速提升愉悦感，但几乎所有同学把愉悦的体验和助人的经历进行比较后，得出清晰的结论：除非这种愉悦感和幸福的五个维度（PERMA）相连，如陪伴父母以增强亲情，否则很难持久，正如下面这位积极心理学课同学的反馈。

　　　　第二个练习是做帮助他人的事情。我们对慈善并不陌生。中国人自古以来就知道"老吾老，以及人之老；幼吾幼，以及人之幼"。社会对于处境不利群体的关怀通常代表了其文明程度。我个人对为祖国抛头颅洒热血的革命先驱非常有敬意，每次我为参加抗日战争的老兵捐款，当时和事后都会有舒适感。在这次课程练习中，我开始向内审视：为什么会出现这样的舒适感呢？我个人感觉是因为自己表达敬意的尊重需求得到传递，自己能够在战士晚年时给予崇敬，而且能够找到一群志同道合的人一起表达对这些战士的敬意，能让他们过上体面的生活，这会让我得到心理上的安慰和宁静，知道自己是一个懂得感恩的人。同时，本周还有一个惊喜，我接到一位前同事的感谢电话，感谢我一直以来对他的帮助，让他找到理想的工作，还诚挚地欢迎我做他一生的人力资源合作伙伴。没有言辞可以形容我当时的喜悦。

　　　　我突然灵光一现，对于这个练习，我已经可以进行自我解释了：在不主动控制的情况下，人的身体和心理在对自己的约束这方面可能更像个小孩子，会贪欢，会一直向这个世界索要更多，但这个"更"字的极限在哪里，没有人知道；如果经济条件允许也没有工作的限制，那么好友聚会应该是吃喜欢的火锅直到腻烦，和小姐妹们一直待在一

---

　　① Maslow A., *Motivation and Personality*, New York, Harper, 1954.

　　② Maslow A., *The Farther Reaches of Human Nature*, London, Arkana/Penguin Books, 1971.

起直到疲惫，可这两种听起来，哪种都不能指引我们找到真实的幸福；练习完成把两者进行比较，显然，做一件助人的事让人更有幸福感，而且持续的时间更久，可以时不时拿出来回顾；这是没有终点的正向互动，在个人与个人之间、个人与集体之间的赋能方面实现有机转换，因为这些转换慢慢地塑造一个人的性格及与性格交织的人生经历，所以这样的转换在人生中是可复制、可持续发展的。

这并不是主张大家避免愉悦感。相反，赛利格曼教授相信，人只有三个层次的幸福都拥有，才会有一个圆满的生活。积极心理学还教大家如何让愉悦感更持久。比如，把美食的间隔时间拉长能让每次的享受更强烈；出游时拍的照片每隔一段时间就拿出来看一下，重温当时的积极体验。这些都是提升积极情绪的重要途径。

但更持久的幸福感来自以自己的优势服务更崇高的目标。

当彼得森博士被问到积极心理学的核心思想是什么时，他回答了一个词：他人。

社会性是人类已知的最成功的高等适应形式。积极的情感很大程度上源于与他人及社会的联结。帮助他人会加强自己与他人的联结，所以会提升自己的幸福感。心理学实验发现，平均年龄不到 23 个月的幼儿，在给别人好吃的时比自己收到好吃的时更开心。[①] 3～6 岁的学前儿童已经意识到与他人分享比不分享快乐，而且体验分享带来的快乐越多的儿童，实际分享的也越多。[②]

对成人的调研发现，给自己花多少钱和个人幸福感的相关性不显著，但为别人或慈善花钱的数量和幸福感显著正相关。[③] 对 792 位百万或千万富翁的调查发现，他们中的一半多报告财富并没有带来更多幸福。[④] 那些同时拥有财富和幸福感的人，其特点是乐捐好施，亲社会消费比个人消费所占的比例高。同时，幸福感高的人，助人行为的概率也更高。

做善事提升幸福感，前提包括自愿、有意义、他人接受等。做善事会让我们更积极地看待他人和自己，对自己的所有更感恩，增强对生活的控

① ［美］索尼娅·柳博米尔斯基：《幸福有方法》，北京，中信出版社，2014。

② Paulus M.，& Moore C.，"Preschoolers' Generosity Increases with Understanding of the Affective Benefits of Sharing," *Developmental Science*，2017(3).

③ Dunn，E. W.，Aknin，L. B.，Norton，M. I.，"Spending Money on Others Promotes Happiness," *Science*，2008(5870)，pp. 1687-1688.

④ Kristof，K. M.，"Study：Money Can't Buy Happiness，Security Either," *Los Angeles Times*，2005-01-14.

制感和成就感。善举在助人的同时，也会解脱我们在面对他人的不幸时内心的不安。若受益方表达真诚谢意，还能激发我们和他人之间相互的归属感。对多发性硬化症患者的研究发现，连续 2 年每月给病友打 15 分钟电话并表示问候和鼓励的病人，对自己生活的满意度的提升程度高于被助者 7 倍，自尊、自我接纳等也都有显著提升。[①]"赠人玫瑰，手留余香"确实有科学依据。

美国高中对社区服务的要求如出一辙。每个学生在完成课业的同时，需要有几十小时的服务社区经历才能毕业，这是绝好的帮助孩子体验自己能力的价值、顺利向成人期过渡的方法。很多不了解这一要求的父母把它看作负担，殊不知只有给青少年提供机会，让他们看到自己现在的课业、活动、朋友等和社区、社会及世界的关系，才能使其获得使命感、意义感，同时也能提高韧性，把学习中的压力变为动力。很多孩子结合自己的兴趣和特长，建立非营利组织，为社区提供学业辅导、园艺、环保等各方面的服务，完成了几百小时社区服务仍孜孜不倦、乐在其中。还有很多孩子在这个过程中找到了接受高等教育的动力和方向。

做过前述周作业的上千位积极心理学课的同学通过不同的方式体验到助人给自己带来的快乐，下面是一个例子。

> 我参加了"大不同"公益伴读活动，前往上海新华医院为心血管类重症儿童读绘本。鉴于是第一次参加、缺乏经验，我被安排做记录。一开始的环节，我与公益伙伴们前往病房，邀请患儿们参与。一看到孩子们有的躺在床上打吊针，有的没有头发戴着帽子，我作为一名父亲的同情感油然而生。印象最深的是，我原以为重症儿童的世界是灰暗的，但我看到一个正打着吊针、坐着轮椅的小女孩，在她爸爸的帮助下非常开心地听完了所有绘本，并积极发言。其实这个小女孩病得很重，出来活动的时间不能很长，但她非常乐观，并没有任何消极情绪，反而比很多健康的小朋友更开朗。看到这些孩子们并没有因为病痛而放弃，一方面，我的心里是震撼的，为能给这些重症儿童做一点小小的事情、让他们更开心一点而幸福；另一方面，我更加感恩和珍惜现在与家人的生活，决心经营好家庭、工作、社会关系，客观上努力创造，主观上用心感受，追求更多的幸福。

---

① Lyubomirsky S., *The How of Happiness: A New Approach to Getting the Life You Want*, Penguin Books, 2008.

助人带来的温暖和价值感从小就可以体验。很多积极心理学课的同学带上孩子一起实践，如下面这位。

　　周六早晨五点，我先起床，煮上红糖姜茶，之后叫醒我的先生和我一起把姜茶装在保温水瓶里，带上一次性杯子，准备出去送给环卫工人。我们五点半左右叫醒孩子，开车来到作业地带，车后面还贴着醒目的大字"免费送姜茶"。我们沿路看到环卫工人就下车解释一下来意，并双手递上热乎乎的茶。他们一声声的"谢谢"让我倍感温暖，一点疲惫感都没有。孩子也精力满满，热情地叫着"叔叔""阿姨"，帮忙接水杯。这一杯杯姜茶，不仅让他们体会到我们的关爱，这种"关爱"与"被爱"的化学反应也深深扎入了我们的心底，让一家人都充满着自豪和温暖。

帮助他人能带来积极情感，同时，体验这些积极情感又会增加个人帮助他人的概率。[1] 彭凯平教授把幸福定义为"有意义的快乐体验"，这种体验，孩子不离开家门也可以拥有。从能走、能跑开始，他们就可以养成为家人服务的习惯。爸爸工作一天刚进门，为他递上拖鞋；妈妈刚收拾完碗筷坐下，给她捶捶背。上了学，虽然课业很忙，但铺平自己的床、下楼时顺手带走垃圾袋、吃完饭后收拾自己的餐具等，花不了多少时间，不仅可减轻父母的负担，同时也是很好的锻炼孩子自主感和责任感的方式，提升孩子的积极情绪。家人为孩子的善行真诚地表达感谢会强化孩子的幸福感，正如下面这位家长的经历。

　　有一次，我们带女儿去小区广场玩，一个小孩从婴儿车中爬出来，在掉落的瞬间女儿跑过去把小孩抱住了。那个小孩的奶奶沉浸在惊吓中，一直安慰那个吓哭的婴儿。而我蹲下来，抱住也被吓到的女儿，对她说："宝贝，你太棒了！你刚才让一个婴儿免受伤害，大人们都没有发现这么危险的事情，而你发现了。爸爸必须给你个拥抱和'飞高高'庆祝一下。"这件事我还分享给了她的爷爷奶奶。看得出来，女儿为此感到非常自豪和开心，那神态俨然就是一个小英雄。

---

① 　Lara Aknin, Julia W Van de Vondervoort, & J Kiley Hamlin, "Positive Feelings reward and Promote Prosocial Behavior," https://www. researchgate. net/publication/318888600 _ Positive _ Feelings _ Reward _ and _ Promote _ Prosocial _ Behavior，2019-11-29.

加利福尼亚大学河滨分校心理系教授索尼雅·柳博米尔斯基博士的实验发现，很多人习惯在日常生活中随时助人，所以只有在有机会超出常规地完成更多善事时，才能显著提升幸福感。比如，让实验组的被试每周做5件让他人受益或快乐的事，如献血、帮助繁忙的邻居照顾孩子等，其中有把5件善事集中在1天完成的，还有把5件善事分散在1周内完成的。对照组只是在同期完成了幸福感量表。结果显示，把5件善事集中在1天内完成的被试的幸福感提升得更明显。①

多位积极心理学课的同学由于对社会风气的怀疑，表达了对鼓励孩子助人为乐的质疑，我完全可以理解。所有助人的活动当然是以保障安全为前提的。这里旨在介绍积极心理学研究发现助人是持久幸福感的来源之一，供家长参考。也许可以在力所能及的情况下，每年选择全家认可的慈善机构，家长和孩子一起整理并捐赠不用的书籍和衣服，或捐助贫困高中生，等等。如果能和捐助对象保持联系，则会对孩子的影响更大。

成长练习

如果孩子已10岁及以上，请参考这部分内容，和孩子一起做以下练习，体验感官满足和助人活动在幸福感提升持久度上的差异。

①做一项让孩子觉得愉悦的事情，如吃自己最喜欢的食物等。

②在安全和力所能及的前提下，根据孩子的喜好或能力特点，做一件帮助他人的事情。比如，如果喜欢动物，可以考虑去动物救助站做义工。

④比较和总结上面两个经历，让孩子判断哪个给他带来更持久的幸福感。

---

① ［美］索尼娅·柳博米尔斯基：《幸福有方法》，北京，中信出版社，2014。

> 成功如同幸福，是一个人全心全意投入并把自己
> 置之度外时，意外获得的副产品。

（二）生命的意义感

2019 年 8 月的一个晚上，威廉突然和我说："妈妈，给我一个明天值得醒来的理由！"

当时，因公司创办人的错误，作为副总的先生在工作中承受着巨大的压力。他在东岸出差的一个晚上几近崩溃，在电话里嘶喊："给我一个明天值得醒来的理由！"虽然他在第二天就镇定下来，努力处理问题，但当时的绝望实在让全家担忧，连我这样天生的乐观主义者都在深思生命的意义，更何况天性敏感的威廉。

银河系中存在着 1000 亿到 4000 亿像太阳这样的恒星。[1] 太阳到地球的距离约 1.5 亿千米。我们是地球 78 亿人口中的一员，在浩瀚的宇宙中连一粒沙也算不上。从出生开始，我们就踏上死亡的归途。这短短几十年的路程，怎样才能活出生命的意义？

不止孩子追问求索，人到中年，一样有类似疑问，正如下面这位积极心理学课同学所说的。

积极心理学课程让我对生活有了新的认知。呱呱坠地于这个世界，小时候只要周围的人——父母、同学、老师——对我有肯定的态度，过年和家人能够团团圆圆地吃一顿年夜饭、领点压岁钱，就能有快乐的生活。长大后进入社会，经过一开始的迷茫到 10 年后成为公司管理层的一员，能靠自己让父母、妻子过上比较舒适的生活，也能够

---

① ［英］马丁·里斯：《DK 宇宙大百科》，北京，电子工业出版社，2014。

用自己的专业知识让下属、客户在碰到问题时第一时间想到我，同时比较圆满地解决问题，这应该就是美好的生活。而下个目标就是让自己的生活有意义。宇宙这么大，我在其中仅是微不足道的一粒。如何让自己在世界上留下一个独特的、专属于自己的印记，不辜负生命呢？

应该从何处找到学习、工作和生命的意义呢？

在《致清华大学社科学院 2017 级毕业生：聆听自己心灵的呼唤》一文中，彭凯平教授提出了三个简单实用的积极心理学方法。

> 首先，想一想在这个世界上，在哪些时候、在哪些地方、做哪些事情会让我们产生旺盛的生命力的感觉，有什么事情会让我们热爱，最愿意花时间做什么。
>
> 其次，想一想有没有一些事情会让我们全神贯注、沉浸其中、物我两忘；做起来得心应手，如行云流水一般顺畅，不担心最后的结果，也不在乎旁人的评价。
>
> 最后，想一想什么事情会让我们感受到社会的支持、奖励和关怀，周围的人的爱戴和欣赏，由衷地产生骄傲、自豪和神圣的感受。①

彭凯平教授的话涵盖了本书前文的部分内容，如兴趣、心流、积极情绪、积极关系等，它们不但支持着人对积极意义的追求，同时还带来真实的幸福感。

威廉很幸运，发现了象棋、科学竞赛等让他发挥优势的积极活动并乐在其中，还有志趣相投的好朋友和爱他的家人。

人生的意义，除了积极自我等基石、积极投入等路径，也离不开目标的设立。

普林斯顿大学艾米丽·普罗宁博士的脑成像研究发现，我们在考虑现在的自己和未来的自己时，用的是大脑的不同区域。② 纽约大学哈尔·埃斯纳·赫什菲尔德设计的"未来自我的连续性"方法显示，认识未来的自己

---

① 彭凯平：《致清华大学社科学院 2017 级毕业生：聆听自己心灵的呼唤》，http://www.sss.tsinghua.edu.cn/info/1039/1551.htm，2019-12-01。

② Pronin, E., Olivola, C. Y., Kennedy, K. A., "Doing unto Future Selves as You would do unto Others: Psychological Distance and Decision Making," *Personality and Social Psychology Bulletin*, 2008(2), pp. 224-236.

可让学生更愿意为未来投资，提升当下的自控力。① 想象未来可以让人延迟满足。让孩子把目标以图片的形式（如励志人物的照片）贴在书桌旁并时常看到，能增强自控力。当受到诱惑（如电子游戏）时，孩子可想象这个选择意味着放弃理想的大学，想象两年后自己正享受自控的成果，以及在大学的学习和生活等，然后自问是否愿意放弃它来换取正在诱惑自己的短暂快乐。

朱熹曾鲜明地提出"为学须先立志"，因为"书不记，熟读可记；义不精，细思可精。惟有志不立，直是无着力处"。没有明确的方向和目标势必会影响人生的意义感。

柳博米尔斯基博士在实验室中让被试思考并写下最好的自己，接下来的 4 周让被试接着想象自己在未来经过艰苦奋斗，充分发挥了潜能，实现了自己的梦想，并尽可能详细地把它记录下来。控制组只是简单记录每天发生的事情。结果显示，实验组所有人的情绪都显著提升，控制组的情绪没有变化。情绪提升最明显的是那些觉得这个练习很适合自己、很有趣且有意义，记录得最认真的被试。

她还推荐"最好的自己"日记：每天用 20 分钟，思考 1 年、5 年或 10 年后我们对自己的期待是什么；试想一切如自己所愿，目标都完成后自己的样子，把它写下来。结果发现，这个练习会显著提升积极情绪，因为这个过程让人认识到自己有能力改变自己，更会为目标努力。写下来能让我们梳理思路，把需要排好优先次序，确认自己最想完成的是什么，正如下面这位积极心理学课同学的感悟。

> 人生是由一个个短暂的片刻组成的。我们人生的目标要通过做去实现。通过课程的学习，我认为在自己的人生中一定要提前规划，明白自己想要什么，自己能做什么，可以朝什么目标奋斗前行。要有阶段性的规划，这样可以让自己在人生成长的不同阶段朝着自己的阶段性目标努力，而不是浑浑噩噩地过每一天，到头来什么都没有。正如我现在处于工作奋斗和家庭成长期，我对自己的工作和家庭都做了阶段性的目标规划，每天跟着目标走，觉得每一天都过得很有意义。同时，我在工作中的表现也得到了领导的认可，家庭中无论是丈夫还是小孩与我相处得都很融洽。这种有规划的积极的目标对我起着很重要

---

① Hal Ersner-Hershfield，G. Elliott Wimmer，Brian Knutson，"Saving for the Future Self：Neural Measures of Future Self-Continuity Predict Temporal Discounting，" https://www.ncbi.nlm.nih.gov/pmc/articles/PMC2656877/，2019-12-01.

的作用。

目标的优先顺序会随年龄改变。比如，对新鲜事物、新奇体验的追求是青少年阶段的主题。任何目标的实现都离不开脚踏实地的努力。写好"最好的自己"日记后就要写"目标日记"——把长期目标分成短期可以完成的小目标。遇到暂时的困难时，可以通过回想自己过去曾经成功的经历来给自己更多动力。

如果目标因文化的压力而扭曲，孩子就会在求索生命意义的过程中经历怀疑自我、逆反等阶段，甚至走些弯路，如下面这位孩子所反映的。

> 不够好，我总是这样想。我一直都逼着自己去达到无法触摸的目标，越来越高。特别是失败的时候，因为解决不了一道微积分题，我可以把脑袋往课桌上砸半小时。我苛刻地责备自己，陷入了恶性循环，越发把自己推向无底深渊。

幸运的是，孩子们在成长过程中的可塑性和领悟力很强。父母健康的价值观是孩子最好的榜样，而相互尊重和信任的亲子关系是他们能接受父母正确引导的前提，如下面这位孩子的转变。

> 我曾经以为成功就是达到自己的目标，但它让我在达不到目标时丧失勇气。现在我终于了解，成功是无论环境如何恶劣自己都能奋进的力量。这个定义让我可以在不同的情况下考验自己的表现，一生保持积极的心态。

很多在高中时因为社交或学习压力而挣扎或迷茫，但得到了父母的接纳和尊重的孩子，在上大学后告诉我："回头再看自己的高中时代，觉得当时的自己很可笑，把很多并不重要的人和事看得那么重要。现在才开始了解世界有多么大，自己可以做的有意义的事情有多么丰富，而学业成绩远远不能定义自己的个人价值。"

据统计，美国每年有 5000 名左右的 15～24 岁年轻人自杀身亡，永远失去了找到人生意义的机会。[①] 我也曾参加过 17 岁学生的葬礼，墓地旁铺

---

① "Preventing Suicide," https://www.cdc.gov/violenceprevention/suicide/fastfact.html，2019-12-02.

天盖地的无助感让人撕心裂肺。

彼得森博士曾明确地提出："积极心理学研究那些让人值得活下去的因素。"[1]一个丰盈的生命，除了工作、爱、玩（爱好），还必须有服务。换句话说，我们只有用自身优势为他人和社会谋福祉，才能获得崇高的内在价值体验。[2]

威廉每周在三个不同的公益机构做义工，利用他擅长的科学、阅读和象棋，帮助学习上有困难或象棋上刚入门的小学生们。每次志愿活动完成时，他的脸上都带着笑容。教学过程让他体验到成就感，学生们的感谢让他体验到价值感，这些经历也让他看到自己在学习和象棋上的优势，更有动力继续，并找到去偏重科学和数学的大学深造的方向感。下面这位积极心理学课同学的分享与威廉的体验有相似之处。

每个人都只是大千世界中非常渺小的一分子，有多少人能为这个世界做出杰出的、万世瞩目的贡献？大多数都是普通人，过着平凡的生活，很少有人去思考生命的意义，即使偶尔想过，也自认为是庸人自扰。这一节积极心理学课颠覆了我的认知，原来思考生命的意义并不是庸人自扰，我们的生命真的可以有价值、有意义。放下对一时得失的纠结，问问自己是否有更崇高的目标、有没有想实现的价值，才发现对身边的家人、朋友、同事及其他人，除了必要的联系，我还能给予更多的关爱、积极的影响。我尝试对员工耐心地倾听和引导，不仅说给他们听，也做给他们看，融入他们，一起面对工作中的难题，而不是丢给他们、命令他们去完成。结果他们做得更好，而且告诉我他们更有成就感，工作满意度更高。我试着用积极心理学的知识跟员工沟通，打开了原本话不多的员工的话匣子，回到家还用微信跟我聊，不愿意跟家人说的事也来跟我说。仔细翻看了我们的聊天记录，我想对方一定感受到我真诚地关心他们，跟他们产生共鸣，所以才愿意打开自己。我心里暖暖的。只有营造良好的工作气氛，才能实现双赢。

当1岁多的女儿又一次摔得鼻青脸肿，额头和后脑勺都起了包时，我没有马上悲观地想到最坏的结果，把沮丧的情绪带给家人，而是想

① Christopher Peterson, *Pursuing the Good Life*, Oxford, Oxford University Press, 2013.

② 曾光、赵昱鲲等：《幸福的科学：积极心理学在教育中的应用》，20 页，北京，人民邮电出版社，2018。

到这是孩子成长过程中一个必经的阶段。然后我心平气和地用老人能接受的语气和方式来提醒他们怎样做才会减少和避免这种情况出现。老人自责的同时也更加积极地去纠正一些长年累积的习惯。

上积极心理学课之前，我没有认真地理解过"积极"这个词的深层含义，以及它在生活中能起到什么样的作用。我以前只会调动个人的积极情绪，而现在，我试着打开自己，然后意外地看到了别人眼中的自己。原来，我所认为的应该做的事，在别人看来却是非常突出的优势，让我获得更多的信任和关注。我学着调动身边所有人的积极性，帮助他们积极地面对生活和工作，并发现在这个过程中，自己对生活的满意度和幸福感不知不觉地也提高了很多。赠人玫瑰，真会手留余香。

世界卫生组织对心理健康的定义是：个人能够实现自己潜能，处理生活中的压力，有效率地工作，为社区做贡献的状态。①

走到那一步，我们就会找到人生的意义，因为它包括了丰盈生命的全部维度：积极的自我、积极的情绪、投入、关系、成就和为他人服务。

正如赵昱鲲博士的总结：从简单的舒适，到个人的自主发展、社会的价值、个人和社会的重新整合，人生意义在于能够整合无比复杂的人生。②

成长练习

请思考自己对生命的意义的定义。如果孩子已经会写作文，请和孩子一起做"最好的自己"日记练习。

先让孩子思考并写下"最好的自己"。

连续 4 周，鼓励孩子写"最好的自己"日记。让孩子想象自己在未来经过艰苦奋斗，充分发挥了潜能，实现了自己的梦想。每天用 20 分钟，让孩子思考 1 年、5 年或 10 年后对自己的期待是什么，试想并记录一切如自己所愿，目标都完成后自己的样子。

写"目标日记"——把长期目标分成短期可以完成的小目标，尽可能详细地把它们记录下来，并逐步落实在生活和学习中。

---

① Silvana Galderisi, Andreas Heinz, et al. "Toward a new definition of mental health," https://www. ncbi. nlm. nih. gov/pmc/articles/PMC4471980/, 2019-12-03.

② ［美］米哈里·契克森米哈赖：《心流：最优体验心理学》，北京，中信出版集团，2017。

（三）探索的意义

我曾收到一位家长的求助。

> 谢老师，我心里一直有个困惑，我家孩子到底是因为能力问题还是因为情绪问题让她什么事情都不做，三门课不及格？这实在是太不可思议了！请帮我问问她内心还有没有其他原因？

这位家长的女儿当年在最好的国际学校之一名列前茅，托福考试成绩接近满分，2018 年顺利升入美国一所不错的文理学院，2019 年春季却因为四门课程只通过一门而被学校要求停学一年。这让一直以女儿为骄傲的家长如五雷轰顶，不能接受。

Z 世代（generation Z）指 1995—2009 年出生的一代，他们因为网络的普及，是第一批自小就接触无限信息，带着开放的思维和对新事物超强的吸收能力成长的人。

从 2014—2015 学年起，就读于美国公立和私立学校的百万国际学生中，约每三位里就有一位来自中国，所占比例高居榜首。虽然近年来增速有所下降，但本科及以下留学生人数的增长仍然迅猛，低龄化趋势明显。

中国学生为什么留学美国？

美国大学"宽进严出"。美国四年本科的毕业率平均只有不到 40％。就算是六年，很多大学也是十位学生里有一位拿不到毕业证书。比如，加利福尼亚大学伯克利分校四年本科的毕业率是 68.9％，六年本科的毕业率是 91.1%。[1]

　　虽然，我本科时的专业是英美文学，在北京师范大学心理学院攻读硕士时也勤工俭学，做一些英文教学或翻译工作，但在赴美国修读博士课程的第一年，依然感受到在阅读量、写作和交流上的巨大挑战，需要花大量时间预查单词、录课、重新整理笔记来吸收教学内容。

　　除了语言，青少年在美国面临的压力和诱惑也超出我们的想象。一些在美国读本科的中国留学生分享道："拿高分比国内高中还难。读不完的资料，每周有小考，期末有论文。同时，文化要去适应，支持系统要重建，和老师要沟通，和同学要交往……"

　　美国 19～22 岁酗酒的大学生占全体大学生的比例，高于非大学生的同龄人的相应比例（分别为 32.4％和 28.7％）。[2] 非留学生尚且如此，更何况在文化、学业、生活上都需要适应的留学生呢？

　　曾有微信公众平台在 2016 年 12 月开展调查，发现在 7000 多名参与投票的留学生中，有 53％动过自杀的念头。[3] 美国同龄非留学生中曾有过自杀念头的比例是 18％～20％。

　　那么为什么还有这么多孩子选择留学呢？

　　2018 年夏季，我在西安、天津、武汉、长沙进行了巡回讲座，少年们自信的回答一次又一次地刷新了我的观念。

　　　　"因为在学习之余，有更多机会发展自己的兴趣爱好！"

　　　　"因为有机会接触多元文化，开阔视野，更好地为未来做准备！"

　　　　"因为能更好地锻炼自己，找到人生的方向！"

　　　　"因为有很强的创业商学专业！"

　　虽然只差了一辈，年青一代看问题的角度常常让我感觉相隔了一个世纪。

　　1996 年我赴美读博士时，虽然比他们年长 10 岁左右，但除了喜爱的专业，绝对说不清留学对自己的影响。

---

　　① Brian O'Leary，"Student Outcome，"http://collegecompletion. chronicle. com／，2021-01-14.

　　② " College Drinking，" https://www. niaaa. nih. gov/publications/brochures-and-fact-sheets/college-drinking，2019-12-03.

　　③ 《留学生死亡背后的隐形杀手，该重视了》，http://news. sina. com. cn/o/2017-10-13/doc-ifymuukv1861725. shtml，2019-12-03。

对 5000 多学生的调查显示：拓展国际视野、丰富人生阅历、提升能力、汲取中西教育制度的精华是学生们最多选择的留学原因。

除了学识，更重要的是个人能力的提高，如外语、独立生活、身心素质和社交能力等。一个来自天津的家长分享道，女儿去夏校前，家长和她一起查好了从机场到大学校园的路线，没想到，女儿到了纽约中央火车站才发现地铁在维修，预查的路线行不通。当时是天津的凌晨 2 点，第一次独自出远门的女儿在电话上告诉父母："休息吧，我会自己想办法。"她改道宾夕法尼亚站，于天黑前赶到校园，应变能力让家长刮目相看。

伊利诺伊大学厄巴纳-香槟分校的一位留学生分享道，数学荣誉课老师有一次出了一道难题，他上交的答案并不正确，但老师给了满分，并在评语里写道，解题方法非常有创意，失误在小的计算错误，给满分是因为他的努力；这件小事让他印象深刻，学到过程的重要性。

和老师的交流是很多留学生面对的最大挑战。有位学生分享道，他修读理工科，写作不好，就逼着自己突破舒适区，每周利用答疑时间①联系老师，及时按老师的反馈修改作业，最后作文得到 A＋，同时对自己的交流能力也更有信心。这些锻炼让他们发掘了自己意想不到的潜能。

有调查发现，在留学生中，留学前仅有 9％有将来创业的打算，但留学后这个比例升至 49％。中国留学生归国率已经达到 70％以上。出得去，站得稳，还要回得来。

面对这些胸有成竹的年轻人，我不得不承认，下一代中这种心智超常成熟的，其前途不可估量！

在欧美同学会 2005 委员会主编的《留学改变我的世界》一书中，有留学经历的各领域的成功人士真实地记录了留学经历对自己一生的意义。其中一位总结道："'辛苦'二字贯穿着我在哥伦比亚大学的整个学习生涯，但我也非常感激这段生活，让我在国际政治、外交、经济、传媒等各个领域都打下了更为坚实的基础……对于不同的观点能有更加包容的态度……思考的方式更加开放……慢慢地找到了自己主要的研究方向……（有了）后来的成就"。

没有 23 年的学习、工作和生活经验，我也不会对基础教育和家庭教育有今天这样全面的认识。

留学还加深我们的民族自豪感。我从 2000 年开始在加利福尼亚州湾区工作，第一次欣赏旧金山交响乐团的新年音乐会，一曲《花好月圆》让我泪

---

① 美国老师每周设固定的答疑时间。

流满面，意识到"祖国"的含义。

留学不只是知识的深进，还是自我探索的催化剂。比如，哈佛大学在本科申请网页上明确地问那些有兴趣的高中生：你有人生的方向吗？什么给你前进的动力？你是什么样的人？你计划将来成长为什么样的人？[①]

除了心智超常成熟的孩子，我认为初高中期间学生独自留学的风险因素太多。

美国厚仁教育集团 2013—2019 年整理和分析了 7086 例中国留学生被劝退状况的数据，发现"学术表现差及学术不诚信"是造成劝退的两个主要原因，加起来占比近 80％。其他原因有"出勤率低""违反校规"等。[②]

2019 年 7 月我有机会见到前文那个被停学的女生，我问她："你学习能力这么强，为什么会被停学一年？"她告诉我，除了对作业的拖延需要改进外，最主要的原因是自己这学年由于对专业不感兴趣、文化适应困难等，情绪一直不好，非常想有一个"间隔年"（gap year）。她考虑到父母绝对不会同意，所以索性故意三门不及格，让学校强制要求停学来达到自己"间隔年"的目的。我请她用三个词来形容自己，这个不到 19 岁的孩子选择了"有趣""迷茫"和"纠结"。

北京大学徐凯文博士曾分享道，北京大学一年级的新生，包括本科生和研究生，有 30.4％厌恶学习，或者认为学习没有意义，还有 40.4％认为人生没有意义。[③]

从发展心理学的角度来看，那些学生只是还没找到人生的意义，对人生的意义感到迷茫而已。在这个年龄思考人生的意义，经历迷茫，希望去尝试探索，是再正常不过的。

绝大多数美国大学本科的前两年是公共课，给学生留时间去探索不同的专业再决定后两年的学习方向。专业可以随时换，只要填张表格。60％左右的美国本科生至少换一次专业。因为每个专业都有自己的必修课，修满才能毕业，所以换专业会影响毕业时间。这也是为什么美国大学统计本科毕业率时会把四年和六年的都列出来。超过一半的大学毕业生从事的工作和自己的大学专业无关。

---

① "Harvard Admission：What We Look For？" https://college.harvard.edu/admissions/application-process/what-we-look，2019-12-04.

② 《2019 留美中国学生现状白皮书——劝退学生群体状况分析》，https://res.accspeed.com/wp-content/uploads/2019/05/White-Paper-CH-20190520.pdf，2019-12-04。

③ 《30.4％北大新生竟然厌学欲自杀，只因得了"空心病"？》，https://m.sohu.com/a/132203936_240254，2019-12-05。

262

越来越多的美国高中毕业生选择"间隔年"，大部分是在高中毕业和上大学之间的一年，还有人选择大学期间的一到两年，让自己在步入社会之前有机会探索和自己成长环境截然不同的环境或工作机会。调研数据显示，90％的学生在为期一年的"间隔年"后回到大学。这些学生中，99％报告"间隔年"帮助他们"个人发展"，98％报告"给了他们时间来自省"，77％报告"帮自己找到了人生的目标"，97％报告"让自己更成熟"，96％报告提高了"自信心"，93％报告提升了"交流能力"。[1]

"间隔年"协会统计发现：85％选择"间隔年"的学生利用这段时间到处旅游，体验不同文化；48％做公益活动；44％探索不同职业选择；41％学了外语。"间隔年"系统也越来越成熟，有许多"间隔年"协会认证的正规组织可以选择。

"间隔年"带来的最明显的好处包括三点。

①通过健康的选择解决高中后的学业倦怠问题，满足了多种学习类型的需要。

②筛选兴趣，找到最想深造的专业，使未来从大学到职业的过渡更顺利。

③在接触现实生活的过程中重新激发学习的好奇心，通过实践探索可能的职业选择。回到大学后学习更有方向性，带动学业上的内驱力。

但"间隔年"的概念，对很多中国家长来说还很陌生。

那个被停学的女生的母亲坦白，她和先生在接到学校的信后，逼了孩子三天三夜，强迫她马上回学校。

我告诉她这不可能。首先，学校的申诉机会已经逾期（5月放假前学校已经联系过孩子，给她机会申诉，她没回复，等于主动放弃），这一年停学已经定性，信里明白地写着她目前还没为大学学习做好准备，但保留学籍，两年内准备好了，就可以回去继续读。另外，孩子也已经下定决心这一年去做自己喜欢但一直没机会做的事情，比如，兴致勃勃地学日语，几个月内已经达到可以担任线上翻译志愿者的水平。就算强迫她回到大学，她还是无心学习，一样会因不及格而被退学。

越来越多的美国大学认识到"间隔年"对年轻人成长的帮助，鼓励"1＋4"模式，也就是在正式开始大学学习前安排一年"间隔年"。如果孩子当初相信父母会尊重自己的选择，早申请"间隔年"，学校一定会支持，完全不

---

① "Gap Year Data ＆ Benefits," https://www.gapyearassociation.org/data-bene-fits.php, 2019-12-05.

会出现目前成绩单上那三个不及格。父母出发点是让孩子"直线发展"，但结果却走了更长的弯路。

2018 年我参加了暑期留学生系列交流会，我最感动的是看到各地学生代表和他们家长间的积极互动。这些成功的学生无一例外，都和父母交流顺畅、关系健康！我们无法把未来变成适合孩子的模样，但我们可以帮助孩子建设自己去适应各样的未来。2017 年我设计的"准留学家庭教育课程"吸引了众多家长，一起学习如何在日常生活中培养关键品质，为孩子未来的成功打下更坚实的基础。一位美国高中留学生反馈道，从小她做事的努力都得到鼓励，看到自己可以控制的因素，比如，投入的时间对结果的影响力，所以面对困难时能看到克服的希望，降低无助的反应和放弃的概率。九年级第一个期中考试，她的荣誉班代数课得了 C。经历了最初的失望后，她很快调整心态，分析低分的原因，在学期结束时顺利地提高了成绩。这种应对挫折方式的形成离不开多年来在和父母积极健康的交流中体验的信任和乐观。

可那个停学的女生，心态正好相反。她母亲刚找到我时，最初的看法是孩子有严重拖延症，所以才一学期三门不及格。她举了个例子：申请大学时，到截止日期前几天，孩子都还没写申请文书。这位母亲认为不是能力问题，因为孩子在高中连年参加英文辩论比赛，在全国赛中都名列前茅，英文水平很高。

那么除了想通过不及格被强迫停学外，还有什么阻碍她及时完成作业呢？

和孩子交流了近两小时后，又和她母亲在电话上沟通了一小时，我理出思路。

申请大学时，她最心仪的是波莫纳学院，但最终连申请表都没填，因此她觉得一定会被拒绝。

连试都不试，怎么就一口咬定会被拒绝呢？

这位女生在高中时修过心理学课，我一提"习得性无助"，她就肯定地说："我就是习得性无助，而且改不了！"

习得性无助指由重复的不可控制的失败或惩罚造成的对现实的无望和无可奈何的心理状态，常表现为做事易放弃。可从小学到高中都极优秀的学生，从未经历过重复的失败，习得性无助从何而来呢？

这位女生告诉我，她高中时热爱英文辩论。有一次学校组织了包括她在内的三个强手，全力以赴、刻苦训练，一定要拿全国团体冠军。没想到，小组都没出线。虽然个人成绩是前五，但团体赛的溃败对她打击很大，感觉无论付出多少努力都不会取得预期的结果。

但一次的失败不可能形成习得性无助，而且这位女生说父母除了这次对她被停学反应激烈，之前对她的成绩等一直态度坦然，没因为学习给过压力。她的另外一个清晰的记忆是中考。很难考的学校，众多考生中她名列第三，本来应该为自己感到骄傲自豪，但不知道为什么，她固执地认为一位初中同学比自己强很多。"我考得好，是走运。她考得好，是真厉害！"

把自己的好成绩归结为暂时的、外部的、无法控制的原因，而把别人的成绩归结为长久的、普遍的、个人的原因，这和乐观心态正好背道而驰。

那习得性无助一定形成在中考前。她母亲给出了答案：小学一、二年级，孩子有严重鼻炎，上课时总需要用纸巾擦鼻涕，因为年龄小，有时候没及时把用完的纸巾放到垃圾桶，当年的班主任因此常批评和惩罚她；母亲工作非常繁重，完全不了解事情的严重性，是三年级换了班主任后孩子才慢慢透漏给她的。自己无法控制的重复性惩罚会造成习得性无助。

面谈当天的下午，这位女生的母亲打电话时反馈道："孩子这次是作为实习生跟一个游学团队来加利福尼亚州的。早上带队老师给了她一个报告的任务。回来后她马上开始查资料，一个多小时就完成了，然后高兴地说了好几遍'我可以''我能行'。"

我告诉这位母亲，这一年孩子需要频繁体验"我能行"，让成功经历积累并内化，才能习得乐观，慢慢建立成长型思维。家长应该感到庆幸，因为孩子在需要帮助时回到他们身边，他们有机会支持她扭转心态，为成人期做更好的准备。

根据孩子的计划，我建议了两门网课。帮她列出来"间隔年"中每天该完成的任务后，我告诉她大学非常看重学生的成长曲线，而不是暂时的成绩。只要她能在一年中完成自己的计划，绝对可以显示自己依然有很强的求知欲和学习能力，复学不成问题。回去后提高下一年的成绩，就有转学的可能（目前成绩太低，不可能找到好的接收学校）。在提到一年后给学校写要求复学的信时，我建议写：I used to be afraid of failure（我过去曾经害怕失败）。孩子马上重复这半句，释然地告诉我："这就是我！说得太准了。"

孩子还年轻，以后的道路还很长。只要从现在开始把人生的自主权交还孩子，她一定会带着扎实的安全感、信心、勇气、韧性和丰富的资源，在一两年内找到方向和意义！

成长练习

如果您家有留学生或您的孩子有留学计划，请从以下几个方面评估孩子的适应性。

①语言的准备，如听、说、读、写：＿＿＿＿＿＿＿＿＿＿＿＿＿。

②社交能力，如同理心、解决冲突的能力：＿＿＿＿＿＿＿＿＿＿＿。

③自理自立能力，如洗衣、做饭、按时起居等：＿＿＿＿＿＿＿。

④心理素质，如自我效能、乐观、求知欲、坚毅等：＿＿＿＿＿。

⑤行为习惯，如时间管理等：＿＿＿＿＿＿＿＿＿＿＿＿＿。

> 坚强或脆弱并非天生不变的条件，韧性像身体肌肉一样可以锻炼。

（四）杀不死我的，会使我更强大

2019 年 4 月 17 号晚上，上海卢浦大桥上一名男生突然下车跳桥，年仅 17 岁的生命在几秒后消逝，留下捶地恸哭的妈妈。

每次想到这个孩子毫不犹豫纵身跃下的那一幕，我的心都跟着他一起下沉。

我在自己的第一本书《我在美国做学校心理学家：走进真实的美国中小学生活》的最后一部分"我为什么还活着？"中谈道，研究发现 50%～75% 的人在自杀前有征兆，包括直接或间接地表示想自杀、写下遗书或计划、以往的自杀尝试、交代后事（如把珍贵的物品分发他人）等。但据报道，这位男生没有任何征兆，只是因为在学校里和同学发生了矛盾，妈妈去学校带他回家，在路上责骂他，中途把车停在桥中间，孩子一时情绪失控跳下去。

我国自杀率从 20 世纪 80 年代中期随着工作机会选择的增加而大幅下降，降幅列全世界之首。但不容忽视的是，自杀依然是 15～35 岁青壮年死亡的第一大原因。国内儿童自杀的原因中，学习压力过重占第一位（45.5%），其次为早恋（22.7%），父母离异（13.6%）等，与西方国家发现的心理健康疾患为首要原因不同。

《柳叶刀》发表的报告显示，中国有近 120 万 15～24 岁的年轻人患有抑郁症，并呈上升趋势。美国近 11% 的青少年有抑郁症，近 8% 的青少年有焦虑症，而其中只有 18%～25% 会寻求治疗。如果孩子有需要，家长一定要像对待生理疾病一样，支持孩子接受心理治疗。

但自杀往往并非仅由一个原因造成，其中生理因素占 48%，还有很多风险因素，最后往往由一个诱因引发。风险因素包括精神疾病、不健康的家庭关系、情境危机（如家庭暴力）、环境风险（如附近有高楼）等。诱因则常常是失望、失败、被拒绝等，如考试成绩不理想、被责骂或家庭纠纷。[1]

可问题是，挫败、失望等在一生中无处不在啊！美国的研究发现，76％的成人经历过这样或那样的创伤，但以自杀结束生命的比例不足万分之一。那些不被不如意或压力逼上绝路的人是靠什么走下去的呢？

答案是心理韧性，它帮助人们有效地应对创伤经历，实现心理自助，不止让生命延续，而且活出应有的丰盈。

心理韧性指人在逆境、创伤、悲剧、威胁或重大压力源下能良好适应的能力，包括从这些困难的经历中"反弹"及带来深刻的个人成长。

心理韧性来自内在和外在两个资源，内在资源即个体自身所具备的特质，如意志力和逻辑思考能力（如理智地看待暂时的困难），外在资源即人所处的环境，包括温暖的亲子关系、师生关系、同伴关系及社区文化环境等。

自杀的诱因有很多可能，但根源只有一个：在逆境、创伤、悲剧、威胁或重大压力中，看不到比死亡更有效的解决方法。

研究发现心理韧性由五个因素组成，落实在日常生活中则会提升孩子们的生命力。

①照顾好自己。

本书在讲自控力时曾强调生理因素。其实帮助青少年减少冲动概率、增强心理韧性，背后的机制完全一样。父母可以在生活中保障的有三方面。

健康的饮食：肠道内有约 5 亿个神经元，有人体"第二大脑"之称；人体内 80％～90％的 5-羟色胺产生于消化道，而 5-羟色胺直接影响着情绪等各种功能。富含蛋白质、纤维、维生素等的健康食物不但可以加强身体健康，还和积极的情绪息息相关。

充足的睡眠：青少年需要每晚 8～10 小时的睡眠时间，给大脑以充分的休息，就算课业很忙，也至少需要保证 8 小时睡眠。2015 年旧金山湾区某高中在 6 个月内连续发生 5 起男生自杀事件，其中 4 位能找到抑郁症等原因，但有 1 位从家庭环境、学业、人际关系等方面都找不到明显原因。不过同学们反映他睡得非常少，朋友们无论凌晨几点钟需要找人聊，他都

---

[1] "Risk and Protective Factors," https://www.cdc.gov/violenceprevention/suicide/riskprotectivefactors.html，2019-08-29.

是首选，因为什么时间都能打通他的电话。长期缺乏睡眠不仅仅干扰专注力、记忆力等学习能力，更严重的是会导致情绪调控困难、易冲动。

经常锻炼：每天保证至少30分钟的运动，不但提升睡眠质量，而且增加5-羟色胺的分泌，提高个人幸福感，有效缓解压力，降低抑郁的可能。适当的体力活动对我们的身心健康都有益处。

②亲情、友情、环境的支持。

我在初中时也曾觉得活着没意思，经常想到自杀，很大程度上是因为家庭关系不和谐。初中的时候，爸爸妈妈在家里的争吵愈演愈烈，根本没心思管我们三个孩子。弟弟妹妹还小，天性敏感的我觉得生无可恋，连追悼词都给自己写好了。

为什么当年我既有父母争吵不休这种风险因素，又有自杀的征兆（已经给自己写好了追悼词），但没有自杀呢？除了没有自杀的环境，主要原因是我没有求死的欲望。

自杀的人际理论指出，求死的欲望来自累赘感以及缺乏归属感。[①] 而这和本书中反复提到的孩子基本的心理需要——成就感与亲密关系——正好相反。如果有成就感，人就会觉得自己有价值，不会觉得自己是负担；如果有周围人的关心，就不会缺乏归属感。

我很幸运，高一下半学期开始在学业上找到成就感；再加上生性外向，身边没缺过朋友，所以才没有被一时的绝望推上不归之路。

这也是为什么美国学校心理学家协会把"家庭的和睦和支持"列为提高孩子心理韧性的第一条，因为良好的关系和交流会增强孩子的归属感，是孩子力量的源泉。

从卢浦大桥上跳下的青少年在强烈情绪下失控，和青少年阶段大脑的发育特点息息相关。大脑前额叶皮层要到25岁后才能完全发育成熟，它总管对危险和冒险的判断能力，控制冲动，计划和选择自己的行为，是大脑的总指挥。这是很多青少年情绪化、易怒、易受诱惑以及喜欢冒险的生理原因。成人因为生活的阅历更容易认同"塞翁失马，焉知非福"，但孩子一旦被情绪绑架就很容易失控，看不到事情有转机。

了解大脑的发育特点可以提醒家长在和孩子们交流时，特别是当失误发生需要干预时，先掌控好自己的情绪。一句良言暖三冬。世界上有太多危险可能夺走生命，但让孩子放弃生之可能的，不能是把他们带到这个世

---

① Erbacher T., Singer J., & Poland S., *Suicide in Schools: A Practitioner's Guide to Multi-level Prevention, Assessment, Intervention, and Postvention*, New York, Routledge, 2014.

界且辛辛苦苦养大他们的家长。

环境的影响从大学生的数据可窥一斑。美国大学生的平均自杀率是 10 万分之 6.5，而中国大学生只有 10 万分之 3，原因就是中国大学的支持系统更好。例如，虽然麻省理工学院心理咨询中心有 24 位专业人员，而北京大学心理咨询中心仅有 9 位，但北京大学还有 265 位教职员工做学生工作，包括党委书记、辅导员等。这样平均下来，实际每 138 位北京大学学生就有 1 位老师负责，而麻省理工学院是每 431 名学生有 1 名老师负责。同时，北京大学心理咨询中心和从事学生工作的老师们把学生的安危放在首位。北京大学心理咨询中心主任举了个例子。某天傍晚他在出租车上看到其他高校的同行发给他的某网站上一位北京大学学生发的有"自杀意图"的信息，他只有学生的网名和专业。他马上联系相关负责人，通过学校技术部 20 分钟内就查出这位学生的 IP 地址。他人在出租车上，但已经拉了一个包括党委书记、系主任等人的紧急支援微信群，并让辅导员马上去学生的宿舍。他虽然没提焦虑源（包括经济压力、论文不顺等），但提出了解决方案。学生事后在网站上写道："辅导员怎么这么贴心地来看望我并解决了我所有问题？"他不知道辅导员背后有一个团队在帮助自己。环境对心理健康可以有巨大的支持作用，友好的校园文化会增强学生的抗压力。

③增强掌控感，锻炼主动解决问题的能力。

很多家长疑惑，为什么我们"60 后""70 后"在艰苦的环境中长大，却很少听说有自杀的。反而是我们的下一代，生活条件这么优越，怎么有这么多想不开的？

我们这一代，因为父母工作很忙，花在孩子学习上的时间少很多，倒是给了我们机会去失败再爬起来。回想前半生，我很感激成长过程中那一次又一次的挫败：升初中的考试发挥失常，虽然幸运地靠语文竞赛加了 3 分，勉强进入重点初中，但学习的信心全无；初中三年父母关系继续恶化，没人督促我学习，我像脱缰的野马，上课不专心听，下课不复习，作业不好好做，成绩班里倒数；我勉强进入重点高中，因为班主任对我的信任而重拾学习乐趣，高二、高三都名列前茅，但高考又发挥失常，本科进入一所普通的大学。

无助感是预测自杀最准确的情绪。我们这一代人在宽松的成长环境中收获了控制感，体验到通过自己的努力可以改变命运。这样一来，无论遇到什么难题，都不会轻易放弃生命。

提升孩子在问题面前的控制感，必经的途径就是经历挫败并从挫败中学习和成长。我常在自杀防御咨询中听孩子讲道："我从来没为自己活过！

我的生命都是在完成别人的愿望，连死的选择都不给我！"前文强调过的自主感等在孩子的成长过程中是缺失的。父母按经验为孩子遮风挡雨，设计好了通往成功的大道，却没想到缺失的历练也拿走了生命的控制感，甚至让孩子感觉唯一可以自控的就是结束自己的生命。

2020 年，我带领的积极少年班在探讨失败的经历时，孩子们很坦诚地分享自己曾经的挫败和学到的教训："第一次没考取数学快班，准备了一年后成功了！""曾经拿过全班数学最低分，之后安排了家教，成绩很快提了上来！""一次没按时交上作业后，学会了在电脑上给自己设提醒！"

家长能给孩子最好的礼物，就是热爱挑战，不畏错误，享受努力过程，学习上有恒心。所以，在孩子成长的过程中，家长请千万别忘记：所有挫败都是增强心理免疫力的好机会。在自己努力做到最好的同时，可以接受本身力量的有限，更从容地面对结果；在意外到来时可以想到，很多事情的发生是在自己的控制能力以外的，只有不把时间浪费到怨天尤人上，才能踏实地面对新的挑战。

学习过"输"，将来才能"输得起"。那不论孩子选择学什么专业，将来做什么工作，和谁生活在一起，父母都尽可放心：生活如何风云变幻，孩子都会从容面对。

逐步建立健康的抗压机制也是主动解决问题能力的一部分。青少年各不相同，适合他们的减压方式也不同。我认识的高中生中有的做编织，有的运动，有的和朋友聊天，这些都是健康的放松身体、抒发情绪的方式。

④积极主动的心态。

2010 年我曾伤心地告诉先生，威廉的性格中有预测自杀的特点，虽然那时候他只有 5 岁。他天生是完美主义者，每当事情不如意时就极度沮丧。学前班时老师反映他虽然学习能力超前，但一有不顺，比如蜡笔画出了格，就马上情绪失控，因为橡皮擦不掉。出于做母亲的本能，我建议能不能让儿子从家里带个修改液，可以把画错的笔迹盖住，以避免挫折感。老师想了想，很认真地告诉我："不行，因为他需要学习生活中有很多错误是盖不住的。错了就错了，没什么大不了。画错了，就把那一页折个角，让我知道就行了，然后继续。"我终生感谢这位老师的提醒。

上学时孩子只听到知识的重要性，却没人提醒：总有困难的科目和不尽人意的成绩。

成家时人们只会祝福"百年好合"，却不会指出：爱情虽美丽，但婚姻里有礁石，不警醒，翻船的可能性很大。

生孩子时人们会惊叹生命的奇妙，认为孩子是对家庭的祝福，却不会点道：孩子会带来无尽的快乐，同时也会带来焦虑、愤怒、疲惫、伤心甚至绝望。

很多孩子生活在假象中：唯一的出路是考试全 A，竞赛要拿奖，要上名校，要进大公司……这样一来，一旦挫折来临，孩子就措手不及。多希望每位孩子在小时候就有成人引导，明白挫败无处不在，但并不会阻碍我们持续努力和进步。

人生永不会完美，这并不阻碍我们用完美的态度面对。只要我们还没放弃，就永不用言败。

青少年自杀事件把完美主义推上风口头浪尖，因为有研究发现它与孩子不能接受失败和失望正相关。可事实上不能以偏概全，把完美主义统统否定。

临床心理学家杰夫·希曼斯基总结了近 20 年对完美主义的研究，发现健康的完美主义可以帮助我们达到自定的目标，和工作/学习上的成就、对生活的满意度等都相关。而不健康的完美主义的问题不在于目标太过完美，而是为了达到目标而采取的方式，特别是过度担心期间会发生的错误及过度怀疑自己。[①]

青少年自杀是青少年用一种永久的方法去解决一个暂时的问题。我们在日常生活中需要努力做到的是帮助孩子端正对生活的态度，能看到任何问题都可以找到解决的办法。

2010 年，加利福尼亚州的一位八年级女生学习一直名列前茅，却因一次代数不及格而自杀。她的母亲在采访中一口咬定："都是那个愚蠢的不及格成绩惹的祸！"

每次我在讲座中提到这个例子，都有父母一针见血地指出：如果孩子连一次不及格的代数成绩都承受不起，她如何面对生活中随处可见的挫折和失败呢？不是那个不及格的成绩，而是她对不及格的成绩的心态害了她。如果把不及格当作对自己在哪里需要更努力的提醒，就不可能因此而走上绝路。

治疗抑郁和焦虑最主要的方法之一就是改变人错误的成见，帮助他们在困难挫折中看到希望，避免钻牛角尖，增强抗压和解决问题的能力。

真正发生了什么事比起孩子和家长如何看待这件事，几乎是微不足道的，个人对事件的诠释才是决定应对方式的关键。仅秉持拿成功来证明自

---

① Szymanski, J. *The Perfectionist's Handbook: Take Risks, Invite Criticism, and Make the Most of Your Mistakes*, Hoboken, Wiley & Sons, 2011.

己的观念会让孩子不敢面对挑战，因为任何可能的失败都是对他信心的威胁。

而真正的信心不只相信自己能尽力做到最好，而且相信自己不论输赢都会在这个过程里学到新的东西。真正的信心不需要拿成功去保护，而应该用适当的失败经历来锤炼，因为如果孩子有了成长的心态做后盾，信心一定会在失败中越炼越强。

⑤意义和目标。

北京大学徐凯文博士发现：很多有自杀倾向的大学生的特点不是想要死亡，而是不知道为何活着。他在 2016 年提出"空心病"的概念，因为 30.4％的被调查的北京大学新生说找不到学习或人生的意义。徐凯文博士指出，商品化、功利化的教育文化是年青一代在生活和学习中缺乏意义感的根源，强调心理健康除了生理和心理的支持，还离不开精神，包括意义、价值、自我认同和信仰，特别是对接受过高等教育的群体来说。

对生活的满足感、自尊和使命感是美国学校心理学家协会推荐的自杀防御机制中必不可少的一项。如果你只想开心一小时，就去打个盹儿；如果你想开心一天，就去做一件你爱的事（如钓鱼、足球、读书等）；如果你想开心一辈子，就去帮助别人。帮助别人、服务社区是青少年增强价值感，同时获得归属感的最佳途径。

我周围有很多学生不仅自己求知欲强，还通过各种方式、用自己的知识帮助他人。威廉小学科学队的教练就是当地十年级的学生，他热爱科学，不论自己的课业多紧、课外网球队训练多累，都乐于每周拿出两小时训练低年级学生。还有很多学生需要照顾家人，或在医院做义工等。他们的生命超越了自己，有更大的意义。这样的孩子，就算生活中遇到挫折，这么多的责任和牵挂也会帮他们想得更远。

我的家庭条件在同学中算中下，从1993 年去北京师范大学读硕士就开始做兼职。同学还没醒，我已经坐上公交车，换两路，到幼儿园教英语课；后来为外企做翻译。这些经历不但锻炼了我的社交和表达能力，还增强了对生活的信心。工资除自给自足外，还有结余给家里。1996 年出国时，我也没用家里的一分钱。我很感恩那几年的经历，责任带来的是价值感。

如果孩子只是为了成绩而学习，为了受人欢迎而社交，那压力一定很大；可如果孩子看到自己现在的课业、活动、朋友等与社区、社会及自己将来目标的关系，那么压力就会成为动力。

如前面提起过的，很多上了大学的孩子告诉我，回头再看看自己的高

六、积极意义

273

中时代，觉得当时自己很可笑，把很多并不重要的人和事看得那么重。他们当时以为那个高中就是整个世界，可现在才开始了解世界有那么大，自己可以做的有意义的事情有那么多，而学业成绩远远不能定义自己个人的价值。可惜的是，那些在高中自杀的孩子放弃了走到这一天、找到这个结论的机会。

积极心理学被称为"研究什么让生命值得活下去的科学"。其实本书都在讲解如何改善关系、获取成就感、调动积极情绪等，这样自然而然就可以让生命丰盈而蓬勃，保障身心健康，有效抵御一生中必不可少的压力。

我们改变不了青少年还在发育中的情绪调控机制，我们也不能保证孩子生活在真空里，永远没有压力和失败。我们能做到的是增强韧性因素，包括亲密的家庭关系、健康的社交圈、乐观的生活态度、健全的减压机制、成就感、价值感、责任感、使命感、信仰等。这些足以增强生的快乐和意义，抵挡任何的失望、失败、挫折和不幸，以不变应万变，保护我们自己以及我们下一代的健康成长。一旦找到了活着的原因，人就可以承担生命之重！

正如尼采所言："杀不死我的，会使我更加强大！"

成长练习

结合本节内容，从下面 5 个维度入手，找到在家庭生活中提升韧性的具体方法。

①照顾好自己（健康的饮食/充足的睡眠/按时锻炼）：＿＿＿＿＿＿。

②亲情、友情、环境的支持：＿＿＿＿＿＿＿＿＿＿。

③增强掌控感，锻炼主动解决问题的能力：＿＿＿＿＿＿。

④积极主动的心态：＿＿＿＿＿＿＿＿＿＿。

⑤意义和目标：＿＿＿＿＿＿＿＿＿＿＿。

> 即便是再平凡的工作，我们也能从中找到意义和价值。

（五）育儿的意义

"你们为什么要孩子？"

威廉曾在 12 岁时很认真地质疑，因为他听到爸爸对他和弟弟说："晚上常睡不着，都是因为这两年看不到你们有任何明显的进步，十分焦虑！"

他很难过地问我："我们让爸爸焦虑，养我们添这么多麻烦，你们当初为什么要孩子？"

很惭愧，成家时虽然已经 30 岁，但我并没有认真考虑过为什么要孩子，只觉得那是天经地义的下一步。

是的，选择做父母，养育孩子 18 年，是漫长且艰辛的任务，需要付出自由支配的时间、体力、精力、财力等。美国社会学协会的调查确实发现：有孩子的成人整体幸福感不如没孩子的同龄人。[1]

那为什么大多数人选择养育孩子？

耶鲁大学艾米·瑞斯尼基教授的研究发现：个人如何看待自己的任务，决定了所做的事属于哪个层次。[2]

一是工作。谋生的手段，为了赚取薪水、拿到福利。

二是职业。不只为了得到报酬，还为了发挥优势，有不断成长的机会，对职业前途有长远的规划，享受努力的过程。

---

[1] Ellen Walker, "Fact or Fiction：Childfree Couples Are Happier Than Couples With Kids，"https://www.psychologytoday.com/blog/complete-without-kids/201103/fact-or-fiction-childfree-couples-are-happier-couples-kids，2019-12-06.

[2] Katharine Brooks, "Job, Career, Calling：Key to Happiness and Meaning at Work?" https://www.psychologytoday.com/us/blog/career-transitions/201206/job-career-calling-key-happiness-and-meaning-work，2019-12-06.

三是使命。把自己突出优势的发挥和更崇高的目标联系在一起，感到自己所做的与自己是谁融为一体，有情感上的联结。做事更有热情，有目标感，愿意更加努力持久地做贡献，哪怕缺少外在的奖励。

瑞斯尼基教授研究发现，即便是再平凡的工作，我们也能从中找到意义和价值。比如，医院的保洁员如果把美化环境看作病人康复的重要一环，就能把这看似简单的工作做出使命感。而再崇高的工作，如医生，如果看不到其中的意义、没有热情，也会降为谋生的手段。人一生中有将近1/3的时间跟工作有关。彼得森教授的调查发现：美国人从工作中得到幸福感的比例，在工业化国家里排名倒数第一。[①]

瑞斯尼基教授提出了"工作重塑"的概念，指出我们可以通过重新构建与同事的关系、对工作内容的认知等来提升工作中的投入度、满意度和幸福感，而组织也将收获更高的绩效。比如，给保险销售员分享获得理赔的客户如何缓解了家庭危机，可以提升他们工作中的使命感。工作重塑的另一个方法是看到自己所在组织的首要目标，如微软公司的使命是"予力全球每一个人、每一个组织，成就不凡"[②]。对公司使命的认同会激发工作中更持久的热情和投入。即使工作性质无法令人兴奋，想到薪水可以支持孩子的教育等自己认为有意义的事，也会激发工作中的动力。所做的事的三个层次不分好坏，但在人生中各年龄阶段的比重不同。大多数人都经历过年少时工作是为了谋生，年纪大一些时开始追求事业和使命的成长过程，正如下面这位老师的分享。

> 作为一名美术老师，我每天的工作就是在课堂中将自己本节课的知识技能成功地传授给每一位学生。有时看到学生喜欢画画的热情，我便情绪高涨，但并不总是如此。于我个人而言，我喜欢美术，同时喜欢老师这一职业。但是，在一天或一周里重复画同一幅作品让我时常感到乏味。特别在现阶段家长与学生空前注重学业的情况下，美术往往被忽视，每想到这个，我就感受不到自己的价值。经过积极心理学课的学习，我明白了一个深刻的道理：我的工作我做主。工作的意义不是别人授予的，是自己追寻的。我可以在工作中更好地发挥自己的优势。我认为就美术本身来讲，天赋与热爱的占比都很大。虽然有些学生对美术并没有很大的兴趣，但我可以通过自己对美术的热爱唤

---

① 《清华社科院院长彭凯平：幸福是一种有意义的快乐》，https://news. tsinghua. edu. cn/info/1013/66357. htm，2019-12-07。

② 《以赋能为使命》，https://www. microsoft. com/zh-cn/about，2019-12-07。

起学生的兴趣。这样一来，我既可以发挥我的优势找到工作的意义，还可以帮助学生在繁忙的学业中找到放松的方式。另外，在生活中我结识了很多志同道合的友人，我们经常相约一同作画，交流作画的乐趣与心得。这也让我更加感到美术与老师这一职业对于我的意义，即使退休了我也会继续画下去、教下去。

这些研究对育儿中的意义感也很有启发：我们怎么为育儿定位决定了我们在养育孩子过程中的热情、韧性、情绪倾向等。

曾经有家长斩钉截铁地告诉我："孩子就是今生来讨债的！"

戴维·布兰奇弗劳尔博士分析了来自132个国家的约50万人的数据，结果发现，和过去关于幸福感和年龄的研究类似，幸福感在一生中是一个张口很大的"U"字形，最低处在47～48岁，也就是孩子青春期时。[①] 和"债主"一起生活至少18年，其中的大多数时间还要照顾他的生活起居、为他制定教育规划等，难怪这位家长在孩子青春期出现行为困难时怨气冲天。

可如果我们能看到养育的背后是生命的成长、灵魂的塑造和对未来无限可能的发掘，不用提血脉的传承，这种意义感所带来的力量就已是无穷的。

为什么养孩子？

因为孩子在妈妈肚子里轻轻的一踢，让妈妈感受到生命的奇妙。

因为孩子在襁褓中那完全的依赖。

因为拉着我们的温软的小手。

因为听到第一声"爸爸""妈妈"时的欣喜。

因为孩子第一天背上书包走进学校的自豪。

甚至因为孩子第一次坚定自己的观点与我们争执时的信心。

还因为对未来的期盼……

养育孩子，所有付出绝对值得。

但要得出这样的结论，关键是我们在那些组成生命的微小时刻保持足够的觉察力，因为它们短暂而微妙。育儿的意义就是整合陪伴孩子成长过程里的每一个有价值的时刻，养育出丰盈而蓬勃的生命！

我深刻地体会到，孩子是上天的恩典和创造，父母只是"管家"。养育

---

① Simon Kennedy, "Middle Age Misery Peaks at Age of 47.2, Economist Says," https://www.bloomberg.com/news/articles/2020-01-13/middle-age-misery-peaks-at-age-of-47-2-economist-says, 2019-12-07.

孩子，是抽丝剥茧、锻炼父母心性的过程。有孩子之前，我都不知道自己的脾气这么差！感谢孩子，他们像一面镜子，清晰地反射着我的软弱，我才有机会不断反省，和他们一起成长。真正接纳孩子是找到育儿意义的第一步。

马斯洛博士估计能达到自我实现层次的人只有 2% 左右。多数人的成长受不同因素的限制，最多只是接近自我实现。

有多少孩子适合上大学？

美国有大约 5300 所大学（包括专科和本科）[1]，其中有一半只要高中毕业就可以申请入学且学费低廉。但 25 岁以上的美国人中，只有 33.4% 的人有本科学位。[2]

我国拥有本科学历的人占比不到 5%。[3] 这并不阻碍那 95% 的人有权利找到最能发挥自己优势的道路，过有意义的生活。

2017 年，我有机会到泰山职业技术学院参观，此次参观让我十分感慨：这才是很多孩子需要的实用课程！当时该校学前教育专业才开设 2 年，已经有 1300 多位学生，40 多位教师，声乐、钢琴、舞蹈、美术、儿童发展心理学等课程非常全面。玉雕加工、服装设计等 13 个"校中厂"更是展示了产教融合的发展道路。

世界很大，工作选择很多，孩子终将找到和自己品性、能力特点相匹配的位子，活出意义感。

高中毕业后参军的男生，当初的鲁莽被历练成真正的勇气，让他找到人生的方向。

当年被诊断为多动症、学校建议药物治疗的孩子，现在开了自己的车行。

九年级时叛逆到拿妈妈的信用卡偷买东西的女生，十一年级时重新找到了学习的乐趣，顺利升入大学。

没有一本书可以回答我们关于自己孩子的所有问题，因为每一位孩子都是独特的创造，会有自己的优势，更有自己的挑战。

条条大路通罗马。孩子成长的速度不同，但方向应该一致：丰盈而蓬

① "How Many Universities & Colleges are in the US?" https://www.educationunlimited.com/blog/how-many-universities-colleges-are-in-the-us/，2019-12-08.

② "Highest Educational Levels Reached by Adults in the U.S. Since 1940," https://www.census.gov/newsroom/press-releases/2017/cb17-51.html，2019-12-08.

③ 《中国本科学历以上人群占比不到 5%》，http://www.360doc.com/content/19/1130/16/50164976_876540507.shtml，2019-12-08。

勃的生命。

我们只有看到养育孩子背后的意义，才能给予来自内心的爱和支持，才能真正看到孩子的特点、点滴的努力和进步，将接纳、尊重和信任变成他们成长的力量。

父亲节，威廉送给爸爸一张卡片，感谢他在自己低谷时没有放弃。

做父母是一个非常奇妙的过程。孩子们到我们生命中来是有意义的，让我们看到自己生命的本相。① 生命如此宝贵而美好，父母会永远支持、引导并等待孩子找到方向、生命绽放的那一天！

成长练习

请回答"我为什么要孩子?"这个问题，看看自己的答案是否达到意义的水平，给自己带来力量。如果在育儿中深感疲惫沮丧，请思考如何改变对育儿性质的认知，看到家庭教育的长远意义，提升到使命的层次。

---

① ［美］麦拉・卡巴金、［美］乔恩・卡巴金，《正念父母心》，北京，北京联合出版公司，2016。

后 记

在本书的最后，我要特别感谢每一位读到这里的父母。感谢您辛勤付出，不断学习，和孩子一起成长。

如果孩子是种子，父母的眼界、情绪和态度就是土地、阳光和雨水。本书每一部分推荐的成长练习，开启的是终身的实践和成长。我们的尊重、理解和信任，必会滋润孩子更丰盈的生命！

如果感兴趣，欢迎您做一做福代斯情绪问卷，把自己当前的主观幸福感和读本书前的数据做比较，检查自己幸福感的变化。

最后，请允许我把自己于2012年11月有感而发写的小诗送给大家。为人父母，一路同行。愿我们都能看到育儿的意义，并感受过程的美好！

如果没有你们，妈妈怎么会知道？

你们到来之前，

妈妈一直以为，

自己如果不能连续睡足八小时，

白天做事就会效率不高，

所以喜欢争分夺秒地睡懒觉。

你们来了才发现，

妈妈每天不用闹钟就可以醒个大早，

连轴转到深夜，

你们的拥抱，

可以随时融化我的疲劳。

感谢你们发掘了我体力的潜能，

原来连续睡六小时就已经很好。

如果没有你们，

妈妈怎么会知道？

你们到来之前，
因为爸爸对食物的要求是做熟就好，
所以妈妈的厨艺没有提高。
可为了挑食的你们，
妈妈开始翻菜谱，
为了做出有滋味且营养的饭到处请教。
几年下来居然爱上了厨房，
感谢你们开发了我做饭的潜能，
烘烤的甜点让你们在同学面前骄傲。

如果没有你们，
妈妈怎么会知道？

你们到来之前，
妈妈的脾气很急躁，
做事速战速决，
等待对我是折磨，
以为禀性难移，改变不了。
可你们无助的眼神是我所有缺点的镜子，
让我看到，
我的耐心和爱是你们幼小心灵全部的依靠。
感谢你们的宽容，
时时提醒我，
下次，请继续努力，争取做得更好。

如果没有你们，
妈妈怎么会知道？

你们到来之前，
妈妈好像一直在奔跑，
从求学到求职，从成家到立业，
马不停蹄，
以为这，就是人生之道。

感谢你们的提醒，
原来修路的推土机，
震耳的消防车、救护车，
搬家的蚂蚁，结网的蜘蛛，
都值得停下来慢慢欣赏，
都那么重要。
感谢你们让我放慢生活节奏，
找出路边风景的美妙。

你们到来之前，
妈妈的胆子很小，
怕打针，怕吃药，
怕黑，怕虫子，还恐高。
感谢你们，让我更勇敢，
为你们的出世甘心挨两刀，
可以让虫子爬在手心，
可以打着手电探索漆黑夜色里后院草丛中的奥妙，
还体验过山车的心惊肉跳。
感谢你们信赖的目光，
我最灵验的解药。

如果没有你们，
妈妈怎么会知道？

你们到来之前，
妈妈在工作时会对一些父母不理解，
为什么早上七点半的会来不了？
有了你们，我无法理解，
什么样的超人父母能在上课前半小时赶到学校？
因为我们好像不管起多早，
到学校时也就是刚刚不迟到。
感谢你们教给我做父母的辛劳，
让我对所有的家长都尊敬有加，
让我在工作中更用心，

因为每一位学生都是自己父母眼中的宝。

如果没有你们，
妈妈怎么会知道？

你们到来之前，
妈妈坚信，
只要人努力，
一切都可以做得到。
可当你们在幼儿园感染肠胃炎，
吐得满床都是，
还常常生病时在我怀里发高烧，
我才发现，
自己的力量如此渺小。
感谢你们，教会我虔诚地祈祷。

如果没有你们，
妈妈怎么会知道？

你们到来之前，
妈妈虽然结了婚，
但身在他乡，
心，总觉得还在漂。
感谢你们，
让我真正拥有了家的感觉。
房子不在大小，
工资不论低高，
所有的成功和幸福，
都藏在你们开心的笑。

所有这一切，
都要感谢你们让我知道。

有一天，你们会展翅高飞，

但家里留着你们一路上沉甸甸的爱，
所以，永远不会是空巢。

如果，妈妈可以挑，
你们会不会再选择，
我的怀抱？

孩子，
只想让你们知道，
生命中有你们，
真好！

图书在版编目(CIP)数据

习得幸福：积极家庭心理成长手册 / 谢刚著. —北京：北京师范
大学出版社，2021.8

ISBN 978-7-303-27016-3

Ⅰ．①习… Ⅱ．①谢… Ⅲ．①家庭教育－教育心理学－手册
Ⅳ．①G780－62

中国版本图书馆 CIP 数据核字(2021)第 110927 号

营　销　中　心　电　话　010-58807651
北师大出版社高等教育分社微信公众号　新外大街拾玖号

XIDE XINGFU:JIJI JIATING XINLI CHENGZHANG SHOUCE

出版发行：北京师范大学出版社 www.bnupg.com
　　　　　北京市西城区新街口外大街 12—3 号
　　　　　邮政编码：100088
印　　　刷：北京盛通印刷股份有限公司
经　　　销：全国新华书店
开　　　本：787 mm×1092 mm　1/16
印　　　张：18.5
字　　　数：316 千字
版　　　次：2021 年 8 月第 1 版
印　　　次：2021 年 8 月第 1 次印刷
定　　　价：86.00 元

策划编辑：周益群　　　　　　责任编辑：周益群　张筱彤
美术编辑：李向昕　　　　　　装帧设计：李向昕
责任校对：陈　民　　　　　　责任印制：马　洁